部长访谈录

"十二五"规划热点面对面

新华社中央新闻采访中心 编

人民出版社

责任编辑:阮宏波 郑牧野 忽晓萌

封面设计:徐　晖

版式设计:中文天地

图书在版编目(CIP)数据

部长访谈录——"十二五"规划热点面对面/新华社中央新闻采访中心编.
-北京:人民出版社,2011.3
ISBN 978－7－01－009702－2

Ⅰ.①部…　Ⅱ.①新…　Ⅲ.①国民经济计划-五年计划-中国-2011～2015
　-学习参考资料　Ⅳ.①F123.394

中国版本图书馆 CIP 数据核字(2011)第 029778 号

部长访谈录

BUZHANG FANGTAN LU

——"十二五"规划热点面对面

新华社中央新闻采访中心　编

人民出版社出版发行

(100706　北京朝阳门内大街 166 号)

北京中科印刷有限公司印刷　新华书店经销

2011 年 3 月第 1 版　2011 年 3 月北京第 1 次印刷

开本:710 毫米×1000 毫米 1/16　印张:18.5

字数:254 千字　印数:00,001-25,000 册

ISBN 978－7－01－009702－2 定价:33.00 元

邮购地址 100706　北京朝阳门内大街 166 号

人民东方图书销售中心　电话 (010)65250042　65289539

目 录
CONTENTS

目录

中国教育迈上由大到强的新征程

——访教育部部长袁贵仁

2010 年，是我国从"十一五"迈向"十二五"的重要转折点，也是贯彻落实《国家中长期教育改革和发展规划纲要（2010—2020 年）》（以下简称《教育规划纲要》）的第一年。在这一关键节点，我们应如何总结过去 5 年，又该如何展望未来 5 年，记者就此对教育部部长袁贵仁进行了采访。

记者： 如果把"十一五"教育事业改革发展成就放在您 40 多年的教育工作生涯中去衡量，您会有怎样的评价？

袁贵仁： 简而言之，成就显著、极不平凡、十分关键。《国民经济和社会发展第十一个五年规划纲要》提出的关于教育发展的几个主要指标，有的已提前实现，有的到 2010

教育部党组书记、部长袁贵仁。

（新华社发，鲍效农摄）

1

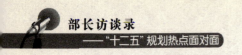
年年底将实现。

"十一五"时期，我国教育改革发展取得了四个标志性成就：一是城乡免费九年义务教育于 2008 年全面实现，惠及 1.6 亿学生。二是高等教育大众化水平进一步提高，2009 年高等教育在学总规模位居世界第一。三是职业教育取得突破性进展，中职和高职分别占高中阶段和高等教育总规模的"半壁江山"。四是教育公平迈出重大步伐，国家教育资助体系已覆盖各级各类教育。应该说，我国已完成了从人口大国向人力资源大国的转变，开启了由教育大国向教育强国、由人力资源大国向人力资源强国迈进的新征程。

记者："十一五"时期，我们完成了多年前就设定的免费义务教育目标，具有怎样的意义？

袁贵仁：从 1986 年颁布《义务教育法》确立九年义务教育制度算起，我们用 22 年的时间走过了西方近百年的普及义务教育之路。我们不仅确保了所有义务教育适龄儿童都能"不花钱、有学上"，平等接受义务教育，也减轻了亿万家庭经济负担，改善了民生。2008 年免除学杂费后，农村义务教育阶段学生每个家庭平均减少支出 770 多元。为此，各级财政投入累计新增 2000 多亿元。

免费义务教育还推动了基本公共教育服务均等化制度建设。2006 年修订的《义务教育法》，确立了由政府负全责的义务教育经费保障机制。特别是农村义务教育建立了中央和地方"分项目、按比例"分担的经费保障新机制，为全国义务教育长期持续健康发展提供了制度保证。

记者："十五"期间，我国高等教育规模不断扩大，但质量问题相应凸显出来，"十一五"时期围绕提高高等教育质量做了哪些工作？

袁贵仁："十五"期间，高等教育的"扩招"为国家培养了大量人才，我们必须充分肯定这项决策和成果。"十一五"时期，中央明确要求把高等教育发展重点放在提高质量、优化结构上，强调办出特色、推动创新。为此，国家投入数十亿实施了"高等学校本科教学质量与教学改革工程"。

提高质量，不是说只有一个标准，而是鼓励不同类型、不同层次的学校，体现办学特色，努力在不同层次、不同领域争创一流。过去5年中，国家自然科学奖项中的二分之一出自高校，社会科学领域三分之二的成果由高校完成。同时，通过推动教育观念创新、培养模式创新和管理方式创新，我国高等教育人才培养的类型、结构、质量与经济社会发展需求更加紧密，用人单位对毕业生满意度在不断提高。

记者："十一五"前后，我国职业教育是怎样在经过发展的"低谷"后驶上了"快车道"？

袁贵仁：职业教育的快速发展得益于"四个更加"。一是国家更加重视。通过建立中职学生资助、免费制度以及推进"双证书"，增强了职业教育吸引力。二是导向更加明确。坚持以服务为宗旨，以就业为导向，大力推进工学结合、校企合作、顶岗实习的人才培养模式。三是基础更加坚实。国家重点支持一批职业教育实训基地、县级职教中心和示范性中等职业学校和高职学院，专门组织培训了15万名专业骨干教师。四是贡献更加突出。几年来，我国职业教育向社会输送了2000多万名毕业生，受到行业、企业的欢迎。

记者：过去5年，教育公平成为热词，国家采取了哪些举措？

袁贵仁：党的十六大以来，国家把促进教育公平作为基本教育政策，推动教育公平迈出重大步伐。一是以加快发展促公平，推动各级各类教育入学率进一步提高。二是以资源配置促公平，坚持教育资源向农村地区、民族地区、边远贫困地区和薄弱学校倾斜，将新增教育经费主要用于农村。具体措施包括实施农村中小学教师"特岗计划"、解决农民工子女上学问题以及高校招生计划向中西部地区倾斜等。三是以完善资助促公平。国家资助制度覆盖面更广、比例更大、标准更高，有效确保了不让任何一个孩子因为家庭经济困难而不能上学或辍学。四是以规范管理促公平。通过实施高校招生"阳光工程",加强教育收费管理,建立教育收费听证、公示和责任追究制度等措施,我们的行风行纪得到明显规范。2009年反映教育乱收费的举报比2008年下降20.9%。

记者: 教育部近日明确提出要在3至5年内治理择校乱收费,但很多人担心,这一顽疾真能这么快消除吗?

袁贵仁: 大家有担心完全可以理解,也从侧面说明了这项工作的复杂性和艰巨性。我们提出的10项措施是一套组合拳,也是一记重拳,其中既有规范招生入学秩序等治标措施,也有合理配置师资力量等治本之策;既有共享优质教育资源等保障措施,也有健全完善督导制度等监督机制。

今后,我们要在贯彻落实好这10项措施的同时,推广一些地方在推进义务教育均衡和治理乱收费方面的经验,认真对待并处理群众来信来访,力争用3到5年,在全国范围内解决择校乱收费问题。各部门各地区要齐心协力,也欢迎新闻媒体和人民群众加强舆论监督,争取每年都有新进展,让人民群众看到希望。

记者: 从"钱学森之问"到11名教授联名给您写信,我国的人才培养模式近年来受到了质疑,该如何看待这个问题?

袁贵仁: 中国教育有很多优良传统,也有很多成功做法,在人才培养方面也积累了丰富经验,与国外相比是各有短长,不必妄自菲薄。但我们也要放眼世界,认识到教育改革的空间很大,应实事求是地发扬优良传统,借鉴其他国家好的做法和经验,使教育改革更加符合国家建设发展的需要、人的全面发展的需要。

针对人才创新能力不足的问题,《教育规划纲要》已提出了思路举措,我们要加大教学模式和教学方法上的改革。先试点,再推开,注重对学生实施"学思结合、知行统一、因材施教"的培养,让每个学生找到适合自己的教育,激发他们的创造力和积极性。

记者: 全国教育工作会议和《教育规划纲要》明确提出2012年实现国家

财政性教育经费占国内生产总值4%的目标，能如期实现吗？

袁贵仁：胡锦涛总书记、温家宝总理在全国教育工作会议上提出了明确要求，财政部门、各地政府都高度重视，正在积极采取举措，拓宽财政性教育经费来源渠道，努力增加教育投入。我对在2012年实现4%的目标充满信心。

今后，要把教育作为财政支出重点领域予以优先保障，提高教育拨款占财政支出的比例，同时开辟新的渠道。要按照全国教育工作会议精神，把优先发展教育、加大教育投入作为检验各级党政领导班子是否真正贯彻落实科学发展观的主要内容。还要健全体制机制，切实把经费配置好、使用好、监管好。

记者：今后5年在贯彻落实《教育规划纲要》过程中将如何应对难点热点，如何面对意见建议？

袁贵仁：今后5年是贯彻落实《教育规划纲要》的第一个五年，也是奠定基础、至关重要的五年。必须抓住关键环节和重点任务，着力解决人民群众最关切、反映最强烈的问题，努力在人才培养体制、办学体制、管理体制、保障机制改革上取得新突破。同时，鉴于教育改革的复杂性，必须试点先行，大胆试验。要尊重首创，对于各地各校的改革探索，只要有利于教育事业科学发展和学生全面发展的，我们都大力支持。对已经取得的成功经验，要大力推广，以点带面，在全国形成扎实有序推进教育改革的新局面。

"十二五"期间是我国从"穷国办大教育"转向"大国办强教育"的阶段，教育事业面临的难点依然很多，人民群众关注的热点也依然很多。人民群众有意见建议，说明我们的工作还不完全适应他们的要求，还需要加快改革发展。我们对所有批评都理解，对所有建议都欢迎，并会把批评建议作为工作动力，把热点难点作为工作重点，促进我们更清醒地判断形势，更全面地把握动态，更深入地分析原因，更积极地开展工作。

（新华社北京2010年11月10日电，记者吴晶）

【深度解读】

教育部"十二五"期间工作的各项任务

深入学习贯彻党的十七届五中全会精神，落实《中共中央关于制定国民经济和社会发展第十二个五年规划的建议》（以下简称《"十二五"规划建议》）对教育工作提出的各项任务，全面推进教育事业科学发展。

一、深入学习领会党的十七届五中全会精神，把思想统一到中央的决策部署上来

党的十七届五中全会是在全面建设小康社会的关键时期，在深化改革开放、加快转变经济发展方式的攻坚时期召开的十分重要的会议，是一次总结过去、规划未来、明确发展方向和奋斗目标的重要会议。全会认真总结了"十一五"时期经济社会发展取得的巨大成就和积累的宝贵经验，深入分析了"十二五"期间经济社会发展面临的国内外环境，审议通过了《"十二五"规划建议》，明确了"十二五"期间我国经济社会发展的指导思想、总体思路、目标任务、重大举措。胡锦涛总书记受中央政治局委托作了工作报告，并发表重要讲话。温家宝总理就《"十二五"规划建议（讨论稿）》向全会作了说明。全会主题重大、内容丰富，涉及党和国家长远发展，涉及经济社会发展各个领域，提出了一系列战略规划、战略部署、战略举措。学习贯彻好全会精神，对于继续抓住和用好我国发展的重要战略机遇期，促进经济长期平稳较快发展，夺取全面建设小康社会新胜利、推进中国特色社会主义伟大事业，对于贯彻落实《教育规划纲要》，全面推进教育事业科学发展，推动我国由人力资源大国向人力资源强国转变，具有十分重大的意义。

学习贯彻全会精神，是当前和今后一个时期教育系统一项重大政治任务。各地教育部门和各级各类学校要认真学习领会全会精神，全面理解和准确把握其精神实质,切实把思想统一到中央的决策部署上来。

1.把思想统一到中央对形势的基本判断上来。学习全会精神,要深刻领会中央对形势的正确判断。一要充分认识我国经济社会发展的巨大成就和宝贵经验,深刻认识"十一五"期间取得的成绩来之不易,经验弥足珍贵,为今后的发展奠定了坚实基础。二要准确把握我国发展的重要战略机遇期,进一步增强机遇意识,珍惜机遇、抓住机遇、用好机遇,更加奋发有为地推进改革开放和现代化建设。三要清醒地看到我国发展面临的风险和挑战,进一步增强忧患意识,认清挑战、应对挑战、战胜挑战,变压力为动力,化挑战为机遇。

2.把思想统一到中央关于"十二五"经济社会发展的总体思路和目标任务上来。学习领会全会精神,要深刻理解制定"十二五"规划的指导思想。一要准确把握科学发展这个主题,更加注重以人为本,更加注重全面协调可持续,更加注重统筹兼顾,更加注重保障和改善民生,促进社会公平正义,坚定不移走共同富裕道路。二要准确把握加快转变经济发展方式这一主线,把经济结构战略性调整作为主攻方向,把科技进步和创新作为重要支撑,把保障和改善民生作为根本出发点和落脚点,把建设资源节约型、环境友好型社会作为重要着力点,把改革开放作为强大动力,提高发展的全面性、协调性、可持续性,实现经济社会又好又快发展。三要准确把握今后5年我国发展的主要目标,充分认识这些目标反映了改革发展的新趋势和新要求,回应了人民群众对发展的关切和期盼,既鼓舞人心,又艰巨繁重,是我们党对全国各族人民的庄严承诺。四要准确把握"十二五"期间发展的重大举措,充分认识落实好这些举措,就能够推动我国发展水平、发展质量有一个更大提升。

3.把思想统一到实现"十二五"奋斗目标的根本保障上来。党的领导是实现"十二五"期间经济社会发展目标的根本保证。一要充分认识加强党的执政能力建设和先进性建设的新要求,不断提高党领导经济社会发展的能力和水平,在推动科学发展中始终保持党的先进性,不断增强党组织的创造力、凝聚力、战斗力。二要充分认识加强和改进新形势下群众工作的新要求，思想上尊重群众、感情上贴近群众、工作上依靠群众，始终与人民群众同呼吸、共命运、心连心。三要充分认识发扬党的优良传统、保持良好精神状态的新要求，以昂扬向上的工作精神、百折不挠的工作意志、尽心尽责的工作态度，真抓实干、兢兢业业，认真落实全会提出的各项任务。

二、以党的十七届五中全会精神为指导做好教育工作，为"十二五"期间发展提供智力支持和人才保障

党的十七届五中全会从"十二五"期间党和国家发展全局的高度对教育发展作出了重要部署，体现了中央对教育事业寄予的重望和最新的要求。各地教育部门和各级各类学校要把认真贯彻全会精神、落实《"十二五"规划建议》对教育工作提出的各项任务，与全面贯彻落实全国教育工作会议精神和《教育规划纲要》结合起来，准确把握工作主题、发展主线、目标任务和重大举措，按照优先发展、育人为本、改革创新、促进公平、提高质量的要求，把全会精神贯彻到教育工作各个方面，全面落实"十二五"期间教育改革发展的重要部署，大力推进教育事业科学发展，使横跨十年的《教育规划纲要》在头一个五年圆满完成既定任务。

1. 主动适应国家和地方发展需求，在服务加快转变经济发展方式、推动教育优先发展上下功夫。坚持教育为经济社会发展全局服务、为人民服务，进一步增强服务国家和地方经济社会发展的意识，把人才培养、科学研究等各项工作与国家和地方发展需求紧密结合起来，完善现代教育体系，调整人才培养结构，创新人才培养模式，推进科学技术创新，使教育事业更加适应扩大内需、发展现代产业体系、促进区域协调发展、建设生态文明等战略任务的新要求，着力提高教育为加快转变经济发展方式服务的能力。要以教育事业服务国家和地方经济社会发展的实际成绩，赢得各级党委和政府对教育工作的关心和支持，确保经济社会发展规划优先安排教育、财政资金优先保

障教育、公共资源优先满足教育。

2.坚持促进教育公平，在改善民生、解决人民群众关心的实际问题上下功夫。更加注重以人为本，更好地满足人民群众对教育的新期待。合理配置公共教育资源，重点向农村、边远贫困、民族地区倾斜，加快缩小教育差距。加快学前教育发展，切实解决"入园难"问题。提高农村义务教育质量和均衡发展水平，推进农村中等职业教育免费进程。因地制宜解决农民工子女上学等问题。健全国家资助制度，扶助家庭经济困难学生完成学业。把解决高校毕业生就业问题作为工作重点，加强职业培训和择业观念教育，鼓励高校毕业生到城乡基层、中西部地区、中小企业就业和自主创业。

3.着力提高教育质量，在推动各级各类教育科学发展上下功夫。树立科学的质量观，把促进人的全面发展、适应社会需要作为衡量教育质量的根本标准，全面推进素质教育，遵循教育规律和学生身心发展规律，坚持德育为先、能力为重，促进学生德智体美全面发展。积极发展学前教育，巩固提高义务教育质量和水平，加快普及高中阶段教育，大力发展职业教育，全面提高高等教育质量，加快发展继续教育，支持民族教育、特殊教育发展，建设全民学习、终身学习的学习型社会。加强师德师风建设，提高教师业务水平，继续推进和完善免费师范生教育制度，鼓励优秀人才终身从教。不断健全教育质量标准体系、教育质量保障体系、教育质量监测体系。

4.大力推进改革试点，组织实施重大项目，在完善教育科学发展的体制机制上下功夫。把改革创新精神作为教育事业发展的强大动力，注重顶层设计，突出重点领域，抓住长期困扰教育科学发展的难点问题和社会关注的热点问题集中突破，努力争取"十二五"期间改革推进一项成功一项，一年一年扎扎实实地把改革推向前进，不断取得新的经验、有新的突破。根据《教育规划纲要》提出的重大项目安排，以加强薄弱环节和关键领域为重点，抓紧启动、集中力量推动重大项目的实施。项目的实施要与教育的改革创新紧密结合，突出提高质量、促进公平两个重点。各省（区、市）也要根据《教育规划纲要》精神，围绕本地经济社会发展要求，确定一批本地发展项目，千方百计地组织好，不折不扣地实施好，使每一个项目都成为得民心、惠民生的项目，都成为让人民群众满意、为教育发展增添后劲的项目。

三、进一步加强组织领导，以真抓实干精神抓好党的十七届五中全会精神和《"十二五"规划建议》的落实

党的十七届五中全会精神的学习贯彻和《"十二五"规划建议》的落实，任务重、要求高，政治性、政策性很强，要切实加强领导，精心组织安排，确保各项工作落到实处。

1. 认真总结经验，谋划"十二五"发展。认真总结"十一五"期间教育事业改革发展的成就和经验，大力宣传各地各校推进工作的好经验、好做法以及优秀典型，确保"十一五"收好尾、结好局。组织力量，抓紧时间编制好本地本校教育"十二五"规划，切实把全会精神和《教育规划纲要》的部署落实到新一轮五年规划中。省级教育部门还要在当地党委、政府领导下，抓紧制定分省中长期教育规划，召开好教育工作会议。当前，要特别注意统筹安排好2010年年底的各项工作，抓紧谋划2011年的工作，确保"十二五"起好头、开好局。

2. 切实转变工作职能，不断改进工作作风。紧密联系实际，把学习贯彻党的十七届五中全会精神与深入开展创先争优活动结合起来，紧紧围绕贯彻落实全会精神和《教育规划纲要》，推动党组织履职尽责创先进、党员立足岗位争优秀、党员干部示范引领作表率，带领广大干部职工、师生员工推动教育事业科学发展，把贯彻落实工作不断引向深入。各级领导干部要按照全会的要求，进一步增强党的意识、宗旨意识、执政意识、大局意识、责任意识，增强工作的原则性、系统性、预见性、创造性，把功夫下在察实情、出实招、办实事上，紧紧依靠广大干部和教职员工，高度负责、甘于奉献，集中精力、心无旁骛，一抓到底、善始善终，扎扎实实做好改革发展稳定各项工作，切

实把各项工作抓出成效。

3. 积极鼓励探索创新，广泛进行宣传动员。充分尊重人民群众的首创精神，鼓励各地各学校积极探索，勇于创新，创造性地实施《教育规划纲要》、落实《"十二五"规划建议》对教育工作提出的各项任务。充分利用报刊、电视、校园网等舆论阵地，着力宣传全会的重大意义和"十二五"规划的重要部署，着力宣传贯彻落实的好做法、新成效、新经验，全力营造学习贯彻全会精神、投身"十二五"建设的良好环境。动员全党全社会进一步关心支持教育事业的改革和发展，为《教育规划纲要》的实施和《"十二五"规划建议》的落实创造良好社会环境和舆论氛围。

（新华社记者刘奕湛）

科技支撑发展　科技让生活更美好

——访科技部部长万钢

"未来 5 年，是实施国家中长期科技发展规划冲刺阶段。未来 5 年，仍是战略机遇期，但挑战严峻。"科技部部长万钢侃侃而谈，亲切而不失严谨。

"机遇稍纵即逝，抓住机遇最关键的是提高自主创新能力。科技工作者永远都要有一种机遇感、紧迫感和责任感。抓住身边的机遇，推动国家的改革开放和创新发展。"

"科技创新体制机制一直在改革中前进"

早在 30 年前，为解决科技与经济"两张皮"的状况，我国拉开了科技体制改革的序幕，提出"经济建设必须依靠科学技术、科学技术工作必须面向经济建设"的科技工

全国政协副主席、科技部部长万钢。

（新华社记者汪永基摄）

作基本方针。

"上世纪末开始实施转制的各部门院所，现在很多已经成为行业发展的领头羊。"万钢说，截至目前，已有260多个中央所属院所转制成为企业。它们走向市场后，服务企业创新得到的收入比靠国家财政支持多得多。

"科研和市场联系起来，才能以最快的速度将研究成果转化为产品，并迅速在市场推广。"万钢说。

"十二五"规划建议中提出，要完善科技创新机制体制，深化科技体制改革，加强科学研究与高等教育有机结合。重点引导和支持创新要素向企业聚集，加快建立以企业为主体、市场为导向、产学研相结合的技术创新体系。

谈及今后改革方向，万钢强调要靠推动技术创新工程这一"抓手"。

"一定要让产学研更紧密结合，不仅要了解产业发展的技术环节，还要研究产业发展的系统结构，形成产业联盟。"万钢说，科研工作要集中力量办大事，加快实施重大专项，探索战略性新兴产业发展规律和商业运行模式，让科技创新形成产业链，用多种驱动模式加大对基础研究、重点领域和民生方面的投入。

国际金融危机反映出一个重要问题，即我国经济对外依存度比较高。万钢说，应对危机得来的一条最宝贵的经验就是把科技工程和产业发展结合起来，带动产业整体提升。通过实施技术创新工程，带动企业构建技术创新平台，让企业"唱主角"，真正成为自主创新的主体。

2009年，我国56个高新区显现出强劲的"逆势增长"态势，带动区域和地方经济快速发展，成为科技创新的战略高地。

"科技无处不在，它改善着百姓的衣食住行"

万钢说，5年来最让他欣慰的是，科技走近百姓身边，改善百姓生活。

小时候听到原子弹爆炸消息，感到新奇而遥远。现在科技离普通人近了，近到人们碗里香甜的大米、小麦。这都是袁隆平、李振声等农业科学家辛勤研究取得的成果。

电动汽车、太阳能热水器、地热空调……手机连通天下，"足不出户，信息到手"。这都是科技带来的变化，给人们衣食住行带来的便捷和幸福。

"十二五"期间，科技发展将遵循创新导向、需求牵引的原则，坚持以人为本，把改善民生作为根本出发点和落脚点。

不久前，连云港一家民营企业自主研发出一种抗癌药。类似进口药一个疗程要用4万元，国产的全部疗程只要8000元。

"4万元，多高的一个坎儿，多少病人在这个坎儿上过不去。"万钢感慨地说。

2009年，甲型流感暴发后，我国不到一周就开发出抗原检测试剂，一个月就生产出疫苗。"从检测、确诊到防治，每个环节都快速反应，这表明我们应对不期而遇的灾害的能力在增强。"万钢说。

上海世博会上，1亿多人次乘坐了园区电动汽车，没有排放，没有噪声，平稳行驶。它响亮地告诉世界，中国将单位GDP碳排放降低40%到45%的庄严承诺，能够实现！

"但我也有不满足。世博会上展示的很多科技成果，还没有真正走入千家万户。所以，希望科技改变生活的速度能更快一些。"万钢说。

"科学要宽容失败，但对学术造假零容忍"

"中国需要创造宽容失败的环境。"万钢说，将军永不言败，但他深知胜从败中来。爱迪生发明电灯泡时，如果在第999次实验上停下来的话，人类拥有电灯泡可能还得晚些年。

根据科学技术进步法，如果科学家承担课题期间，按部署取得了积累数据，最后科学证明这条路行不通，照样可以结题。这次看起来失败的尝试可能发现另外一条重要规律。

"科研项目的失败是一个能力增长的过程。这样行，是一种知识；不行，可能是更重要的知识。就好像问路，有人告诉你某条路走不通，到不了，这更珍贵。"万钢说。

"在鼓励创新、宽容失败的同时，对学术造假要坚决打击，零容忍。"他旗帜鲜明地表明态度。

讲到这，他回忆起40多年前自己在东北当知青时候的经历。当时他十几岁，在深山里看林子。每天天不亮，就被啄木鸟"嘟，嘟"的声音吵醒。问老护林人，你烦不烦它。没想到老汉说，它跟咱护林人是天生的一对。哪个树上长虫子了，只有它才能把虫子啄出来。

"科学诚信容不得一点沙子。如果发现有造假行为，即便是在授奖以后，也照样撤掉。"万钢说，以后项目评审会更加严格，并增加企业管理人员、应用实践人员的比重，使学术思维、技术导向与市场需求有机结合起来。

"中国的自主创新，本身就是开放的创新"

"中国的自主创新，本身就是开放的创新。"万钢说，应对各种全球性挑战，中国要承担自己的责任，离不开科技创新，离不开科技领域的国际合作。

"所有企业，无论国外还是国内，在中国建立研发中心，我们一视同仁。"万钢说，外国在华设立的研究机构5年前只有几百家，现在发展到3300多家。世界500强里346家在中国建立了研发中心。

2009年，我国知识产权案件审结率提高了近30%，专利申请率增加了22.4%。

"还有一个明显标志，技术交易市场增长了15%。这说明知识产权保护在发挥作用。所以，不能不说中国知识产权保护正在取得进步。"万钢说。

"中国的自主创新，也为世界经济发展提供了重要舞台。高速铁路项目起步时，引进的是西门子等跨国公司的技术。在中国电动汽车推广示范项目中，中外新能源汽车享受同样的补贴待遇。"万钢说。

同时，中国自主创新的成果也和世界上很多国家分享。2008 年，中国应邀在南非安装了中巴资源卫星数据接收和处理系统，覆盖 2047 平方公里，所有数据和非洲国家免费共享。

"'十二五'期间，建立创新型国家对人才更加渴求。国务院最近颁布了关于加快培育和发展节能环保、新能源、新一代信息技术、生物等战略性新兴产业的决定。我们欢迎海外的人才，多关注、参与中国的建设。还有基础研究、经营管理、金融等领域的人才。不管采用哪种为国服务的形式，都欢迎。"万钢说。

（新华社北京 2010 年 11 月 11 日电，记者余晓洁、罗沙）

【背景介绍】

背景之一："十二五"科技发展五项原则和基本思路

科技部部长万钢在 2010 年 11 月 1 日举行的第十二届中国科协年会开幕式上表示，"十二五"期间科技发展将遵循五项原则和基本思路。

这五项原则是：继续坚持创新导向；继续坚持需求牵引；继续坚持统筹兼顾，统筹政府引导和发挥市场机制的作用，统筹国内国外两种资源，统筹科技创新和管理创新；坚持以人为本，把改善民生作为根本出发点和落脚点，把创新型人才队伍和创新环境建设作为根本任务；继续坚持跨越式的发展，从量的积累到质的提升来推动经济社会发展专项为创新驱动。

万钢介绍了"十二五"期间科技发展的基本思路。一是要加快组织实施科技重大专项。要把重大专项作为深化体制改革的突破口，完善市场经济条件下新型举国体制，优化配置资源，突出系统创新，力争取得重大进展。同时，在清洁能源、深海探测、深地勘探等方面进行进一步的充实。二是要积极培育和发展战略性新兴产业。以关键核心技术和产品的研发推广应用为重点，充分发挥市场机制作用，促进产业结构调整。

万钢指出，当前必须前瞻部署基础科学和前沿技术发展。他说，如果没有党中央、国务院在 10 多年前开始对于电动汽车、新能源、生物技术的部署，我们今天是没有办法站在战略性新兴产业这个舞台上的。

而今后的 10 年、20 年，这个前瞻部署就更加重要，因此我们要加强基础研究，优化和完善基础科研的布局，促进基础学科的均衡发展，实施蛋白质、量子调控、纳米、发育与生殖、干细胞以及全球气候变化等重大科学计划。加强对前沿技术的研究，在蛋白组学技术、纳米技术、全光通信网等战略方向，突破核心关键技术。在整合构建一批国家重大创新基地和创新服务平台，在重点学科和新能源、新材料等战略高技术领域当中来部署重大科学的工程和国家的重点建设。

与此同时，还要运用高新技术加快提升传统产业。万钢说，要加强信息技术、新材料、新能源等高新技术成果转化和推广应用，促进传统产业升级。要加快发展研发设计与服务，现代物流、创意等知识和技术密集型的产业。要深化国家高新区的建设和发展，加强中关村等国家自主创新示范区的示范和引领作用，培育一批具有国际竞争力的高新技术企业的龙头。

万钢指出，"十二五"期间我国还要大力提升科技改善民生的能力，切实加快农业科技创新，促进城乡统筹的发展；加强科技人才队伍建设；加强科学技术普及，提高全民科学素质；进一步扩大和深化科技对外开放。

背景之二：统一思想　明确任务　以深化改革为动力　为加快转变经济发展方式提供科技支撑

2010 年 12 月 13 日，科技部党组成员、副部长张来武主持召开科技部党组扩大会议。万钢部长传达胡锦涛总书记、温家宝总理在中央经济工作会议上的重要讲话精神。

会议强调，要按照中央的要求，进一步统一思想、明确任务，以深化科技管理改革为动力，为加快转变经济发展方式提供科技支撑。

与会同志一致认为，这次中央经济工作会议，是贯彻落实党的十七届五中全会精神的一次重要会议。这次会议全面分析了当前国际国内经济形势，总结2010年及"十一五"时期经济工作，部署了2011年经济工作，对我们进一步统一思想、明确任务，按照中央的要求，做好2011年科技改革和发展各项工作，具有十分重要的指导意义。

"十一五"时期我国经济社会发展取得的成绩来之不易，取得的经验弥足珍贵。"十二五"期间是我国发展的重要战略机遇期，要用好这一重要战略机遇期，加快经济发展方式转变，最根本的是要高举改革旗帜，加大改革攻坚力度，以改革促发展、以发展促改革。要加强改革的顶层设计，在重点领域和关键环节取得突破。要加强统筹协调，明确改革方向，把握好改革的节奏和力度，完善改革配套政策，注重改革涉及的重点领域和重要环节，加强监督评估，狠抓各项发展改革任务的落实。

落实好中央经济工作会议各项部署和要求，科技工作要继续深入贯彻落实科学发展观，正确把握国内外形势新变化新特点、明确科技工作面临的新机遇新任务，以科学发展为主题，以支撑经济发展方式转变为主线，不断深化科技体制改革，切实强化企业在技术创新中的主体地位，加强以企业为主体的创新能力建设。大力推进国家科技计划管理改革，使国家科技计划更加聚焦于科技发展和经济社会协调可持续发展的重大战略需求。加强统筹协调，推进科研经费分配制度改革，努力优化科研投入结构，完善创新投融资体系。

要把推进自主创新作为加快转变经济发展方式的中心环节，充分发挥国家科技重大专项的核心引领作用，大力培育和发展战略性新兴产业，加快推动经济发展转入科技引领、创新驱动的轨道。要加强基础研究和前沿技术研究，攻克一批核心关键技术和重大技术瓶颈。要继续做好农业领域国家科技计划管理改革试点工作，促进现代农业发展。要关注民生和公共安全领域科技创新，加大人口健康、节能减排、气候变化、防灾减灾等科技问题的攻关力度。要贯彻落实人才规划纲要，推进国家科技计划实施与创新人才培养、创新基地建设紧密结合。要推进产学研紧密结合，推动科技成果产业化和产业聚集发展，加速科技成果转化为现实生产力。要坚持引进来和走出去并重，引导和利用外资为自主创新服务，打破发达国家技术封锁，提升科技合作水平。

会议提出，要积极稳妥地做好最近一个时期的科技工作。一是加强学习，近期召开党组中心组学习会议，进一步学习领会中央精神，交流工作经验，明确工作的思路和任务。二是切实把贯彻落实中央精神与做好科技管理工作结合起来；与转变职能、转变作风，加大科技管理改革创新的力度，提高科技管理的科学化水平结合起来；与大兴求真务实之风，深入基层，开展调查研究结合起来。三是集中精力，做好衔接，确保"十二五"工作和明年各项工作开好局、起好步。

2011年是中国共产党成立90周年，也是"十二五"时期开局之年。科技工作者要更加紧密团结在以胡锦涛同志为总书记的党中央周围，切实把思想和行动统一到中央的要求上来，统一到中央对国际国内形势的科学判断上来，统一到中央对经济社会发展作出的决策部署上来，突出主题、明确主线，为保持科技工作发展良好势头，加快建设创新型国家作出新的更大贡献。

【深度解读】

深度解读之一：民生科技点亮百姓幸福生活

五年，对于科技发展漫漫之路，只是短暂一瞬。

然而，回眸过去的五年，中国科技却在历史上留下了永不落幕的精彩。

2008 年，北京奥运开幕式上，古琴声起，《高山流水》淌进场中，玄衣舞者化身腾挪的笔锋，描摹中华文明；2009 年，我国科学家自主研制的首台千万亿次计算机"天河一号"横空出世，用"计算机中的珠穆朗玛"速度引领世界；2010 年，世博盛宴上，从物联网到云计算，从智能交通到无障碍刷卡，7300 多万人次游客与科技传奇"亲密接触"。展望下一个五年，老百姓迫切想要了解科技将如何改变生活。"科技落下神秘面纱，融入人们的生活。"科技部部长万钢表示，"十二五"期间科技发展将遵循创新导向、需求牵引的原则，坚持以人为本，把改善民生作为根本出发点和落脚点。

国防科技大学研制的"天河一号"问鼎世界最快的计算机。 （新华社记者余晓洁摄）

农业科技：有力支撑粮食安全农民增收

2010 年全国秋粮丰收已成定局，中国为稳定世界粮食供求再作贡献。粮食安全，全球关注，尤其是拥有 13 亿人口的中国。在耕地和水资源日趋紧张、各种自然灾害频繁发生的不利条件下，是什么支撑了我国粮食的丰产？

"是农业科技进步!"年近五旬的江西南昌农民李钱水站在连片的稻田里说,自己原本不信那些"眼镜书生",认为科技不如祖祖辈辈种田的老传统实在。可事实却证明自己错了。

拿育秧来说,水育改旱育,用塑料秧盘进行薄膜育秧,烂秧基本没有,每亩早稻常规稻的用种量从 7.5 公斤下降到 4 公斤,大大节省了成本。

2004 年启动实施的"国家粮食丰产科技工程"重大项目,覆盖东北、华北和长江中下游三大平原 12 省的粮食主产区,以水稻、小麦、玉米三大粮食作物为主攻方向。

七年来,累计建设丰产核心区、示范区和辐射区 6.83 亿亩,共计增产粮食 4009 万吨,每亩每年节本增效 100 元左右,增加经济效益 589 亿元。

丰粮科技工程只是我国政府科技兴农的众多举措之一。"科技入户""万亩高产创建"等项目也为粮食丰产、农民增收注入了不竭动力。

"通过加强农业科技创新体系建设和关键技术集成创新,加大良种良法选育推广力度,我们提升了农业科技支撑水平。"国家发改委主任张平说。

近三年我国粮食总产量稳定在 1 万亿斤以上。成绩背后是无数农业科学家和农民的辛劳。2010 年 80 岁的"杂交水稻之父"袁隆平院士雄心依旧。他说:"我这个'80 后'有个愿望,就是到 90 岁还要争取实现超级杂交稻亩产 1000 公斤的目标,更多地造福人民!"

用世界 7% 的耕地,养活世界 22% 的人口,生产世界 25% 的粮食。这是中国人已经创造的奇迹。不久前,我国又提出到 2020 年粮食生产能力再增千亿斤的新目标。新的奇迹还将被中国人创造。

新药创制:为人民宝贵的生命保驾护航

不久前,我国具有完全自主知识产权的口服重组幽门螺杆菌疫苗取得了新药证书。这是世界上首个获准上市的口服重组幽门螺杆菌疫苗。为了这一天,第三军医大学教授邹全明和他领衔的科研团队整整奋斗了 15 年。

　　"我国是胃病大国，胃病的治疗手段存在很多不足，效果也不理想。"邹全明说，研制幽门螺杆菌疫苗，将实现从源头上防控病菌感染，具有重要的医疗社会价值。

　　一种"多柔比星脂质体"抗肿瘤药物由石药集团改进载药技术和辅料后上市。与外国同类产品"楷莱"相比，它的药物稳定性更强，售价每支2000元，不到"楷莱"的四分之一。

　　"用药难、进口药贵吃不起"是很多老百姓的心声。拿不出拥有自主知识产权的创新药物，是我国制药企业多年来的最大隐痛。

　　"药品价格降低，不单纯是钱的问题，它背后是无数条生命，可能有人拿不出这些钱，就失去了生存的机会。"石药集团董事长蔡东晨说。

　　通过实施国家重大新药创制专项，截至目前，我国已有16个品种获得新药证书，20个品种提交新药注册申请，3个拥有自主知识产权的药品陆续上市。其中药品丁苯酞填补了国际脑中风治疗领域的空白，开创了中国医药企业向世界最发达国家转让药品知识产权的先河。

　　2009年，甲型H1N1流感来袭，我国医学家和科学家们一个星期拿出试剂盒，一个月内拿出疫苗。口服重组幽门螺杆菌疫苗、戊型肝炎疫苗……这些疫苗家族的"新成员"不仅为"疾病防火墙"添砖加瓦，也加速了我国迈向疫苗强国的步伐。

　　"药物创新之本是惠及百姓，我们会继续努力，让老百姓以最便宜的价格用上最优质的药品。"石药集团首席技术官王金戍说。

大飞机、高铁、电动汽车：节能舒适出行

　　金秋的上海浦东，专为C919国产大飞机准备的试飞跑道正在施工。

　　C919，中国首架自行研制的大型民航客机，将于2014年首飞，2016年交付使用。用不了多久，这一中国机型将和空客、波音一样为人熟知。

　　乘坐自己的大飞机在蓝天翱翔是几代中国人的梦想。对于一个泱泱大国

而言，大飞机对整个国家战略性产业、航空产业发展意义重大。

"从一个个零部件攻关，到整体系统优化，可靠性、耐久性实验，再到通过国际的适航，我们一步一个脚印地前进。"科技部部长万钢说。

沪杭高铁正式开通运营，成为助推长三角区域发展又一强力引擎。同一条铁路上，拥有我国自主知识产权的国产新一代高速动车创造了时速416.6公里的世界高铁运营最高纪录。

当下，举世瞩目的京沪高铁正抓紧建设，2012年前建成通车。牵引动力国家重点实验室正研制时速500公里以上的真空高速列车，预计10年后投入运营。

即将开启的"十二五"，中国速度还将继续升级，载着国民驶入"大交通时代"。未来，中国的高铁奇迹还将继续带给世界更多的惊叹。

上海世博会上中国馆内展出的"叶子"仿生电动车。　　　　　（新华社记者金良快摄）

作为世界上最大的汽车生产和消费国，中国发展汽车工业必须要走新能源汽车之路，走电动汽车之路。预计到 2020 年，我国电动汽车年产量将达到 100 万辆。

汽车走进千家万户后，给百姓生活带来便利的同时，也对环境造成巨大影响。我国主要大城市 70％ 的空气污染来源于汽车尾气排放。科技部等部委 2009 年启动的"十城千辆"节能与新能源汽车示范推广应用工程，目前已有 25 个城市加入。

"这一工程的理念是让民众享受科技成果，让公交车这类最繁忙、造成尾气最多的汽车首先转型，通过公交运行进行电动汽车的集中维护保养改进，最终提升产品质量。"万钢说。

《中共中央关于制定国民经济和社会发展第十二个五年规划的建议》要求，把科技进步与产业结构优化升级、改善民生密切结合起来。

科学技术，捍卫了人口健康、保护了生态环境、维护了公共安全，点亮了百姓的幸福人生。

（新华社记者余晓洁）

深度解读之二：科技重大专项在产学研 "大兵团作战"中闯关夺隘

——C919"大飞机"国产材料研制、关键技术攻关取得新突破，机头工程样机结构研制完成。

——盐酸安妥沙星、重组幽门螺旋杆菌疫苗等16种重大新药获得新药证书，血脂康等多个拥有自主知识产权的创新药物获准在欧美国家开展临床试验。

——12英寸65纳米刻蚀机已在5个亚洲客户芯片生产线投入使用。

——在TD-SCDMA基础上，研发出TD-LTE技术，在上海世博会上展示世界上第一个TD-LTE示范网，具有自主知识产权的第四代技术标准提案入选国

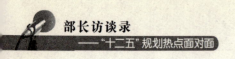

际电信联盟候选标准。

......

在"十一五"行将结束，"十二五"即将开启之际，回眸过去的五年，作为"新时期培育战略性新兴产业、调整经济结构强大引擎"的我国科技重大专项，结出了累累硕果。

也许，有些名词对您来说还很陌生。但确定无疑的是，覆盖电子信息、先进制造、生物医药等领域的重大科技突破在下一个五年、十年，甚至更长的时间，将深刻地改变我们的生活。

在"承启"之刻，需要回答的是，哪些宝贵经验可以总结。

"2010年下半年，所有四大板块16个重大专项经受了专家组最严格的监督评估。专家和参与专项的部门、企业负责人发出一个共同的心声：让企业'挑大梁''唱主角'，在产学研'大兵团作战'中，构建上中下游贯通的创新产业链条，是提高产业整体自主创新的'系统动能'，是由'要素驱动'向'创新驱动'转变的必然选择。"科技部重大专项办公室主任许倞说。

比如，"集成电路装备专项"聚集了产学研各类承担单位130多家，涵盖电子、通信、机械、化工多个行业，分布在北京、上海、江苏等18个省市。

"长电科技成功研发全球体积最小容量最大的USB存储模块并进入量产，联合中科院微电子所等单位成立了国家工程实验室。到目前为止，已获授权专利59项，发明专利24项。我们开发的12英寸芯片圆片级封装技术，突破了10项关键技术……"江苏长电科技股份有限公司总经理于燮康说起企业的自主创新时如数家珍。

除了长电总经理外，于燮康还有一个身份——中国集成电路封测产业链技术创新联盟秘书长，该联盟是国家科技重大专项中第一个产业技术创新联盟。

"高新技术只有在产业化过程中才能实现自身价值。"于燮康认为，"大兵团作战"中企业真正成为自主创新的主体。联盟创新的作用体现在降低单个企业研发成本、分担研发风险；资源互补共同完成创新；缩短研发周期，并使企业逐步积淀其创新资源，以打造出更持久、更独特的核心竞争力。

目前，重大专项办按照"优势互补、利益共享、风险共担"的原则，协调成立了"集成电路封测""抗生素、维生素"等多个产业技术创新联盟，实现了企业、研究机构和高校共同攻关，改变了我国在多个关键领域产业链脱节、设备和材料长期依赖进口的被动局面。

全新的运行机制和国家的资金投入，极大激发了参与企业的创新积极性，短短几年内涌现出一大批新技术、新成果。着眼于重大战略产品，关键技术和重大工程的重大专项，正依托企业为主体、市场为导向、产学研相结合的"大兵团作战"，在国民经济主战场闯关夺隘。

（新华社记者余晓洁）

迎难而上，任劳任怨

——访工业和信息化部部长李毅中

在接受记者采访前，工业和信息化部部长李毅中一直低着头，忙着发一条短信。

记者好奇地问："您用的是 2G 还是 3G 手机？"

他抬起头，脸上露出一个"落伍"长辈谦逊而和气的微笑："还是 2G 的呀，我就是打打电话、发发短信，你们年轻人的时尚应用我都很少用啊。"

但这并不妨碍他把"2009 年 1 月 7 日发放三张 3G 牌照"评为"十一五"期间中国工业和信息化领域令他"印象最深刻"的事件。

"迎难而上，任劳任怨"，这是中国工业和信息化系统"掌舵人"李毅中站在"十一五"和

工业和信息化部党组书记、部长李毅中。

（新华社记者李明放摄）

29

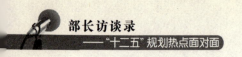
"十二五"交界点上，对工信部门的评语。

最欣慰：成功应对金融危机

"忧心如焚，夜不能寐。"回想起国际金融危机袭来时中国工业增幅一路狂跌时的情景，李毅中这样形容自己的心情。"在应对国际金融危机过程中，国家及时出台一揽子投资计划以及十大重点产业调整振兴规划，对于工业实现止跌回升发挥了决定性作用。"

在金融危机发生前，2008年6月份工业增幅为16.1%，2009年年初降至最低点3.8%。经过艰苦努力，在去年年底工业增长又回到16.1%，形成了一个V字形，工业月增幅快速回升为国民经济平稳较快发展作出了突出贡献。

在危机刚爆发时，李毅中陪总理到深圳，看到一个全国最大的集装箱厂，一个月没有一个订单。"出口产品出不去了，货运量就下来了，集装箱就没人来买了。"

在此背景下，十大产业调整振兴规划陆续出台。"振兴规划主要是针对金融危机暴露的问题，要很快地见效。"而当时的每一个决策，都凝聚着各方的努力和智慧。

2008年12月初，李毅中接到总理打来的一个电话。"总理提出一个问题，说美国政府出200亿美金，拉动三大汽车公司，德国提前报废一辆车补贴5000马克，我们怎么办？他让我们商量商量。我们就和国家发改委商量，征求企业、协会的意见，大家都认为我们应该发展1.6升排量以下的车，用购置税减半政策吸引大家来购买。"

当时，我国汽车产业的表现就是整个工业的缩影，总体呈下降趋势，从2008年9月份开始负增长，一直往下掉。2009年1月20日，金融危机影响最严重的时候，购置税减半政策开始实施，潜在的购买力马上爆发出来。在国际汽车产业普遍萧条的情况下，从2009年2月份起，中国汽车产量开始上升，每个月都保持在100万辆以上，全年增长47%。

最自豪：先进产能不断提高

在过去的五年里，我国工业通信业领域最让李毅中感到自豪的成绩是，我国加大技术改造、淘汰落后力度，先进产能比重明显提高。

"十一五"期间，我国信息技术等高新技术和先进适用技术深化应用有力推动了传统产业改造提升。2009年，大中型工业企业新产品销售收入占比达16.0%，高技术产品出口占全部商品出口的31.3%，高技术产业实现产值占全国工业产值的10.6%。

"这次金融危机爆发后，我向中央要了150亿元技术改造资金。执行了一两个月，财政部部长谢旭人对我说，力度不够，再给你50亿元。呵呵，当时我真有点受宠若惊啊。这也说明大家认识一致。"李毅中说。

这些资金，主要用于新工艺、新设备、新技术、新材料，针对质量品种、新装备、两化融合、安全生产、节能减排等工业发展"瓶颈"发力。

"2009年执行下来，实际花了230亿元，有点超支，但支持了4441个项目，拉动了6326亿元投资，拉动效果28倍。也就是说，中央拿1元钱拉动了28块钱的投入，这28块钱主要是企业的自主资金和银行贷款。我们2010年6月份检查，4441个项目全部开工，有3000多个项目进度超过一半。2010年年底至2011年年初，这些项目将陆续投产带来效益。"

工信部数据显示，"十一五"期间，我国将预计累计淘汰炼铁、炼钢、焦炭、铁合金、水泥和造纸等落后产能11172万吨、6683万吨、10538万吨、663万吨、34000万吨和1030万吨，占全部落后产能的50%左右。

而在我国确定的七大战略性新兴产业中，新一代信息技术被排在第一位，对此，李毅中感到"很受鼓舞"。

"我国60年来形成的工业体系仍以传统工业为主，传统工业必须用现代信息技术改造提升才能焕发青春。信息技术现在已经广泛渗透到经济、社会

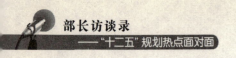
的各个领域，在改变着人们的生产和生活方式，西方先进国家也都在想方设法利用信息技术抢占未来科技的制高点。我们把信息技术放在第一位，深意也在于此。"

最期待：中国初步建成比较完善的现代产业体系

当记者问到"五年之后的今天，您最希望中国工业取得怎样的突破？"李毅中不假思索地回答："希望我们在转变经济发展方式方面真正有了突破性进展，中国初步建成比较完善的现代产业体系，为2020年全面实现小康打下决定性意义的基础。"

今天，按国际产业分类，在22个工业大类行业中，我国钢铁、建材、纺织服装等7大类行业名列全球第一，装备和电子信息产业规模已位居全球第二位，钢铁、水泥、汽车、服装、家电等220多种工业品产量居世界第一位。

然而总体而言，中国工业大而不强、粗放型发展的状况仍未根本转变，"中国制造"仍然是低端产品的代名词。

"调整经济结构是转变发展方式的重要内容。从经济发展全局看，调整经济结构包含了调整产业结构、城乡二元结构、投资消费与出口结构、国民收入分配结构等内容。而加快调整优化产业结构是调整经济结构的突出重点，目前问题突出表现在'一产不稳'、'二产不强'、'三产不大'。"

李毅中表示，"十二五"期间我国工业和信息化领域的主要目标是，"继续坚持走中国特色新型工业化道路，发挥好我国产业比较优势，建设结构优化、技术先进、清洁安全、附加值高、吸纳就业能力强的现代产业体系。"

（新华社北京2010年11月15日电，记者刘菊花）

【背景介绍】

一位可爱可敬的老人

2010 年 12 月 25 日上午，65 岁的李毅中在全国工业和信息化工作会议上最后一次以工业和信息化部部长身份作主题报告。像以往一样，他不时脱稿，以烂熟于心的数字和了然于胸的全国工业现状为依据，阐述自己的观点，或尖锐，或幽默，或发人深省，或催人奋进。等他作完报告，已是中午 1 点。下午 3 点，全国人大常委会任命苗圩接替李毅中任工业和信息化部部长。

不禁回想起 2008 年 3 月，李毅中赴任工信部首任部长时，意气风发，壮志满怀。工信部是由原信息产业部、国防科工委、发改委的工业部门、国务院信息化办公室、烟草专卖局等部门融合而成，是中国"大部制"改革的试点。后来李毅中常常笑称，工信部"生不逢时"，没有一段平静的时间来按照计划从容不迫组建。细细数来，工信部刚成立就马不停蹄地进入"紧急状态"：南方冰雪灾害救援、汶川大地震的救急和恢复重建、奥运会保障、三鹿奶粉事件、国际金融危机、3G 牌照发放、玉树地震救援、三网融合试点、载人航天以及嫦娥二号飞天……"应对急事大事难事和新部组建工作进入正轨是同步进行的。"

而我恰好在工信部成立前后，开始接手工信部跑口记者，与工信部一起进入急事大事难事不断的"紧急状态"。每一次面对李毅中，我都清晰地感觉到，这是一位可爱可敬的老人。虽然身居高位，但比"普通"的你我更辛苦，更少"享受"，我甚至生出那种熟悉的对父辈的怜惜之情。

"我没有周末，星期六不一定休息，星期天一定不休息，办不完的事。"李毅中曾对我说，他一般早晨 7 点离开家，晚上 9 点回家。一天三顿饭，几乎都在工信部食堂解决，一周在家最多吃一两顿饭。"我没有爱好，没时间，不会下棋，不会打球，有些呆板，呵呵。"

李毅中曾任中国石化董事长，国务院国资委党委书记、副主任，国家安全生产监督管理总局局长、党组书记。这位曝光率很高的部长还有很"脆弱"的一面："新部门范围太大，工作面急剧扩张，有些材料技术性很强，都要努力熟悉。现在比在安监总局睡得更少，有时候仍然要靠安眠药入睡。"他还主动向我交代，"人老了，眼睛也不行了，老眼昏花，看报纸必须戴眼镜。""不管再晚再累，也要在外面走走，想想事情，也算一种锻炼吧。不敢爬楼梯，半夜三更的，怕吓着别人。"

记得 2010 年 3 月 12 日，新华社以多媒体形式独家专访李毅中，我担任主持人。本来，连日忙碌已经让李毅中非常劳累，那天中午他甚至昏厥了一下，随行人员不得不为他准备了氧气袋。他当时的时间也排得非常紧凑，下午 3 点他一人单挑整整一场两会中外记者集体采访，傍晚还有中央电视台一个直播节目。新华社的专访被安排在这两个活动之间，几次被各方提议取消，但部长本人和部办公厅领导考虑再三，决定照计划进行，毕竟新华社是他们最信任的客观、公正、专业的媒体，这次采访也早在春节前就被敲定了。

然而时间被严格限制在一个小时之内，我因此再次提笔把采访提纲最大程度地简化了。试镜的时候，编导很专业地对我说："反正教你们什么也来不及了。你最大的特点是亲切，发挥你这个长处就好了。"刚好，李毅中也是个亲切的人，什么问题都可以问他，他都不以为忤。两个"纯天然"的人聊共同关心的话题，想不 High 都不行。

于是，我很快抛开了最初提供给工信部的提纲，开始追问一些非常敏感但和国家工业和信息产业的未来以及老百姓的生活息息相关的热点问题。李毅中则有问必答，侃侃而谈，掰开揉碎地解释。一个小时不知不觉过去了，我不是没有注意到部办公厅副主任焦急地蹲在我前面，想提醒我时间到，也不是没注意到音视频部同事的叫停手势，他们也一定是被催急了。可是我实在不忍心打断李毅中投入的讲解和不断蹦出来的独家新闻，也不愿意问题还没问完就放弃这次请教的机会。

结果访谈进行了两个小时。工信部办公厅主任对我说："严重超时，提出批评，但是原谅你。"他的眼里明显满含笑意。李毅中则欣然题词："感谢新华社对工业和信息化领域工作的关心支持。"我知道，这是他的肺腑之言。

这次的"省部长访谈录"，由于2千字的篇幅所限，采访时李毅中讲述的许多很精彩、很动人的想法我没有写进去。刚好出版这本书的时候，可以通过图片来展示一二。李毅中对我说，"十一五"期间中国工业和信息化领域令他"最满意的成绩"是绕月工程，"印象最深刻"的事件是"2009年1月7日发放三张3G牌照"。而载人航天和TD建设，正是"十一五"期间中国工业和通信业最杰出成就的代表。

李毅中认为，航天工程集中代表了我国最尖端的科技，是几代人发挥"两弹一星"精神创造出来的尖端技术，增强了中华民族的凝聚力、自豪感。"2008年神舟七号发射的时候，我在现场。火箭升空的那一刻，我太高兴、太激动了。深夜酒泉城外的戈壁沙滩，欢呼声震天啊，真是难忘。"

李毅中认为，信息技术关系经济的发展，社会的进步，国家的安全，这方面的自主创新尤为重要。因此，"ＴＤ"虽"小"，却成为他经常挂在嘴边的事。"当时3G牌照三张同时发还是不同时发，发还是不发，争论很激烈。2008年12月25日的时候，张德江副总理给我打电话，说总理下决心了要马上发，发三张。原因是第一时机成熟了，当时电信体制改革已基本到位，第二在金融危机最严重的时候，如果三张3G牌照发了，三个企业利用自有资金投入3000亿，这个数字不小，不是银行贷款，就可以拉动上万亿的国民经济发展。所以12月30日最后一次国务院常务会议宣布了，我们经过7天准备，2009年1月7日发了三张牌照。你看现在证明这个决策是正确的，首先三张牌照都发了，没有歧视任何一家企业，同时我们把拥有自主知识产权的、最难推进的一张 TD 牌照给了最好的实力最强的企业中国移动。其次，进入市场了，中国移动的积极性和内生动力更强了，后面两个追着它。三张 3G 牌照去年投入 1600 亿，都是中国移动自己的钱，拉动了产业链 7000 多亿，这对我国应对金融危机起了很大作用。"李毅中坦承，刚开始对 TD 很担心，觉得 TD 风险很大，有可能失败。"但我现在对 TD 充满信心，TD 绝不会失败。"

李毅中认为，工业化与信息化融合在当前最显著的特点是能够提升传统产业。"它将成为中国经济发展的引擎，这恐怕也是将来金融危机以后引领全球经济发展的一个制高点。我希望这轮金融危机过去后，中国能够缩小与发达国家的差距，甚至赶上世界先进水平。"

2010 年 12 月 26 日下午 5 点，2010 年全国工业和信息化工作会议进行到最后一项议程，由刚刚卸任的李毅中发言。李毅中说了两点牵挂。第一，"三定"方案没有落实到位，尤其是固定资产投资管理职责仍在其他部委。工信部在履行工业结构调整、淘汰落后的重大任务时常显得"手段不足"。"责任在我，争取得不够，磨合得不够"。对于"大部制"，他说，改革还没有完成，决不能半途而废。第二，中国工业"大而不强"，而且金融危机的影响尚未消除，转型升级非常迫切。他希望中央进一步关注工业的发展，"第二产业不发展，就不能反哺农业，城市就不能反哺农村"。这两点牵挂，既是工信部 2011 年的工作重点，也是新华社工业和信息化报道新的起航之地。

最后要说明的是，李毅中离任后，由于我一时懒惰，欲写而未写一篇纪念文字，很多新华社同事、工信部领导都问及此事，令我非常惭愧。工信部总工程师朱宏任甚至给我打电话直言："我认为你该写一篇，他是一个很重感情的人，你最能问出、写出他心里想说的话。"幸好有机会写这篇文章，使我得以对这位老人遥遥致以一个晚辈迟到的敬意。

（新华社北京 2011 年 1 月 7 日，记者刘菊花）

【深度解读】

中国新型工业化进程仍将继续向前走

"十一五"以来，在党中央、国务院的正确领导下，我国新型工业化进程取得积极进展。工业和信息化部部长李毅中接受新华社记者专访时表示，"十二五"期间，我国工业领域的核心任务是坚持走中国特色新型工业化道路。"以结构调整和转变发展方式为主线，以深化改革、扩大开放为动力，以提高工业增加值率为主要目标，把工业发展建立在创新驱动、环境友好、惠及民生、内生增长的基础上，为全面建成小康社会打下更加牢固的基础。"

"十一五"时期我国特色新型工业化进程取得五大进展

党的十六大提出，坚持"走新型工业化道路"。党的十七大进一步提出，要坚持走"中国特色新型工业化道路"。这也是转变发展方式的必然选择和根本途径。

"十一五"期间，我国特色新型工业化进程取得五大进展

一是工业化进程进一步加快，质量和效益明显改善。我国已建立起门类齐全的工业体系，按国际产业分类，在22个工业大类行业中，目前我国钢铁、建材、纺织服装等7大类行业名列全球第一，装备和电子信息产业规模已位居全球第二位，钢铁、水泥、汽车、服装、家电等220多种工业品产量居世界第一位。2010年上半年工业增加值同比增长17.7%，高于同期GDP增长6.6个百分点，"十一五"前四年工业年均增长13.5%，为同期GDP增长1.3—1.4倍。2010年1—8月份，全部规模以上工业企业实现利润2.6万亿元，较上年同期增长55%，是2005年全年工业企业实现利润的1.8倍；工业产值利润率为6.07%，较上年同期提高0.9个百分点。

二是自主创新能力进一步增强，技术水平和产品质量不断跃升。载人航

天、绕月工程、高速轨道交通、TD-SCDMA、高性能计算机等领域取得一批重大自主创新成果。特高压输变电设备、1000兆瓦超超临界火电机组、百万吨级乙烯成套装置、3000米半潜式钻井平台等一批重大技术装备实现自主制造。截至2009年年底，依托工业企业建设了127个国家工程中心和636个国家级企业技术中心；企业发明专利申请数已占到国内发明专利申请总数的50.7%。经过持续的技术改造和技术创新，2009年机床数控化率（产值）达到52%，较2005年提高16个百分点；全国电解铝大型预焙槽比重达到89%，新型干法水泥比重超过70%。部分工业品质量接近或已达到国际先进水平，化纤差别化率已达到42.7%，较2005年提高11.7个百分点。

三是资源节约、环境友好、本质安全型工业体系建设稳步推进。2009年全国万元工业增加值耗标煤2.05吨，"十一五"前四年规模以上单位工业增加值能耗累计下降20.76%，累计实现节能量5.3亿吨标准煤，为实现全国完成万元GDP能耗及主要污染物排放下降目标奠定了重要基础；化学需氧量排放总量下降9.66%，二氧化硫排放总量下降13.14%。2009年，吨钢综合能耗、吨钢耗新水分别降至619千克标煤和4.4吨新水，年均下降4.6%和16.1%。百万超超临界发电机组每千瓦时煤耗已降至290克，吨乙烯综合能耗先进水平已降至543千克标油。2009年工矿商贸安全事故死亡人数较2005年减少4731人，下降29.1%。

四是两化融合、军民融合式发展稳步推进。信息技术在工业领域应用日渐深化，CAD、产品数据管理（PDM）等技术在产品研发设计中普遍使用，制造执行系统（MES）、计算机集成制造（CIMS）等自动化控制技术已大量应用于生产流程控制，大中型企业已大多采用ERP、供应链管理（SCM）等信息管理系统。大型装备制造企业已基本实现了产品设计、工艺流程和ERP的集成应用。2009年我国电子商务交易额达3.8万亿元，是2005年的3.15倍，已占同期社会零售总额的10%。2009年，民口单位获武器装备科研生产许可证已超过900个，占全部的一半以上，获得许可证的民营企业达396家，国防科技工业完成民品产值占全部产值的 69.8%。

五是在吸纳和带动就业中的支柱作用得到进一步发挥。2010 年 1—8 月，规模以上工业从业人员平均人数 8925 万人，同比增加 598 万人，同比增长 6.7%，工业就业人数占全国城镇就业人员的 36%。全国各类中小企业提供了近 80% 的城镇就业岗位。目前，大中型工业科技活动人员达到 247 万人，占从业人员比重的 5.2%，其中科学家工程师人数达到 159 万人。

结构调整面临两大难题，传统产业改造升级步伐需进一步加快

"总体而言，我国工业大而不强的问题仍较为突出，粗放型发展模式仍未根本转变。"李毅中认为，调整经济结构是转变发展方式的重要内容，而加快调整优化产业结构是调整经济结构的突出重点。

李毅中表示，目前我国工业结构调整面临两大突出难题。首先，部分行业产能严重过剩，盲目投资、布局雷同现象十分突出，除钢铁、水泥等传统行业外，风电、太阳能光伏等新兴产业领域也正在出现新的产能过剩，大量低水平重复建设导致资源浪费和配置效率低下。其次，存量中高耗能、高污染的落后产能比重较高，资源环境承载力已难以为继，铁矿石、石油、铜、铀等资源对外依存度不断提高，潜在风险日益加大。

2009 年，我国工业能源消耗占全社会总能耗的 71.3%，工业二氧化硫排放量和化学需氧量分别占全社会的 84.3% 和 34.4%。可以说，工业是我国能源消耗的重点领域，也是推进节能减排、实现节能目标的主攻方向。

工信部提供的数据显示，预计"十一五"期间我国将累计分别淘汰炼铁、炼钢、焦炭、铁合金、水泥和造纸等落后产能 11172 万吨、6683 万吨、10538 万吨、663 万吨、34000 万吨和 1030 万吨，约占全部落后产能的 50% 左右。

"虽然'十一五'时期我国会淘汰一半左右的落后产能，先进产能比重明显提高，但未来一段时间淘汰落后的任务仍很艰巨，传统产业改造升级步伐需要进一步加快。"

李毅中透露，"十二五"期间，我国将加强技术改造和技术创新，深化信息技术集成应用，创新品种、提高质量，优化产品和技术结构。同时，坚持存量调整优化和增量严格准入相结合，进一步淘汰落后产能，大力推进节能降耗减排治污，促进形成低消耗、可循环、低排放、可持续的产业结构、运行方式和消费模式。此外，还将继续推进企业兼并重组，发展具有国际竞争力的大企业大集团，提高规模经济行业产业集中度，培育壮大一批产业联盟；引导产业有序转移，优化产业空间布局，促进形成区域协调发展新格局。另外，将健全社会化服务体系，引导中小企业走"专、精、特、新"道路，促进中小企业集聚发展。

一增一减，提高工业增加值

"十一五"时期前四年，我国年耗能 18 万吨标准煤以上的重点企业节能约 1.3 亿吨标准煤。2009 年规模以上工业万元工业增加值用水量比上年下降 8.2%，工业固体废弃物综合利用率达到 66%。

尽管如此，当前我国工业增加值率仅为 26.5%，而发达国家一般在 35% 以上，美国、德国等先进国家超过了 40%，我国还有较大提升空间。

"转变发展方式成功与否的基本标志就是工业增加值率能否提高，这是解决工业发展结构性、素质性矛盾和问题的根本途径。"李毅中透露，"十二五"期间，我国工业发展方式转变的基本任务就是提高工业的增加值率。

李毅中认为，提高工业增加值率的途径主要有两个着力点。

"一个是在增项上做文章，以创新、质量、品牌、服务获得高附加值，由主要依靠物质资源消耗向主要依靠技术进步、高素质人力资源和管理创新转变；另一个是在减项上下功夫，减少消耗、降低成本，推进减排治污，提高资源节约和集约利用水平。"李毅中表示，做到了这"一增"、"一减"，创造出更多的工业增加值和 GDP，才能从根本上提高经济发展的质量和效益。

培育发展战略性新兴产业，促进"五化"融合发展

2009 年，我国大中型工业企业新产品销售收入占比达 16.0%，高技术产品出口占全部商品出口的 31.3%，高技术产业实现产值占全国工业产值的 10.6%。

"信息技术等高新技术和先进适用技术深化应用有力推动了传统产业改造提升。"李毅中说。

据李毅中透露，"十二五"期间，我国在培育发展节能环保、新能源、新材料、生物医药、信息网络、高端装备制造业等战略性新兴产业方面，有四项工作要点。

一是处理好战略性新兴产业发展和传统产业改造升级的关系，在不脱离现有工业基础的前提下，重视新兴科技与传统产业的融合。二是着力突破关键核心技术，依靠科技创新成果的产业化催生和发展新兴产业。三是发挥政府引导和市场推动的共同作用，消除制约发展的体制性障碍，注意市场准入、技术标准、发展规划等政策配套和要素整合，充分发挥市场配置资源的基础性作用。四是注重发展工业设计、现代物流、信息服务等生产性服务业，为新兴产业提供科技、商业、金融、信息等服务，创造良好的支撑条件和市场环境。

当前我国正处于工业化中期。在李毅中看来，工业化、信息化、现代化、市场化和国际化"五化息息相关"。

"走新型工业化道路，必须推进信息化与工业化融合，以信息化带动工业化、以工业化促进信息化。同时，工业化为城镇化创造了条件，信息化提高了城镇化水平，加快了城镇化进程。而毫无疑问，市场化和国际化是加快我国工业化和城镇化的重要途径和手段。"李毅中表示，工业化进程加快，也将加大反哺农业力度，推进农业农村现代化。"我国仍处于并将长期处于社会主义初级阶段，'十二五'时期，我们必须立足国情，统筹推进'五化'和农业

农村现代化，加快推进社会主义现代化进程。"

注重质量和安全，工业发展必须顾及民生

"工业发展和民生的关系太密切了，就是五中全会讲的要满足、顺应人们过上更加美好生活的愿望，发展工业发展经济，归根到底还是让人民过上更加美好的生活。"李毅中认为，这其中的典型是两件事。

一个是三鹿奶粉，行业失信，企业失信，使29万个儿童的健康受到侵害，中国乳制品工业几乎遭遇灭顶之灾，到现在还没有完全恢复，同时给中国乳制品行业的国际信誉、国内信誉带来重大损伤。二是安全问题。2005年中国百万级煤矿死亡率接近3，一百万吨煤三个人，2009年降到0.78，从死亡5800人降到死亡2600人，降了一半还多。"你想想这5800人是什么概念，所以安全生产关系到人们的生命和健康，所以工业的发展必须顾及民生。"李毅中说。

"必须把提高产品质量作为关系民生、拉动消费、扩大内需、增强国际竞争力的一项长期任务，认真贯彻落实有关法律法规，严格管理，持之以恒。"李毅中说。

作为我国工业发展的重要经历者和见证者，李毅中说，展望"十二五"，工业和信息化系统将深入贯彻科学发展观，坚持走中国特色社会主义道路，以科学发展为主题，以加快发展方式转变为主线，全面优化需求结构、供给结构和要素投入结构，把经济社会发展建立在创新驱动、环境友好、内生增长、惠及民生的基础上，为全面建成小康社会打下更加牢固的基础。"始终把发展的质量和效益放在首位，使工业增加值率进一步提高，工业通信业保持长期平稳较快的发展。"

"质量是企业的生命，是国家生产力综合水平的集中体现。"李毅中认为，在金融危机的冲击下，有些企业销售额可能受到影响，但仍然立住了，而有的企业则退出了市场，破产关闭。"最关键的因素之一就在于产品的品种质

量。现在需求下降了，人们对产品的品种质量更加挑剔，质量不好、品种老旧的产品就会被淘汰。"

据李毅中介绍，工信系统将以家纺、服装、家电、汽车等行业为切入点，推进自主品牌建设，鼓励有条件的地区、行业和产业聚集区培育区域性、行业性品牌，并研究出台指导工业产品品牌建设政策措施。同时，鼓励企业运用新技术研发推广适应不同需求的新产品，引导消费需求，促进消费升级。"3G发展、三网融合、新能源汽车发展等将是开拓新型消费领域的新机遇。"

另外，推进产品标准和对标达标工作也将是工信系统下一步的质量品牌建设重点。"重点对比分析国内标准与国际先进标准的差异，推动重点行业、重点产品提高采标率，以求稳定提升产品质量。"李毅中说。

"开展质量诚信体系建设，需要建立有效的部际协调机制。"李毅中透露，黑龙江乳制品加工企业试点和河南省肉制品加工企业试点有望扩大到其他地区、扩展到其他产品。此外我国还将制定食品工业企业诚信体系建设通用要求和企业诚信评价准则，切实推动食品药品质量安全工作，并研究规范我国工业产品自我声明的实施意见，督促企业落实质量主体责任。

（新华社记者刘菊花）

让少数民族和民族地区与
全国共同迈入小康社会

——访国家民委主任杨晶

国家民族事务委员会主任、党组成员杨晶。
（新华社记者樊如钧摄）

从白山黑水到巍巍昆仑，从彩云之南到草原塞外……"十一五"期间，我国少数民族和民族地区经济快速发展、社会不断进步、文化日益繁荣、民族关系和谐融洽，呈现出一派生机勃勃的喜人景象。

记者日前来到国家民族事务委员会，探究过去5年我国民族工作取得的成就，倾听杨晶主任讲述未来5年为少数民族和民族地区与全国共同迈入小康社会打下坚实基础的责任与信心。

"过去5年，是少数民族和民族地区经济社会发展最快、城乡面貌变化最大、各族群众得到实惠最多的时期之一"

"'十一五'以来，民族地区的国内生产总值、财政收入每年均以两位数的速度增长，高于全国平均增速，综合经济实力大幅提升。"谈到过去5年少数民族和民族地区的经济发展，国家民委主任杨晶如此开篇。

2009年，民族八省区国内生产总值达到34619亿元，年均增长13.1%；人均国内生产总值达到18014元，占全国的比重比2005年提高了5.1个百分点。

与此同时，到2009年年底，民族地区基础设施建设得到加强，生产生活条件明显改善：公路总里程达到88万公里，乡镇通公路比重达到98%，建制村通公路比重达到88%。青藏铁路、南疆铁路等一批重点工程相继建成并投入运营，新建铁路里程达到1万公里以上。

更让人欣喜的是，民族地区经济结构加快调整，特色优势产业进一步壮大。"比如，新疆的棉花产量居全国首位，广西成为全国最大的蔗糖生产和综合利用基地，青海是全国最大的钾肥生产基地，云南是亚洲最大的花卉生产基地……"杨晶说。

而伴随经济建设成就的，还有民族地区社会建设的扎实推进、民生改善的显著成效以及生态建设的力度加大、局部生态的明显改善。"例如，民族地区'两基'人口覆盖率达到98.5%，新型农村合作医疗覆盖所有县（市、区、旗），民族八省区的农村绝对贫困人口已从2001年的3070多万人下降到2009年的1450万人……"在回顾过去5年成就时，杨晶感慨道：过去5年，是少数民族和民族地区经济社会发展最快、城乡面貌变化最大、各族群众得到实惠最多的时期之一，为民族地区全面建设小康社会打下了比较好的基础。

"人是事业成败的关键因素，少数民族人才的成长事关民族地区的发展大计"

生于内蒙古草原、从基层工厂走出，直至成为自治区政府主席，再到担任国家民委主任，杨晶深知少数民族地区人才培养的重要性。而在民族地区大学求学的经历更让他对民族地区院校发展成就备感欣慰。

"过去 5 年，民族院校办学规模不断扩大、办学层次不断提高、教学科研水平不断提升，民族院校发展得到了社会和时代的检验。"杨晶说。翻开过去 5 年的记录，我们看到——到 2009 年，全国民族院校数量增至 15 所。2010 年，民族院校全日制在校生总规模约为 24 万人，比 2005 年增加 9 万余人，其中少数民族学生比例约占 55%；专任教师 1.1 万人，比 2005 年增加 2000 多人。

"十一五"期间，国家民委还与中科院、教育部联合在民族院校设立 8 个重点实验室。国家民委所属院校在 2006 年至 2009 年共获得国家自然科学基金项目 145 项，获得国家社会科学基金项目 190 项。

杨晶表示，不仅如此，国家各类高校、各级党校和行政学院还大力开展少数民族干部人才培训。例如，中央党校 2010 年举办省部级领导干部民族工作专题研讨班，中央民族干部学院 5 年来共培训少数民族和民族地区各类干部人才 18000 多人次，国家实施的"培养少数民族高层次骨干人才计划"每年为民族地区培养 5000 名少数民族高层次骨干人才……

杨晶特别提到"十一五"期间，国家选派西部和其他民族地区干部到中央、国家机关和经济相对发达地区挂职锻炼情况。他表示，"十一五"期间，来自 55 个少数民族的 1600 多名干部在中央国家机关，以及经济发达地区和部分重要国有骨干企业挂职。"他们大部分已经成长起来，在各自家乡建设中发挥了更重要作用。"

人才培养、储备重要，人才使用、管理同样重要。杨晶说，5 年来，根据少数民族和民族地区经济社会发展需要，各地还纷纷加快人事制度改革，建立人才管理工作机制、西部地区科技人才和经营管理人才激励机制等，使人才素质不断提高，人才结构不断优化，已基本形成优秀人才脱颖而出、人尽其才、才尽其用的机制和环境。

"每一个民族的文化，都对中华文化的形成和发展作出了独特贡献，都是中华民族的共有精神财富"

"文化是民族的重要特征，是民族凝聚力、生命力、创造力的重要源泉。"谈到少数民族文化的保护、传承和发展，杨晶说，我国是一个多民族国家，中华文化博大精深、绚丽多彩，每一个民族的文化，都对中华文化的形成和发展作出了独特贡献，都是中华民族的共有精神财富。

杨晶表示，"十一五"期间，党和国家进一步加大保护、继承和发展少数民族文化的力度，加大资金投入，少数民族文化得到尊重、保护、传承、创新和发展，焕发出璀璨夺目的光彩，为推进和谐文化和中华民族共有精神家园建设作出重要贡献。

与此同时，杨晶说，当前少数民族文化的保护、传承和发展还面临很多困难。

如何破解这个难题？杨晶提到了著名的山水实景演出"印象·刘三姐"。他说，演出中，山峰隐现、水镜倒影，烟雨点缀、人舞其中，让自然的钟灵造化与美丽的民族传说相结合，醉倒了无数游客，也让市场成了弘扬民族文化的绝佳途径。

杨晶也提到了少数民族的特色村寨保护与发展。实施特色民居改造、特色产业发展、特色文化传承，使原来的穷乡僻壤变成休闲度假的好去处，让少数民族群众成为在家门口致富的明星，让传统文化在村寨实体中得到保护和传承……

杨晶认为，要解决少数民族文化的保护、传承和发展面临的困难，一是要广泛开展少数民族传统文化宣传普及活动，使优秀民族文化融入各族群众日常生活，这是一种最好的保护方式；二是要大力推动少数民族文化创新，包括内容创新、形式创新、体制机制创新等，在创新中增强少数民族文化生机和活力；三是要推动各地因地制宜开展工作，找到一条适合本地实际、具有地域特色的文化发展路子。

"总之，只要我们肯下功夫、肯想办法、肯做努力，少数民族文化的保护、传承和发展工作，就一定能够取得理想的成绩。"杨晶说。

"用两个词概括我的感受：任重道远，充满信心"

任重道远，充满信心——站在两个五年规划交替的历史节点上，杨晶用这两个词展望未来。

他说，在党中央、国务院关心重视下，少数民族和民族地区经济社会发展在过去5年被摆在了更加突出的位置，一系列重大决策部署相继出台，为少数民族和民族地区加快发展提供了重要动力和保证。中央的大力支持，将会转化为少数民族和民族地区加快发展的内生动力和自我发展能力；民族地区各族干部群众的自力更生、艰苦奋斗，将成为实现民族地区可持续发展的不竭动力。

但是，这位曾长期在民族地区工作的民委主任也看到了面临的许多特殊困难，"少数民族和民族地区发展任务艰巨而繁重，需要我们全社会付出更多的努力去改变。"杨晶说。

展望又一个5年，四大理由让杨晶对民族地区未来发展信心十足——一是党中央、国务院高度重视少数民族和民族地区发展；二是经过"十一五"持续平稳快速发展，民族地区已经站在新的发展平台；三是随着国家整体经济实力的增强，国家和发达地区支援民族地区发展的力度还会更大；四是少

数民族和民族地区干部群众加快发展的信心更足，积极性更高。

"有这么好的条件，任何人都不能不对少数民族和民族地区未来五年的发展感到信心十足、精神倍增。"杨晶说，未来5年，我们要全力推动各民族共同团结奋斗、共同繁荣发展，为少数民族和民族地区与全国共同迈入小康社会打下坚实基础。

（新华社北京 2010 年 11 月 16 日电，记者华春雨、谭浩）

【背景介绍】

国家民族事务委员会（The State Ethnic Affairs Commission of PRC）是中华人民共和国最早成立的中央部委之一。1949 年 10 月 22 日，中央人民政府民族事务委员会成立，简称中央民委。1954 年全国人大一次会议上，中央人民政府民族事务委员会改称中华人民共和国民族事务委员会。1970 年 6 月 22 日，中华人民共和国民族事务委员会被撤销。1978 年，五届全国人大一次会议决定恢复国家民族事务委员会，简称国家民委，此后一直作为国务院组成部门。

有人将国家民委称为中国各少数民族的"娘家"，其工作职责包括：

贯彻执行党中央、国务院关于民族工作的方针、政策，组织开展民族理论、民族政策和民族工作重大问题的调查研究，提出有关民族工作的政策建议；

负责协调推动有关部门履行民族工作相关职责，促进民族政策在经济发展和社会事业有关领域的实施、衔接，对政府系统民族工作进行业务指导；

起草民族法律法规和政策规定，负责督促检查落实情况，保障少数民族的合法权益，联系民族自治地方，协调、指导民族区域自治法的贯彻落实；

研究提出协调民族关系的工作建议，协调处理民族关系中的重大事项，参与协调民族地区社会稳定工作，促进各民族共同团结奋斗、共同繁荣发展，维护国家统一。

国家民委主任杨晶1953年12月生于内蒙古准格尔旗，蒙古族人。1976年加入中国共产党，1982年毕业于内蒙古大学汉语系，中央党校研究生学历。1970年参加工作后，长期在自治区的基层工作。2004年起，杨晶任内蒙古自治区党委副书记、自治区政府主席；2008年3月起，杨晶开始担任国家民委主任、党组成员。

在访谈中，记者一共向杨晶提出了10多个问题，分别涉及少数民族地区的经济发展，少数民族人才的培养，少数民族教育发展状况，少数民族文化的保护、传承和发展，以及少数民族地区未来5年发展的前景等。对这些问题，杨晶一一作答。由于访谈篇幅的限制，他对一些问题的回答无法展开呈现，在此补充记录。

当记者问及少数民族地区发展过去5年取得巨大成就的主要原因时，杨晶认为，在党中央、国务院的关心重视下，少数民族和民族地区经济社会发展被摆在了更加突出的位置，一系列重大决策部署相继出台，为少数民族和民族地区加快发展提供了重要动力和保证。这其中包括：

不断加大政策扶持力度。国家将5个自治区、30个自治州、120个自治县全部纳入西部大开发范围或安排比照享受西部大开发政策，使我国绝大多数少数民族和民族地区充分享受到了西部大开发10年带来的成果和变化。仅在"十一五"期间，国家出台的支持少数民族和民族地区经济社会发展的政策性文件就有14个。这些文件，含金量高，可操作性强，为加快少数民族和民族地区经济社会发展创造了良好条件。

切实加强规划指导。国家在制定实施"十一五"规划时，明确要求总体规划和各地各部门的发展规划要重点向民族地区倾斜。同时，积极编制支持民族地区加快发展的各种专项规划。据统计，仅国家制定实施或支持地方实施的专项规划就有15个，包括《扶持人口较少民族发展规划（2005—2010

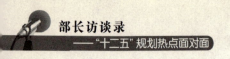
年)》、《兴边富民行动"十一五"规划》、《少数民族事业"十一五"规划》以及《新疆南疆三地州抗震安居工程建设规划》、《云南省扶持莽人克木人发展总体规划》等,对有重点、有步骤地推进民族地区经济社会发展发挥了重要作用。

不断强化资金项目支持。国家不断加大对民族地区的财政转移支付力度。从 2006 年起,中央财政在对 8 个民族省区、30 个自治州实施民族地区转移支付的基础上,又将 53 个非民族省区、非民族自治州所辖的自治县纳入了中央财政转移支付的范围。此外,还在扶贫、教育、文化、卫生等方面,加大了专项资金投入。"十一五"以来,一般性财政转移支付资金,专项转移支付资金,民族 8 省区财政扶贫资金,少数民族发展资金,以及累计安排 5 个自治区的投资规模每年都有很大幅度的增长。这些资金投入,帮助建成了一批机场、高速公路、水利枢纽等基础设施项目和重点产业项目,对加快少数民族和民族地区经济社会发展发挥了至关重要的作用。

进一步加大对口支援力度。除了大家熟知的对口援藏、援疆外,一些地方如湖南、安徽、江西、福建等地也积极探索利用本省资源对口支援本省民族地区,收到良好效果。特别是湖北省组织实施"616"对口支援工程,6 个省直单位对口支援恩施州,每年办 6 件实事,依靠本省自身资源,采取特殊政策和措施,加速形成内生机制,不断强化"造血"功能,推动湖北民族地区实现了跨越式发展。2010 年 8 月,我们按照中央领导指示,在恩施州召开了全国推广湖北省对口支援民族地区发展经验交流会,将湖北的成功经验向全国推广。

此外,对于"十一五"期间,我国的民族关系呈现出的新特点、新问题,杨晶认为,当前我国民族团结状况总体良好,平等、团结、互助、和谐是主流。但我国正处于社会转型期,也是矛盾凸显期,影响民族团结的因素增多,维护民族团结和社会稳定的任务更重。比如,进城务工经商的少数民族服务管理问题、民族地区经济发展不平衡问题、民族交往中因风俗习惯、宗教信仰差异引发纠纷问题等。这些问题如果不能及时发现,或者不能及时、妥善

2010年11月16日，国家开发银行启动西藏高校助学贷款工作，向西藏大学等高校的首批2000多名家庭困难学生提供1000万元的助学贷款。图为西藏大学部分得到助学贷款的同学走在布达拉宫广场上。　　　　　　　　　　　　　　　　　（新华社记者觉果摄）

处理，往往会带来非常不利的影响。

面对新情况、新问题，当前和今后一个时期，杨晶表示，国家民委将重点做好几项工作：

进一步开展民族团结宣传教育和创建活动。要按照中央部署，把握当前有利时机，进一步推进民族团结宣传教育和民族团结进步创建活动，不断促进民族团结进步事业发展。比如说，开展"民族团结宣传月"等长期行之有效的活动。早在1952年，吉林省延边朝鲜族自治州就将每年9月确定为"民族团结宣传月"，收到了良好的效果，迄今没有发生过影响民族团结的事件，被评为全国民族团结进步模范州。

进一步做好维护民族团结和社会稳定工作。要继续配合相关部门和地方，加强对当前民族关系状况的监测预警，做好应急管理工作，及时、妥善处理

涉及民族方面的矛盾纠纷，维护民族团结和社会稳定。

进一步加强民族法规和民族政策贯彻落实的监督检查。要继续与有关部门密切配合，积极依托各级党委、政府督查部门和统战、人大、政协等方面的力量，共同开展监督检查工作，推进民族政策和民族法律法规的贯彻落实。

继续加强民族法制建设。要重视民族立法，坚持依法办事，不断提高各族干部群众的法制意识，运用法律手段开展民族工作，规范和调整民族关系。比如，加快修改《城市民族工作条例》、《民族乡行政工作条例》等，为相关工作提供法律法规依据。

（新华社记者华春雨、谭浩）

【深度解读】

杨晶说，自己到了国家民委以后，走过不少少数民族地区，其中给他留下深刻印象的，有两个地方。

一个是青海的循化县，是撒拉族自治县，"我到了建新村，村里主攻三大产业，一个是辣椒，一个是薄皮的核桃，一个是牛羊养殖业。除此之外，通过帮扶，一大批撒拉族老百姓走出高原，走出大山，他们在北京、上海、广州等发达地区的大城市创业，他们称之为'拉面经济'，开餐馆，开拉面馆，出来的人占村里人口的比例接近40%。他们自己总结为'赚了票子，盖了房子，培养了孩子，蹚出一条脱贫致富的路子'。"杨晶说。

第二个，是西藏林芝的一个门巴族村，杨晶说："他们把散居在深山里的门巴族群众集中到一个条件比较好的地方，按规划建设了一个新村，这个村既有很好的居住条件，又有很好的学校、卫生室和活动场所。村民们一步从原始生活状态，跨入了我们新农村的现代生活阶段里。"

杨晶认为，"十一五"时期，是少数民族和民族地区经济社会发展最快、城乡面貌变化最大、各族群众得到实惠最多的时期之一，为民族地区全面建设小康社会打下了比较好的基础。

具体来说，一是经济持续快速发展，综合实力显著提升。"十一五"以来，民族地区的国内生产总值、财政收入每年均以两位数的速度增长，高于全国平均增速，综合经济实力大幅提升。二是基础设施建设得到加强，生产生活条件明显改善。"十一五"以来，国家共投入1670多亿元支持民族地区公路、水路建设，是"十五"时期的2.2倍。三是经济结构加快调整，特色优势产业进一步壮大。民族地区产业结构不断优化，工业、服务业比重显著上升，经济发展的后劲进一步增强。四是社会建设扎实推进，保障和改善民生取得显著成效。国家率先在民族地区实行"两免一补"政策，目前民族地区"两基"人口覆盖率达到98.5%。2009年，民族8省区的农村绝对贫困人口已从2001年的3070多万人下降到1450万人。五是生态环境建设力度加大，局部生态明显改善。全国生态建设规划的重点地区和重点工程绝大多数在民族地区。

其中，关于少数民族地区的经济发展，杨晶在2010年12月22日受国务院委托，向全国人大常委会报告近年来加快少数民族和民族地区经济社会发展情况时说，"十一五"以来，我国民族地区的地区生产总值、财政收入每年均以两位数的速度增长，高于全国平均增速，综合经济实力大幅提升。

2009年，民族8省区地区生产总值达到34619亿元，年均增长13.1%；人均地区生产总值达到18014元，占全国的比重比2005年提高了5.1个百分点。城镇居民人均可支配收入14070元、农民人均纯收入3931元，分别比2005年提高5328元和1654元。内蒙古自治区经济增长速度自2002年以来连续八年保持全国第一，地区生产总值在全国排名由第24位上升到第15位。

在经济快速发展的同时，民族地区产业结构不断调整、优化。2005年，民族地区三次产业的比重为19：42：39，到2009年调整为15：46：39。农牧业比重明显下降，工业比重显著上升，经济发展的后劲进一步增强。其中，新疆的石油、天然气产量，分别居全国第三位和第一位，棉花产量居全国首位；内蒙古的乳业和羊绒制品产量多年稳居全国第一位，同时已成为我国重要的煤电能源基地；广西是全国最大的蔗糖、蚕茧生产和综合利用基地，产糖量约占全国的60%，产蚕量占全国的30%，居全国之首；云南的花卉产业年产值达200亿元，出口创汇1亿美元以上，成为亚洲最大的花卉生产基地；青海成为全国最大的钾肥生产基地；广西、贵州、宁夏已成为我国铝产业的重要省份；旅游业已成为西藏、云南、新疆、广西等省区的支柱产业。

让群众的钱袋子鼓起来。图为工人在内蒙古巴彦淖尔市的一家番茄深加工企业清理刚刚收购的番茄（2010年9月摄）。

（新华社记者张领摄）

不过，杨晶同时表示，我国少数民族和民族地区发展面临六大问题和困难。

在向全国人大常委会报告近年来加快少数民族和民族地区经济社会发展情况时，杨晶表示，目前少数民族和民族地区发展面临的形势十分严峻，加快发展面临的问题和困难非常突出。其中包括：

第一，与全国特别是发达地区的发展差距仍然明显存在，并呈继续拉大趋势。2009年，民族地区人均地区生产总值仅为全国平均水平的65.2%，城镇居民人均可支配收入仅为全国平均水平的82.9%，农民人均纯收入仅为全国平均水平的72.4%。

第二，扶贫开发任务仍然艰巨。2009年，民族地区尚有1955万农村贫困人口，占全国农村贫困人口总数的54.3%。

第三，基础设施条件仍然薄弱。民族地区一些与群众生产生活密切相关的水、电、路、气（沼气）等公共基础设施建设还比较薄弱，还有相当一部分人口未解决饮水安全问题，缺乏基本生存条件需要易地搬迁的有600多万人。一些民族地区农村住房条件差、生活设施简陋，与小康标准还有很大差距。

第四，社会事业仍然亟待加强。民族地区多数县"普九"基础脆弱，巩固提高的任务还很艰巨。一些地区教师资源严重短缺。特别是中等职业教育严重滞后，基本办学条件较差。一些地区医疗卫生机构基础设施不完善，卫生技术人员匮乏。一些边疆地区广播和电视覆盖率较低，一部分农牧民听不到、看不到、听不懂、看不懂广播电视以及读书看报难现象依然存在。

第五，生态环保形势仍然不容乐观。民族地区水土流失、荒（石）漠化现象比较严重，自然灾害频发。全国牧区仍有90%的草原存在不同程度退化，牲畜超载过牧现象依然普遍。

第六，人才匮乏问题仍然突出。目前民族地区人才流失现象比较普遍，外地人才不愿去、本地人才留不住的问题十分突出，严重影响了经济社会发展，特别是边远地区的县及县以下基层单位普遍缺乏教育、卫生、农业、畜牧等专业技术人才。

针对这些困难和问题，国家民委已经开始着手规划未来5年的各项工作。

2010年12月底，国家民委在北京召开兴边富民行动"十二五"规划草案专家论证会。根据国务院领导重要批示精神，国家民委、国家发展改革委和财政部牵头，国务院23个相关部门参与，共同编制兴边富民行动"十二五"规划。经过近一年的努力，规划草案已经完成。目前正按照《国务院关于加强国民经济和社会发展规划编制工作的若干意见》和国家发展改革委《国家级专项规划管理暂行办法》要求，组织相关领域专家对规划进行评审论证。

此外，同样在2010年12月底，由国家民委牵头，会同国家发展改革委、财政部、中国人民银行、国务院扶贫办等5部门联合编制的《扶持人口较少民族发展"十二五"规划（草案）》专家论证会在京召开。规划编制部门成立了规划论证专家组，专家组成员来自发改、财政、经济、农业、扶贫、民族等各领域。

专家组一致认为，扶持人口较少民族加快发展是新世纪、新阶段民族工作的一项重要任务，对于实现全面建设小康社会和各民族共同团结奋斗、共同繁荣发展具有十分重要的意义。

与会专家认为规划比较实，比较细，具有指导性、针对性和可操作性。一是规划编制过程和程序符合国家级专项规划管理办法的有关规定。在编制过程中，国家民委与有关部门密切合作，开展了基础调查、信息收集、课题研究、重大项目论证、编制规划文本等工作，规划文本的形成过程，是科学决策、民主决策的过程。二是规划的指导思想和目标任务体现了科学发展观的要求和"两个共同"的主题。规划指导思想突出明确，确定的主要任务和重点工程，将解决人口较少民族群众特殊困难和问题摆在更加重要的位置，目标任务具体可行，通过规划的实施，预期可以实现。三是规划提出的政策措施体现了中央加大对少数民族和民族地区支持力度的要求。

此外，关系少数民族未来发展的一些具体政策目前已经开始出台。值得一提的是，杨晶在2010年12月22日向全国人大常委会报告近年来加快少数民族和民族地区经济社会发展情况时表示，从2011年起，中央财政将每年安排专项资金，在内蒙古、新疆（含新疆生产建设兵团）、西藏、青海、四川、甘肃、宁夏和云南8个主要草原牧区省区，建立草原生态保护补助奖励机制。

杨晶表示，加强民族地区生态建设和环境保护，事关国家的生态安全。国家将抓紧建立健全生态保护和资源开发补偿机制，促进民族地区生态环境整体趋好。着力推进西北草原荒漠化防治区、黄土高原水土保持区、青藏高原江河水源涵养区、西南石漠化防治区、重要森林生态功能区建设，基本形成国家生态安全屏障体系。

同时，将加快推进退牧还草、石漠化治理、京津风沙源治理、天然林保护、三北防护林建设、生态移民等10大重点生态工程，巩固退耕还林成果，遏制生态环境恶化的趋势。加大水环境综合治理力度，对一些重点湖泊采取预防性保护措施。继续推进一些大江大河的综合治理。加快民族地区地质环境调查评价，减少地质灾害频发造成的损失。积极推进资源税改革，对煤炭、原油、天然气等资源税由从量征收改为从价征收。

杨晶指出，各级政府将建立健全森林生态效益补偿基金制度，对属集体林的国家级公益林，随着国家财力的增长逐步提高补偿标准，适当增加对江河上游地区和重点生态功能区的均衡性转移支付。

（新华社记者华春雨、谭浩）

积极探索中国环境保护新道路

——访环境保护部部长周生贤

"为科学发展保驾护航，为祖国的蓝天白云披荆斩棘，为人民的环境健康鞠躬尽瘁。"这是环境保护部部长周生贤2008年履新时的感言。

在"十一五"即将收官、"十二五"即将开启之际，这位共和国首任环境保护部部长向新华社记者细数我国环保工作取得的成绩，剖析我国面临的环境形势，展望中国环保新道路的美好前景。

环境保护部党组书记、部长周生贤。

（环境保护部提供）

污染物减排目标提前实现　环保工作取得六大成效

记者：环境保护部的成立是"十一五"期间我国环保事业发展的一个重

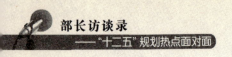
要标志。作为首任环境保护部部长，您如何评价"十一五"期间环保工作？

周生贤：组建环境保护部，这是几代环保人的期盼，表明我们环保工作站在了新的历史起点上，进入了国家政治经济社会生活的主干线、主战场和大舞台。"十一五"以来，我们以解决影响可持续发展和损害群众健康的突出环境问题为重点，以污染减排为抓手，环境保护成效不断显现，突出表现在以下六个方面：

一是主要污染物减排目标提前实现。经过各地各部门共同努力，2006—2009 年，化学需氧量和二氧化硫排放量累计分别下降 9.66％和 13.14％。2010 年上半年，化学需氧量排放量同比下降 2.39％。"十一五"二氧化硫减排目标提早一年实现，化学需氧量减排目标提早半年实现。二是污染防治能力大幅提升。截至 2009 年年底，我国脱硫机组装机容量占全部火电机组的比重由 2005 年的 12％提高到 71％，城镇污水处理率由 2005 年的 52％提高到 72.3％。三是环境保护优化经济发展的综合作用日益显现。积极开展规划环评，不断深化项目环评，加快淘汰落后产能，2006—2009 年，上大压小、关停小火电机组 6006 万千瓦，淘汰落后炼铁产能 8172 万吨、炼钢产能 6038 万吨、水泥产能 2.14 亿吨。四是民生保障和改善工作取得新进展，集中力量开展重金属污染综合整治，饮用水安全保障工作进一步加强。五是环境监管机制不断创新，着力构建区域空气联防联控工作新机制，不断深化让江河湖泊休养生息的政策举措，环境经济政策、环境标准、环境执法等方面的机制创新也取得不少突破。六是部分环境质量指标持续好转。与 2005 年相比，2009 年环保重点城市空气二氧化硫平均浓度下降 24.6％；地表水国控断面高锰酸盐指数平均浓度下降 29.2％；七大水系国控断面Ⅰ–Ⅲ类水质比例提高 16.1 个百分点。

环境污染总体尚未遏制，形势依然严峻

记者：改革开放以来，大多数时间内污染物排放都随着经济增长而增长，

回顾"十一五"，我国经济得到快速增长，而污染物排放指标却不升反降，得到有效控制，这是怎么实现的？您觉得主要经验有哪些？

周生贤："十一五"期间，国家将主要污染物排放总量削减10%作为经济社会发展的约束性指标。国务院成立应对气候变化及节能减排领导小组，发布《节能减排综合性工作方案》。受国务院委托，原环保总局与各省级人民政府和六家电力集团公司签订了减排目标责任书。各省（区、市）都成立了由省政府主要领导挂帅的节能减排领导小组，将减排指标层层分解落实到地市和重点排污企业。国家打出节能减排政策"组合拳"，出台促进污染减排的产业、财税、价格等一系列政策，加强责任考核。在应对金融危机的过程中，污染减排工作"目标不变、要求不降、力度不减"，严控"两高一资"行业、低水平重复建设和产能过剩项目盲目扩张，突出抓好重点工程和重点领域污染治理，加强污染减排监管。

"十一五"污染减排任务之所以能提前完成，把主要污染物排放总量削减明确为约束性指标，推进结构减排、工程减排、管理减排三大措施，建立统计、监测、考核三大体系，充分发挥"政策组合拳"的协同效应，不断创新环境监管手段，严格落实责任等都是十分宝贵的经验。

记者：既然污染物排放指标明显下降，为什么仍有许多老百姓反映环境质量改善并不明显？

周生贤：环境保护是一项复杂的系统工程。尤其在中国这样一个发展中大国，人口众多，生态环境脆弱，发达国家二三百年工业化过程中产生的环境问题，在我国30多年的快速发展中集中出现，老的污染问题尚未解决，新的环境问题又不断产生。解决中国的环境问题，需要一个循序渐进的过程，必须抓住具有全局影响的污染因子作为重点，集中力量削减污染物排放。由于历史遗留问题和累计环境问题的释放，污染物排放总量和环境质量的变化不完全协同，不少地区仍然可能处于总量持续减排、环境质量不会明显改观的"治污相持期"，部分地区甚至事故频发。同时也由于一些环境安全和环境风险的因子不在总量和质量控制的范畴。因此,"十二五"污染减排将与改善环境质量紧密结合起来,增加主要污染物总量控制种类,增加大气污染物监测因子,探索建立减排目标着眼环境质量、减排任务立足环境质量、减排考核依据环境质量的责任体系和工作机制。

记者:您说到近年来我国环境污染事件频发,有观点认为我国现在已经进入了环境安全事件的高发期。该如何认识我国当前以及今后一段时期的环境形势?

周生贤:"十一五"期间,我们开展了第一次全国污染源普查、环境宏观战略研究和"十一五"环保规划执行情况中期评估,经研究和分析,当前环境形势可概括为:局部有所改善,总体尚未遏制,形势依然严峻,压力继续加大。

我国的环境污染范围在扩大,污染程度在加重,污染风险在加剧,污染危害在加大,治理难度在增加。具体表现在城市空气环境质量退化,东部地区城市细颗粒物污染严重,部分地区出现臭氧、挥发性有机化合物、汞等新型大气污染问题,京津冀、长三角、珠三角等地城市灰霾天气频率普遍提高。水环境呈现复杂的流域性污染态势,十大流域的支流中,除珠江支流污染较轻外,其他流域支流很多都受到不同程度的污染,湖泊富营养化呈迅速增长趋势。环境基础设施建设滞后,城市生活垃圾无害化处理率远低于美国、日本等发达国家;城镇污水管网建设严重滞后,相当数量的城市污水未经处理直接排放;县城和乡镇的污水和垃圾处理设施严重滞后。污染减排形势不容乐观,资源型产业产品产量过快增长,一些脱硫设施建设工作进展滞后,一些地区和单位出现畏难和松懈情绪,地区进展不平衡。

探索环境保护新道路　努力提高生态文明水平

记者:《中共中央关于制定国民经济和社会发展第十二个五年规划的建

议》（以下简称《建议》）把提高生态文明水平作为"两型"社会建设的目标。在您看来，提高生态文明水平，关键要把握哪些重点？

周生贤：《建议》第六部分以"加快建设资源节约型、环境友好型社会，提高生态文明水平"为标题，这在五年规划中是第一次。

生态文明重在建设。面对日趋强化的资源环境约束，我们必须增强危机意识、忧患意识，树立绿色、低碳发展理念，以节能减排为重点，健全激励和约束机制，加快构建资源节约、环境友好的生产方式和消费模式，增强可持续发展能力。

具体而言有六方面主要任务，一是深化节能减排，二是大力发展循环经济，三是着力解决损害群众健康的突出环境问题，四是切实保护和修复生态，五是建立健全有利于环境保护的体制机制，六是积极应对气候变化。

记者："十二五"环保规划正在制定中，这个环保规划将着重解决哪些问题？

周生贤："十二五"期间，我们将以解决影响可持续发展和损害群众健康的突出环境问题为重点，深入推进污染减排，加强重点流域、区域和农村污染防治，切实保护自然生态，深化环境领域改革创新，建立健全体制机制，继续探索代价小、效益好、排放低、可持续的环境保护新道路，努力提高生态文明水平。

一是充分发挥环境保护推进发展方式转变的综合作用，深化规划和建设项目环评，明确生态功能区划，完善环境法规政策标准体系，促进产业结构调整和企业技术升级，大力发展环保产业。二是深入推进污染减排，将主要污染物总量控制种类增加到四项，即化学需氧量、氨氮、二氧化硫、氮氧化物。把结构减排放在更加突出的位置，继续强化工程减排和管理减排。全面启动县县建设污水处理厂工程，加快垃圾处理设施建设。启动燃煤电厂脱硝，严格控制机动车尾气排放。落实减排目标责任制。三是加大污染防治力度，加大重点流域水污染防治，将二氧化硫、氮氧化物、颗粒物、挥发性有机物等作为重点，采取综合措施，改善城市和区域大气环境质量。四是着力解决关系民生的突出环境问题，扎实抓好饮用水环境安全保障工作，加强重金属、危险废物、土壤污

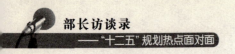
染治理。五是严格环境执法，集中开展沿江沿河环湖化工企业综合整治工作，遏制环境事件高发势头。六是加强农村环境保护和生态建设。

（新华社北京 2010 年 11 月 25 日电，记者吴晶晶）

【背景介绍】

2005 年 11 月，中石油吉化公司双苯厂苯胺装置发生爆炸，造成松花江发生重大环境污染事件。时任国家林业局局长的周生贤临危受命，出任原国家环保总局局长。他亲赴一线指挥，沿污染带行程逾千公里，与广大环保工作者共同奋战在千里冰封的松花江上，最终使松花江污染防控取得了决定性胜利。

随后，周生贤执掌的国家环保总局迅速开展了全国环境安全大检查，目标直指重要江河干流及其主要支流沿线的大中型企业；其后又连续叫停十余家对饮用水造成严重污染的企业，查处多个大型环境违法项目……一系列果断措施被媒体称为新一轮的"环保风暴"。

2008 年 3 月，中华人民共和国环境保护部正式成立，周生贤被任命为我国首任环境保护部部长。几年来，他践行着自己"竭尽全力推进环保工作的历史性转变，为科学发展保驾护航，为祖国的蓝天白云披荆斩棘，为人民的环境健康鞠躬尽瘁"的誓言，带领全国环保战线的干部职工，为我国环境保护工作付出了不懈努力。

我国正处在工业化、城市化的快速发展时期。在经济建设取得巨大成就的同时，各类环境问题也集中出现。沱江特大污染事故、甘肃徽县儿童血铅超标、太湖蓝藻持续爆发……重大环境安全事件的接连发生，触动着公众的神经。由于基础差、底子薄、历史欠账多，加上一些地方重经济增长、轻环境保护，环境问题已经成为制约经济发展、危害群众健康、影响社会和谐的主要因素之一。

周生贤在很多场合都毫不讳言对我国环境状况的担忧，但人们更多地是从他"铁腕治污"的一系列措施中感受到了他坚定的信心。在他的带领下，我国环保"利剑"锋芒频露：对环境违法突出的地区实行"区域限批"；深入开展环保专项行动、严厉打击各类违法行为；在全国开展环境安全问责；加大重点地区污染物防治力度；全面建立重点流域省界断面水质考核制度……以 2009 年为例，环境保护部对总投资 1905 亿元的 49 个项目环评文件作出退回报告书、不予批复或暂缓审批的决定，同时开展高污染行业专项执法行动，查处未批先建项目 1824 个、未落实"三同时"要求的项目 3167 个。

在"铁腕"措施下，五年来，我国环境保护工作取得了突破性进展："十一五"污染减排任务超额完成，重点流域区域污染防治深入推进，饮用水安

环境工作者在进行界河水质监测。　　　　　　　　　　　　　（环境保护部提供）

全得到保障，农村环保和生态保护切实加强，环境执法监督力度继续加大，核与辐射安全基本可控，环境管理体制机制和政策措施不断创新，环境质量稳步改善，环境保护已经进入了我国经济社会发展的主干线、主战场和大舞台……

"一些发达国家走过了一条先污染后治理、牺牲环境换取经济增长、注重末端治理的老路。这样的道路，我们走不通，也走不起。改革开放三十多年来，我国一些地方就环保论环保，就污染谈污染，甚至重蹈先污染后治理的覆辙，付出过大的环境代价。我们必须大力建设生态文明，探索走出一条代价小、效益好、排放低、可持续的中国环保新道路。"在访谈中，周生贤这样说。

——"代价小"就是坚持环境保护与经济发展相协调，以尽可能小的资源环境代价支撑更大规模的经济活动。必须全面调整环境与经济的关系，坚持把环境保护摆上更加突出的战略位置，从国家宏观战略层面切入，把环境保护与经济社会发展统筹考虑、统一安排、同时部署，对传统经济社会发展模式中不适应绿色发展要求的重点领域和关键环节进行变革，着力增强绿色发展的动力和活力。

——"效益好"就是坚持环境保护与经济社会建设相统筹，寻求最佳的环境效益、经济效益和社会效益。环境保护贯穿经济建设和社会建设两大领域，对经济发展和社会和谐稳定有着举足轻重的影响。要大力推行环境友好的绿色生产生活方式，在有效防范资源浪费和环境污染的前提下，实现环境效益、经济效益和社会效益相统一。

——"排放低"就是坚持污染预防与环境治理相结合，用适当的环境治理成本，把经济社会活动对环境的损害降低到最小程度。应当以污染减排为重点，健全激励机制和约束机制。把环保理念全面渗透到国民经济体系的各个领域，以及社会组织体系的各个方面，是有效防范环境污染产生和资源过度消耗的重要防线，也是减轻环境治理压力的关键。

——"可持续"就是坚持环境保护与长远发展相融合，通过建设资源节约型、环境友好型社会，不断推动经济社会可持续发展。必须以环境容量优化区域布局，以环境管理优化产业结构，以环境成本优化增长方式，加快推进我国经济发展方式转变。

在周生贤看来，探索中国环保新道路，正是"十一五"时期我国环保工作最鲜明的亮点。而在新的发展阶段，需要准确判断环境保护所处的历史方位，用新的理念进一步深化对环境保护的认识，用新的视野把握好环境保护事业的发展机遇，用新的实践推动环境保护取得更大的实际成效，用新的体制机制保障环境保护的持续推进，用新的思路谋划环境保护的未来，抓紧制定与我国基本国情相适应的环境保护宏观战略体系、全防全控的防范体系、健全高效的环境治理体系、完善的环境法规政策标准体系、完备的环境管理体系、全民参与的社会行动体系。

（新华社记者吴晶晶）

【深度解读】

刚刚过去的五年，是我国环保事业大发展、各项工作取得明显进展的时期。在指导思想上，我国政府把环境保护摆上更加突出的战略位置，提出建设生态文明、推进历史性转变、让江河湖泊休养生息、环境保护是重大民生问题、探索中国环保新道路等一系列新理念。在中心任务上，把二氧化硫和化学需氧量排放总量分别减少10%，作为经济社会发展的约束性指标。在工作思路上，把环境保护作为应对国际金融危机、保增长扩内需调结构的重要举措，把污染防治作为重中之重，把确保群众饮水安全作为首要任务，全面推进、重点突破，着力解决影响可持续发展和损害群众健康的突出环境问题。在新的理念和思路指引下，在探索和实践环保新道路的进程中，"十一五"环保规划任务基本完成，突出的成效主要体现在：

——"十一五"主要污染物减排目标提前实现。"十一五"期间，国家将主要污染物排放总量削减10%作为经济社会发展的约束性指标。国务院成立应对气候变化及节能减排领导小组，发布《节能减排综合性工作方案》，批转节能减排统计、监测及考核实施方案和办法等文件。受国务院委托，原环保总局与各省级人民政府和六家电力集团公司签订了减排目标责任书。各省（区、市）都成立了由省政府主要领导挂帅的节能减排领导小组，将减排指标层层分解落实到地市和重点排污企业。国家打出节能减排政策"组合拳"，出台促进污染减排的产业、财税、价格等一系列政策，加强责任考核。在应对金融危机的过程中，污染减排工作"目标不变、要求不降、力度不减"，严控"两高一资"行业、低水平重复建设和产能过剩项目盲目扩张，突出抓好重点工程和重点领域污染治理，加强污染减排监管。经过各地各部门共同努力，2006—2009年，化学需氧量和二氧化硫排放量累计分别下降9.66%和13.14%。2010年上半年，化学需氧量排放量同比下降2.39%。"十一五"二氧化硫减排目标提早一年实现，化学需氧量减排目标提早半年实现。

——污染防治能力大幅提升。2006—2009年，累计新增城镇污水处理能力4460万吨/日，累计新增燃煤脱硫机组总装机容量4.11亿千瓦。2010年上半年，又新增城镇污水处理能力约690万吨/日，燃煤脱硫机组3260万千瓦。截至2009年年底，我国脱硫机组装机容量占全部火电机组的比重由2005年的12%提高到71%，城镇污水处理率由2005年的52%提高到72.3%。

——环境保护优化经济发展的综合作用日益显现。积极开展规划环评。完成环渤海、海峡西岸、北部湾、成渝和黄河中上游能源化工区等五大区域重点产业发展战略环评的初步成果报告和重点专题验收。不断深化项目环评。对于满足环保准入条件的民生工程、基础设施、生态环境建设和灾后重建等项目，努力做好服务，对"两高一资"、低水平重复建设和产能过剩项目严格把关。加快淘汰落后产能。2006—2009年，上大压小、关停小火电机组6006万千瓦，淘汰落后炼铁产能8172万吨、炼钢产能6038万吨、水泥产能2.14亿吨。

新疆塔什库尔干塔吉克自治县帕米尔高原雪山脚下的一处环保厕所（2010年10月23日）。塔什库尔干塔吉克自治县位于帕米尔高原东部，距离喀什市300公里，平均海拔4000米，境内群山耸峙，冰峰林立，景色宜人。

（新华社记者薛东梅摄）

——民生保障和改善工作取得新进展。集中力量开展重金属污染综合整治，妥善处置多起重金属、类金属污染事件，编制完成《重金属污染综合防治规划（2010—2015年）》。饮用水安全保障工作进一步加强，持续开展专项检查和后督察，出台首个全国城市饮用水水源地环保规划。联合发展改革委等八部门，深入开展整治违法排污企业保障群众健康环保专项行动，着力解决损害群众健康的突出环境问题。

——环境监管机制不断创新。在区域大气污染防治方面，国务院办公厅转发了《关于推进大气污染联防联控工作改善区域空气质量指导意见》，着力构建"统一规划、统一监测、统一监管、统一评估、统一协调"的区域空气联防联控工作新机制。在重点流域水污染防治方面，积极调整流域水污染防治思路，不断深化让江河湖泊休养生息的政策举措，国务院办公厅转发了《重点流域水污染防治专项规划实施情况考核暂行办法》，重点流域省界断面水质考核机制得以建立。在农村环境保护方面，大力实施"以奖促治"政策，全面启动三年"连片整治"示范工作，中央投入资金将达135亿元人民币，重点解决一批村镇突出环境问题。此外，在环境经济政策、环境标准、环境执法等方面的机制创新也取得不少突破。

——部分环境质量指标持续好转。与2005年相比，2009年环保重点城市空气二氧化硫平均浓度下降24.6%；地表水国控断面高锰酸盐指数平均浓度下降29.2%；七大水系国控断面Ⅰ-Ⅲ类水质比例提高16.1个百分点。2010年上半年，全国地表水国控断面Ⅰ-Ⅲ类水质比例同比提高1.3个百分点，高锰酸盐指数平均浓度下降0.2毫克/升。

"十二五"期间，是我国环保事业大有作为的机遇期，也是攻坚克难的关键时期。中国共产党十七届五中全会审议通过的《中共中央关于制定国民经济和社会发展第十二个五年规划的建议》第一次鲜明提出，要加大力度，把加快建设资源节约型、环境友好型社会作为重要着力点，提高生态文明水平，并从诸多方面作了规定和要求。比如，以解决饮用水不安全和空气、土壤污染等损害群众健康的突出环境问题为重点，强化污染物减排和治理，增加主要污染物总量控制种类，排放量显著减少，生态环境质量明显改善。

"十二五"期间，我国环保工作将以科学发展为主题，以加快转变经济发展方式为主线，以解决影响可持续发展和损害群众健康的突出环境问题为重点，深入推进污染减排，加强重点流域、区域和农村污染防治，切实保护自然生态，深化环境领域改革创新，建立健全体制机制，继续探索代价小、效益好、排放低、可持续的环境保护新道路，努力提高生态文明水平。

一是充分发挥环境保护推进发展方式转变的综合作用。深化规划和建设项目环评，明确生态功能区划，促进区域协调发展。完善环境法规政策标准体系，促进产业结构调整和企业技术升级。大力发展环保产业，培育新的经济增长点。

二是深入推进污染减排。加大污染物减排和治理力度，将主要污染物总量控制种类增加到四项，即化学需氧量、氨氮、二氧化硫、氮氧化物。把结构减排放在更加突出的位置，继续强化工程减排和管理减排。全面启动县县建设污水处理厂工程，加快垃圾处理设施建设。启动燃煤电厂脱硝，严格控制机动车尾气排放。落实减排目标责任制。

三是加大污染防治力度。加大重点流域水污染防治，进一步深化让江河湖泊休养生息的政策措施。完善区域联防联控机制，将二氧化硫、氮氧化物、颗粒物、挥发性有机物等作为重点，采取综合措施，改善城市和区域大气环境质量。

四是着力解决关系民生的突出环境问题。扎实抓好饮用水环境安全保障工作。加强重金属、危险废物、土壤污染治理，组织实施好《重金属污染防治规划》，有效防范重金属污染损害群众健康的突出问题。

五是严格环境执法。继续深入开展整治违法排污企业保障群众身体健康环保专项行动，加大典型案件挂牌督办、责任追究和后督察力度。集中开展沿江沿河环湖化工企业综合整治工作，遏制环境事件高发势头。

六是加强农村环境保护和生态建设。加大以奖促治力度，全面启动"连片整治"示范工作，稳步推进农村环境综合整治，建设清洁水源、清洁田园和清洁家园。加强自然保护区、重要生态功能区保护和管理，保护生物多样性。

（新华社记者吴晶晶）

民生为本，人才优先

——访人力资源和社会保障部部长尹蔚民

"我们的全部工作都涉及到人，大部分工作涉及民生。"人力资源和社会保障部部长尹蔚民对新华社记者说，"我们有一个工作的主线就是民生为本，人才优先，这是作为我们整个全系统工作的一个主线。"

"十一五"即将结束，"十二五"即将开启。尹蔚民在接受新华社记者采访时，详述了该部过去五年的发展和未来五年的任务。

人力资源和社会保障部党组书记、部长尹蔚民。

（人力资源和社会保障部提供）

就业是民生之本

"就业是民生之本,城镇新增就业人数在'十一五'期间达到了5500万人,也就是说年均1100万人。"尹蔚民告诉记者,"农村富余劳动力向非农转移在'十一五'期间达到近4500万人,解决了大量农村富余劳动力就业问题。"

"大学毕业生'十一五'期间的总数达到了2700万人,他们在离校前初次就业率达到70%以上,年底的就业率达到80%以上。"这位部长说,"'十一五'期间我国的城镇登记失业率控制在4.3%以内,这个非常不容易!"

他介绍,到2010年年末,全国城乡就业人员将达到7.9亿左右。其中,城镇就业人员3.2亿,比"十五"末增加4770万人。三个产业就业人员的比重将达到37∶28∶35,与"十五"末的44.8∶23.8∶31.4相比,第二、三产业比重较大增加,非国有经济就业的比重将由74.6%增加到78%。

谈到某些企业出现招工难的问题,尹蔚民认为这是多种因素综合作用的结果。

"有企业的环境、企业的薪酬这方面的因素;有新一代农民工择业的观念、对自己价值的实现、个人追求方面的原因;也有我们劳动者技能、素质和企业的岗位不相匹配的这些原因。"尹蔚民说,"但是总的看,部分地方出现的招工难还没有能够改变我们供求总量和结构性的这种矛盾。"

"'十二五'期间我们预计每年城镇新增就业人数仍然会达到2400万到2500万,比'十一五'期间每年城镇新增劳动力还要略多一点,所以这个总量的这种压力是非常大的。"尹蔚民坦言。

他介绍,下一步,人力资源和社会保障系统将通过贯彻实施《就业促进法》和实施更加积极的就业政策,实现就业规模持续扩大,就业结构进一步优化,劳动者素质得到明显提高,失业风险得到有效控制,有就业能力和就业愿望的劳动者都能够得到就业机会或处于积极准备就业的状态，就业局势基本稳定。

建设覆盖城乡的社会保障体系

"'十一五'期间，初步形成以社会保险、社会救助、社会福利为基础，以基本养老、基本医疗、最低生活保障制度为重点，以慈善事业、商业保险为补充的社会保障体系框架。"尹蔚民告诉记者。

"新农保试点才一年多时间，应该讲进展非常顺利，也取得了明显成效。60岁以上老人不用交费直接享受到55块钱基础养老金，这对于保障他的基本生活意义是非常重大的。"这位部长说，"因为中国农村几千年来的养老是靠土地，是靠家庭和儿女来赡养，但是这一次由政府来掏钱，发给他们基础养老金。"

"我到陕西去调研新农保的时候，我就问一个老乡，我说你拿到钱之后你都做什么花费，他说我过去只能吃辣子面，我现在吃臊子面，也就是说有肉了。"尹蔚民告诉记者。

他介绍，新农保试点已经覆盖到24%的县。同时，还建立了城镇居民的医疗保险制度，覆盖了城镇非就业人群，也就是俗称的一老一小的医疗保障。

"另外我们还有一项很大的工作，就是养老保险关系的转移接续，也就是说你今年在这打工，明年可能换了一个地方，你的保险关系是可以转移的，也可以接续的。"尹蔚民说，"企业退休人员的养老金待遇在'十五'期末的时候月均是700元钱，'十一五'期末已经到了1300多元钱，基本上翻了一番。"

尹蔚民介绍，该部门一个总的目标是希望在"十二五"期间初步建成覆盖城乡的社会保障体系。从保障水平上来讲，要随着经济社会的发展不断提高保障水平，让全体参保人员能够享受到改革开放的这种成果。

"我们希望在'十二五'结束的时候，社会保障卡能够普遍发行，我们的想法是希望能够发行到八亿张，将来所有的参保人员手持一张社会保障卡，通过这张卡来交费，来查询，来领取待遇。"他说。

人是第一资源

"无论是所有的各项工作，人都是第一资源，人都是最关键的，最终要靠人来解决。"尹蔚民坚定地说。

"十一五"期间，我国劳动者整体素质得到进一步提高，高技能人才和农村实用人才成长环境明显改善，技能人才队伍不断壮大。到"十一五"末期，全国技能劳动者总量将达到1.1亿人，其中，高技能人才占技能劳动者的比例将达到25%，比"十五"末期提高4%。农村实用人才总量达到800万人。

"2010年是对我们人才工作有重要意义的一年，有两件大事：第一件是颁布了《国家中长期人才发展规划纲要（2010—2020年）》，第二件事是召开了第二次全国人才工作会议。"这位部长说，"纲要确定了十大工程，确定了若干个重大政策，就是通过这些工程，通过这些政策把我们对人才工作提出的目标最后落到实处。"

尹蔚民介绍，人力资源和社会保障部"十二五"人才工作的目标是：在专业技术人才队伍建设方面，人才总量达到6800万人左右，培养造就一支国际一流专家队伍，科技领军人才在更多领域具备冲击世界重大科技难题的能力，经济社会发展紧缺急需的专业技术人才供需矛盾初步得到缓解，人才成长发展环境得到明显改善，人才公共服务体系和专业技术人才工作法律法规体系框架初步建立。

（新华社北京2010年11月25日电，记者徐博）

【背景介绍】

采访进行前一个月，全国人大常委会刚刚通过一部事关亿万普通中国人福祉的法律——《社会保险法》。这部从1993年开始启动、酝酿17年才终获通过的法律，刚一亮相便获得海内外媒体的高度关注，在此之前，尽管包括医疗、养老、失业、工伤等各种保险在内的社保制度已在中国实施多年，却没有一部专门的综合性法律加以规范。《社会保险法》在总则第一条就写上了："维护公民参加社会保险和享受社会保险待遇的合法权益，使公民共享发展成果"，这是第一次以法律的形式，如此高调地宣告了公民的权利。

尹蔚民认为，《社会保险法》是国家劳动保障方面的第一部综合性的法律，在社会保障发展史上具有里程碑的意义，《社会保险法》最重要的亮点可以用四句话来概括。一是覆盖全民，二是统筹城乡，三是突出维权，四是规范管理。统筹城乡应该是这部法律的一个很大的特色，中国社会保障制度还是从城市开始建起，逐渐向农村延伸，这次法律明确的把农民、把失地农民都纳入社会保障的体系当中。《社会保险法》的颁布，应该说是一个新的起点，人力资源和社会保障部一定要从2011年7月1日开始实施之前先做好大量的准备工作，一旦实施起来，对国家社会保障工作将是一个极大的推动。

《社会保险法》虽然刚刚出台，但是体现它的立法精神的一些制度变革，在此之前就已逐步展开，比如从2009年开始推行的新型农村社会养老保险，也就是人们俗称的"新农保"。之前中国各地的农村养老保险，多由农民自己缴费，实际上是自我储蓄，而新农保有个人缴费、集体补助和政府补贴三个筹资渠道。其中每个月55元的基础养老金由中央财政直接支出，每名参保农民在年满60周岁后，都可按月领取。有农民将这个计划形象地解释为，国家给发退休金了。

尹蔚民表示，人力资源和社会保障部一个总的目标是希望在"十二五"

期间初步建成覆盖城乡的社会保障体系。从保障水平上来讲，要随着经济社会的发展不断地来提高保障的水平，让全体参保人员能够享受到改革开放的这种成果。希望在"十二五"结束的时候，社会保障卡能够被普遍的发行，希望能够发行到八亿张，将来所有的参保人员手持一张社会保障卡，通过这张卡来交费，来查询，来领取待遇。

在就业方面，2010年年初有一些地方出现招工难，这种现象让很多人困惑，说了这么多年劳动力富余，劳动力过剩，突然间却发生紧缺。

尹蔚民认为，这是多种因素综合作用的结果。有企业的环境，企业的薪酬这方面的因素，也有新一代农民工的择业观念，对自己价值的实现等因素，也有劳动者技能、素质和企业的岗位不相匹配这些原因。但是总的看，部分地方出现的招工难还没有能够改变供求总量和结构性的这种矛盾。

在人才方面，2010年有两件大事。第一件是颁布了《国家中长期人才发展规划纲要（2010—2020年）》，第二件事是召开了第二次全国人才工作会议。

尹蔚民说，《人才规划纲要》提出的第一个培养创新型的人才，这方面现在有一个非常重要的一个工程——千人计划。通过大量的政策措施，来吸引我们海外留学人员为国工作、回国服务，而且千人计划有非常严格的标准，这些人在本学科领域、在国际方面都是属于名列前茅的，通过他们再带动国内的。这次《人才规划纲要》确定了十大工程，确定了若干个重大政策，就是通过这些工程，通过这些政策把对人才工作提出的目标最后落到实处。

（新华社记者徐博整理）

【深度解读】

人力资源和社会保障事业"十一五"回顾和
"十二五"展望

"十一五"期间，各级人力资源和社会保障部门按照党中央、国务院的决策部署，深入贯彻落实科学发展观，积极实施扩大就业的发展战略，不断完善社会保障体系，深入推进人事制度改革，大力加强人才队伍建设，努力构建和谐劳动关系，全面完成"十一五"规划各项目标任务，人力资源社会保障事业迈上新台阶。"十二五"期间，各级人力资源和社会保障部门将开拓创新，扎实工作，努力完成"十二五"规划确定的各项任务。

一、"十一五"期间工作成就

（一）就业工作取得显著成效

1. 就业规模不断扩大，就业结构进一步改善。"十一五"期间，全国城镇新增就业 5500 万人，农业富余劳动力向非农产业转移就业近 4500 万人，城镇登记失业率控制在 4.3% 以内。到 2010 年年末，全国城乡就业人员将达到 7.9 亿左右，其中，城镇就业人员 3.2 亿，比"十五"期末增加 4770 万人。三次产业就业人员的比重将达到 39∶27∶34，与"十五"期末的 44.8∶23.8∶31.4 相比，第二、三产业比重较大增加。非国有经济就业的比重将由 74.6% 增加到 78%。

2. 市场就业机制得到有效发挥，统筹城乡就业工作迈出重要步伐。国有企业下岗职工再就业问题逐步得到解决，实现下岗职工基本生活保障向失业保险的并轨。市场就业机制在解决青年就业特别是高校毕业生就业中发挥重要作用，"十一五"期间，普通高校毕业生累计 2700 万人，毕业生离校时的初次就业率稳定在 70% 左右。统筹城乡就业取得新的进展，取消了对农民工进城务工的各种限制，建立了培训、就业、维权"三位一体"的工作模式。到2010年年末，全国农民工总数将达2.35亿人，其中外出务工1.5亿人。

3．促进就业的法律制度逐步建立，公共就业人才服务体系基本形成。颁布实施就业促进法，确立就业工作在国家经济社会发展中的突出地位，为推进就业工作的法制化和各项政策措施的长效化提供了制度保障。"十一五"期间中央财政共补贴就业资金1597亿元，比"十五"期间的682亿元增加了915亿元，增幅为134%。基本形成覆盖城乡的公共就业人才服务制度和体系，初步构建市、区县、街道（乡镇）、社区四级公共就业人才服务网络。

4．有效应对地震灾害和金融危机，就业局势保持稳定。2008年，针对汶川大地震对就业的严重影响，及时将稳定和扩大就业纳入抗震救灾恢复重建，通过实施对口就业援助和特殊扶持政策，有效解决灾区劳动者失业问题。2009年，为应对国际金融危机对我国就业产生的严重影响，制定实施更加积极的就业政策，出台组合性政策措施。全年新增就业超过1100万人，高校毕业生当年年底就业率达到87.4%，集中解决了返乡农民工就业问题，城镇登记失业率控制在4.3%以内，就业局势保持基本稳定。

（二）社会保障体系建设取得突破性进展

1．制度建设取得突破性进展，社会保障体系的框架基本形成。"十一五"期间，初步形成以社会保险、社会救助、社会福利为基础，以基本养老、基本医疗、最低生活保障制度为重点，以慈善事业、商业保险为补充的社会保障体系框架。城镇职工基本养老保险全面实现省级统筹，实施保险关系跨地区转移接续办法，开创性地建立新型农村社会养老保险制度并正在开展试点。目前，全国838个试点县和4个直辖市开展了试点，覆盖了24%的地区，已经领取待遇人数1828万人。建立并全面实施了城镇居民基本医疗保险制度，从制度上实现基本医疗保障对城乡居民的全面覆盖，城乡参保（合）总人数超过12.5亿人。失业保险与促进就业联动机制基本建立，工伤保险制度覆盖到各类企业，越来越多进城务工的农民工纳入工伤保险，城镇企业职工生育保险制度普遍建立。

2. 覆盖人群迅速扩大，解决了一批历史遗留的突出问题。到"十一五"期末，全国基本养老保险、城镇基本医疗保险、失业保险、工伤保险、生育保险的参保人数分别达到2.5亿人、4.2亿人、1.3亿人、1.6亿人、1.2亿人，比期初分别增加37%、197%、22%、77%、104%；新农合参合人数达到8.3亿人；新农保试点参保人数达到1亿人。着力解决一批经济体制转轨过程中遗留的突出矛盾：通过给予一定期限的养老、医疗、失业保险补贴及岗位补贴，鼓励各类企业招用就业困难人员；中央财政安排509亿专项资金，帮助地方将关闭破产国有企业未参保退休人员625万人全部纳入城镇职工基本医保，并统筹解决其他关闭破产企业退休人员和困难企业职工纳入医疗保险问题；各地将一批"老工伤"人员纳入工伤保险统筹管理。

3. 保障水平较大幅度提高，保障和改善了广大群众特别是低收入群体的生活。"十一五"期末，全国企业退休人员人月均基本养老金达到1300多元，较期初增长近1倍；城乡基本医保报销比例逐步提高，城镇职工基本医疗保险最高支付限额由职工年平均工资的4倍提高到6倍，居民医保的最高支付限额达到居民年人均可支配收入6倍，各级财政对居民医保补助标准从期初的每人每年40元提高到120元；失业保险金、工伤保险金、生育保险待遇进一步提高。

4. 社保基金规模不断扩大，增强了可持续发展的基础。"十一五"期间中央和地方财政共向养老保险、医疗保险投入资金7700亿元，比"十五"期间的2600亿元增加5100亿元，增幅近两倍。"十一五"期末，城镇5项社会保险基金收入、支出和结余将分别超过1.7万亿元、1.4万亿元和2万亿元，均比期初成倍增长。全国社会保障基金也从期初的2118亿元增加到期末的7000多亿元。"十一五"后半期，为应对国际金融危机的巨大冲击，社会保险领域首次实施对困难企业缓缴5项社会保险费、降低4项社会保险费率和加大3项社会保险补贴力度的措施，稳定了就业岗位，促进了经济较快企稳回升。

5. 公共服务体系初步形成，服务网络逐步延伸。形成了以各级政府社会保险经办机构为主干、以银行及各类定点服务机构为依托、以社区劳动保障工作平台为基础的社会保障管理服务组织体系和服务网络，并逐步向乡镇、行政村延伸。全面实现企业离退休人员基本养老金的社会化发放，75%以上的企业退休人员纳入了社区管理。

（三）人事制度改革迈出新步伐

1. 公务员管理体制机制进一步健全。2006年1月1日公务员法开始实施，标志着公务员管理进入法制化阶段。围绕公务员法的贯彻实施，陆续颁布了17个配套政策法规，涵盖了公务员管理多个环节。深入开展公务员分类管理和聘任制试点工作，基本完成参照管理集中审批工作。坚持凡进必考，严把公务员"入口"关，公务员队伍结构得到优化，增强了公务员队伍的生机与活力。

2. 公务员队伍建设成效显著。"十一五"时期，公务员队伍整体素质进一步提高，作风和能力状况不断改善，一支政治坚定、业务精湛、作风过硬、人民满意的公务员队伍正在形成。

3. 事业单位人事制度改革不断深化。岗位设置管理工作全面推开，制定出台《事业单位岗位设置管理试行办法》。目前，已有29个省、自治区、直辖市以及新疆生产建设兵团正式启动事业单位岗位设置管理实施工作。

4. 军转安置工作进一步加强。军转安置制度建设取得积极进展，形成以《军队转业干部安置暂行办法》、《关于进一步做好军队转业干部安置工作的意见》为主体，以自主择业安置管理、军转干部教育培训、军转干部工资确定以及军转干部住房保障等相关配套政策为补充的现行退役军官安置制度框架体系。妥善安置大批军队转业干部，2006年至2010年，全国接收安置军转干部28.7万人。

（四）人才队伍建设统筹推进

1. 专业技术人才队伍建设扎实推进。高级专家选拔培养工作不断加强，选拔享受政府特殊津贴人员 11000 多人，选拔新世纪百千万人才工程国家级人选 2000 名。启动实施"海外高层次人才引进计划"（即"千人计划"）、中国留学人员回国创业启动支持计划、海外赤子为国服务行动计划等计划。"十一五"期间，留学人员回国新增人数预计超过 30 万人，全国建成各级各类留学人员创业园 150 多家，约 2 万名留学人员入园创业。"十一五"期间，国家对博士后事业的总投入为 17 亿多元。继续教育工作扎实推进，实施专业技术人才知识更新工程，在现代农业、现代制造、信息技术、能源技术和现代管理等五大领域，已培训 300 万名中高级专业技术人才。

2. 技能人才队伍建设取得新的进展。"十一五"期间，我国劳动者整体素质得到进一步提高，高技能人才和农村实用人才成长环境明显改善，技能人才队伍不断壮大。到"十一五"末期，全国技能劳动者总量将达到 1.1 亿人，其中，高技能人才占技能劳动者的比例将达到 25%，比"十五"末期提高4%。农村实用人才总量达到 800 万人。

（五）劳动关系调整机制不断完善

1. 农民工权益得到更好保障。采取有力措施解决农民工工资拖欠问题。每年元旦、春节期间，在全国范围开展农民工工资支付情况专项检查，2010年两节期间为 149.4 万名农民工补发被拖欠工资及赔偿金 29.7 亿元。建立农民工工资正常增长机制。"十五"期末，外出务工农民工平均月工资为 875元，2009 年末为 1417 元，增长 542 元，增幅为 62%。加强农民工安全培训工作。2006 年到 2009 年，全国农民工安全培训 7261.1 万人次。扩大农民工参加社会保险覆盖面。2010 年 9 月底，全国农民工参加基本养老、基本医疗、失业、工伤保险人数分别为 3093 万人、4573 万人、1854 万人、6131 万人。

2. 劳动关系协调机制进一步健全。劳动合同法律制度不断完善。《劳动合同法》及《劳动合同法实施条例》相继颁布施行，为构建和发展和谐劳动关系提供了法律保障。劳动合同签订率稳步提高。通过开展全面推进劳动合同制度实施三年行动计划、农民工劳动合同签订"春暖行动"等活动，截至

2009 年年底，全国规模以上企业劳动合同签订率达到 96.5%。集体合同制度实施取得新进展。推进集体合同制度实施"彩虹计划"，积极扩大集体合同覆盖面，2009 年全国经人力资源社会保障部门审查的当期有效集体合同 70.3 万余份，覆盖职工 9400 多万人。

3. 企业工资分配工作进一步加强。企业职工工资水平明显提高。全国城镇企业在岗职工平均工资从"十五"期末的 17853 元增长到 2009 年的 31622 元，年均增长 15.4%，扣除物价因素实际年均增长 12.4%。最低工资标准逐步提高。2006 年至 2010 年各地平均调整最低工资标准 3.2 次，月最低工资标准最高档平均为 870 元，与 2005 年相比，月最低工资标准最高档平均增长幅度为 79.8%。目前，月最低工资标准最高的为上海 1120 元/月，小时最低工资标准最高的为北京 11 元/小时。工资支付保障工作取得明显成绩，基本解决了国有企业工资历史拖欠问题。建立预防和解决拖欠职工工资的长效机制，全国 31 个地区建立了工资保证金制度。以工资集体协商为重点的企业工资决定机制改革逐步深化。截至 2009 年年底，全国签订工资集体协商专项协议 51.2 万份，涉及企业 90.2 万户，覆盖职工 6177.6 万人。

4. 劳动人事争议调解仲裁工作取得积极进展。劳动争议调解仲裁法、公务员法、人事争议处理规定、劳动人事争议仲裁办案规则、劳动人事争议仲裁组织规则相继颁布实施，具有中国特色的劳动人事争议处理法律制度体系初步形成。调解仲裁能力建设不断加强。截至 2009 年年底，全国各级劳动争议仲裁委员会有 3100 多个，劳动争议仲裁员 2.2 万名，人事争议仲裁委员会 1900 多个，人事争议仲裁员 1.1 万名。到 2010 年年末，全国各级人事、劳动争议仲裁委员会立案受理争议案件将达到 273.5 万件，涉及劳动者 445.6 万人，及时有效维护了当事人合法权益，促进了劳动关系和谐和社会稳定。

5. 劳动保障监察执法力度不断加大。截至 2009 年年底，全国共建立劳动保障监察机构 3291 个，共有专职劳动保障监察员 2.3 万名。到 2010 年年末，全国劳动保障监察机构共主动检查用人单位将达到 804 万户次，书面审查用人单位将达到 785 万户次，查处各类劳动保障违法案件将达 210 万件。

二、"十二五"期间目标任务和政策措施

（一）就业工作

把促进就业放在经济社会发展的优先位置，继续坚持劳动者自主择业、市场调节就业和政府促进就业的方针，通过贯彻实施《就业促进法》和实施更加积极的就业政策，实现就业规模持续扩大，就业结构进一步优化，劳动者素质得到明显提高，失业风险得到有效控制，有就业能力和就业愿望的劳动者都能够得到就业机会或处于积极准备就业的状态，就业局势基本稳定。基本形成统一的人力资源市场和城乡均等的公共就业服务制度，贯彻平等就业的原则，努力实现城乡就业一体化，在部分地区率先实现社会就业更加充分的目标。

（二）社会保障工作

"十二五"期间，社会保障事业发展的主要目标是：社会保障制度基本完备，体系比较健全，覆盖范围进一步扩大，保障水平稳步提高，突出的历史遗留问题总体上得到解决，为全面建设小康社会提供水平适度、持续稳定的社会保障网。在制度建设方面，加快完善各项社会保险制度，制定实施城镇居民养老保障政策，推动机关事业单位养老保险制度改革；实施更加积极的社会保障政策，做实基本养老保险个人账户，普遍建立失业动态监测制度，形成预防、补偿、康复相结合的工伤保险制度体系；加快发展多层次保障体系，完善和大力推行企业年金制度，统筹建立覆盖各类人群、分不同档次的补充医疗保险政策；鼓励发展商业保险。在扩大社会保障覆盖面方面，将符合条件的各类群体纳入社会保障制度。在城镇，重点做好农民工、非公有制经济组织从业人员、灵活就业人员、城镇居民等群体的参保工作；在农村，完善政策，健全适龄农民参加新型农村社会养老保险的激励机制，实现新农保制度的全覆盖，落实被征地农民社会保障政策。在统筹城乡社会保障方面，探索建立城乡一体化社会保障体系和管理体系；进一步提高统筹层次，扩大

基金调剂和使用范围，实现基础养老金全国统筹；有效解决社会保险关系转移接续问题，全面实施城镇企业职工基本养老保险关系转移接续办法，落实医疗保险关系转移接续办法和完善异地就医管理服务。在提高保障水平方面，根据经济社会发展情况和各方面承受能力，不断提高各项社会保障水平，并逐步缩小城乡、区域、群体之间的待遇差距。在加强社会保障管理与监督方面，进一步加强基金监管，改进社会保障管理服务，加强对医疗服务的管理。

（三）人事制度改革工作

在公务员管理方面，基本形成比较完善的公务员法配套法规体系和科学的分类制度，不断健全符合科学发展观要求的公务员科学管理机制，全面提升公务员队伍整体素质和能力。在事业单位人事制度改革方面，不断完善事业单位人事管理法规政策体系，逐步实现事业单位由身份管理向岗位管理转变，全面建立以岗位管理和聘用管理为核心的事业单位人事管理制度。在军转安置方面，全力完成军转安置任务，完善公开公正的安置机制，逐步健全军转安置政策法规体系，推进自主择业工作健康发展，建立健全管理服务机构，配套相关的工作保障，提高教育培训针对性和实效性。

（四）人才队伍建设工作

在专业技术人才队伍建设方面，人才总量达到6800万人左右，培养造就一支国际一流专家队伍，科技领军人才在更多领域具备冲击世界重大科技难题的能力，经济社会发展紧缺急需的专业技术人才供需矛盾初步得到缓解，人才成长发展环境得到明显改善，人才公共服务体系和专业技术人才工作法律法规体系框架初步建立。在技能人才队伍建设方面，以高技能人才培养为重点，实施国家高技能人才振兴计划，大规模造就经济社会发展急需的高技能人才。建立覆盖对象广泛、培训形式多样、管理运作规范、保障措施健全的职业培训工作新机制，大规模开展就业技能培训、岗位技能提升培训和创业培训，努力实现劳动者"培训一人就业一人"、"就业一人培训一人"。

（五）构建和谐劳动关系工作

在农民工权益保障方面，注重在制度上解决好农民工权益保护问题，提高农民工劳动合同签订率，有效解决拖欠农民工工资问题，保障农民工职业安全卫生权益，扩大农民工参加社会保险覆盖面，加强农民工劳动纠纷处置工作，加大农民工公共服务工作力度，促进农民工在城镇落户。在劳动关系协调方面，加快建立健全与社会主义市场经济体制相适应的劳动关系协调机制，完善在政府主导下的劳动关系双方自主协商、社会三方协调和政府依法调整的体制，建立规范有序、公正合理、合作互利的社会主义新型劳动关系，构建和发展长期和谐稳定的劳动关系。在劳动人事争议调解仲裁方面，实现劳动人事争议调解仲裁处理体制、办案制度、办案程序、仲裁机构和办案场所的统一，健全调解工作网络，基本完成仲裁机构实体化建设，进一步提高争议处理能力，仲裁结案率达到90%以上，调解仲裁队伍专业化水平得到增强。在劳动监察方面，基本形成执法保障更加得力，预防机制更加健全，法规制度更加完善，机构队伍更加充实的适应经济社会和人力资源社会保障事业发展的劳动保障监察体系，实现监管范围从以城镇为主向统筹城乡转变、监管模式从被动反应型向主动预防型转变。

（新华社记者徐博整理）

"文化民生" 提升幸福指数

——访文化部部长蔡武

文化部党组书记、部长蔡武。

（新华社发卢旭摄）

加快建设公共文化服务体系，不断推进文化惠民工程，人民群众基本文化权益得到有效保障；国际金融危机寒潮中，文化产业异军突起，整体实力和竞争力明显增强……新中国第一个专门部署文化建设的五年发展规划——《国家"十一五"时期文化发展规划纲要》实施以来，我国文化建设全面快速发展，取得明显成效。

日前，文化部部长蔡武接受新华社记者采访，梳理"十一五"时期成就，展望未来五年我国文化发展美好前景。

文化体制改革：进一步解放和发展文化生产力

记者：我们了解到这样一组数字：截至 2010 年 10 月末，全国已有 341 家国有文艺院团完成或基本完成转企改制。对院团而言，同样是演出，改革前后有什么不同？

蔡武：体制改革给很多院团发展带来转机，大大解放和发展了文化生产力。计划经济下形成的体制机制，严重束缚了文化的创新。比如在过去体制下，国有院团主要作为各级行政机关的文工团，接受的任务多是庆典、重大政治活动的需要；各种评奖可能成了政府的政绩工程，投入很大力量弄一台戏获奖后就刀枪入库；内部分配、运行机制是大锅饭，干多干少、干好干坏差不多。激励机制的缺乏，使得院团的创造力、积极性发挥不出来。以东方歌舞团为例，改革前，由于旧体制的原因，一大批演员闲置，百余名声乐演员、器乐演奏员几乎无事可干，十个排演厅只有两个在使用，八个都成了仓库。转企改制后的短短几个月，就推出了《爱的伊甸园》等四台大戏，十个排演厅不够用了，轮流排队。体制机制的变化，极大激发了演职人员的积极性。在转企改制过程中，各地还创造了许多新经验、取得了许多新成效。北京、辽宁、吉林、上海、江苏等地整合演艺资源，分别组建了省级演艺集团有限公司，着力打造区域性龙头演艺企业；一些地方总结借鉴民营院团发展的先进典型经验，完善扶持政策，推动形成以国有院团为主体、多种所有制院团共同发展的演艺市场格局。

记者：下一步，文化系统将从几方面推进改革？

蔡武：深入推进国有文艺院团体制改革，推动歌舞、杂技、曲艺、话剧、地方戏曲等大多数国有文艺院团基本完成转企改制任务，重点推进县级国有艺术表演团体改革与发展，逐步建立起多种所有制共同发展，以骨干演艺企业为引领、大量中小演艺企业为基础的演艺市场格局。同时，加快推动经营性文化单位完成转企改制任务，推动已转制的文化企业建立现代企业制度、完善法人治理结构；推进图书馆、博物馆、纪念馆、美术馆、文化馆等公益性文化事业单位深化人事、收入分配和社会保障制度改革，突出公益属性，强化服务职能；加快转变政府职能，完善国有文化资产管理体制和职责明确、反应灵敏、运转有序、统一高效的宏观调控体系。

公共文化服务体系：使农民不出村就可享受基本文化服务

记者：改革催生活力，使得文化建设在过去几年取得了长足进步。对于百姓来说，最直观的感受就是享受到的公共文化服务越来越丰富，越来越便捷。

蔡武：文化是改善民生的重要组成部分，是幸福指数的重要衡量尺度。"十一五"以来，覆盖城乡的公共文化服务体系不断健全和完善，人民群众的基本文化权益得到有效保障，文化辐射力空前提高。

截至2009年，全国共有县级公共图书馆2491个，覆盖率85.09%。县级文化馆2862个，覆盖率97.34%。乡镇（街道）文化站3.87万个，覆盖率94.8%，基本实现了"乡乡有综合文化站"的建设目标。全国文化信息资源共享工程稳步推进，已建成1个国家中心，33个省级分中心，县级支中心2814个，覆盖率96%。2010年2月，实施了"县级数字图书馆推广计划"，通过文化共享工程平台，将把国家数字图书馆的优秀文化信息资源传输到全国每个县级图书馆。

记者："十二五"期间，基本建成公共文化服务体系，让城乡居民尤其是基层群众共享文化发展成果，文化部将有怎样的举措？

蔡武：公共文化服务体系建设的重点在基层，薄弱环节在农村。未来五年，文化部门将以此为着力点，促进基本公共文化服务均等化。要提高基层文化设施网络建设水平，继续完善国家、省、市、县（区）、乡镇（街道）、村

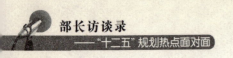

（社区）六级公共文化设施网络，使农民不出村就可以享受到基本的文化服务。

"十二五"期间要加大对文化建设的投入。希望"十二五"期间政府对文化事业投入增长幅度能够高于同期经常性财政收入增长幅度；文化事业费占财政事业费的比例现在是 0.4%，希望能提高到 1%。此外，还有基础设施建设方面的投入，如一个县城恐怕需要一个剧场或影剧院，能够演电影、演戏，也能开大会，这也是一项十分重要的文化基础设施。

我最关心的是，在"十一五"期间实施的重大文化惠民工程要继续完善，此外，还要大力发展免费的公共电子阅览室，解决弱势困难群体和农村基层群众上网难的问题。我希望在"十二五"规划中把公共电子阅览室这样一个全国性规划列进去、落实下来，为老百姓提供更多服务。

文化产业：调整经济结构，要看到文化的独特作用

记者： 2008 年至 2009 年，面对国际金融危机的冲击，文化产业逆势上扬，其在推动国民经济增长和转型中的重要作用再次凸显。

蔡武： 2009 年，尽管各国政府作出了巨大的努力，但金融危机的阴霾并未散尽，世界经济复苏之路曲折漫长。在此背景下，文化产业的一些领域逆势而上，其特点和优势得到进一步凸显。基于文化产业在金融危机中的突出表现，国务院于 2009 年 7 月通过了《文化产业振兴规划》，标志文化产业上升为国家的战略性产业。

"十一五"期间，文化产业快速增长，成为满足人民群众精神文化需求的重要途径，2009 年，文化产业增加值达到 8400 亿元，占国内生产总值比重由 2004 年的 2.1% 上升为 2.5% 左右。文化产业成为各地经济发展的新亮点，在促进经济发展方式转变中的作用日益突出。北京、上海、广东、湖南、云南等省市文化产业增加值占国内生产总值的比重已超过 5%。

记者： 刚刚公布的"十二五"规划建议提出："推动文化产业成为国民经

济支柱性产业"。对照这个目标来看，目前我国文化产业发展还面临哪些问题？

蔡武： 当前，制约文化产业发展还有很多因素，市场主体比较小、弱，创新潜力还未完全发挥出来，文化企业融资比较困难。各地在进行"十二五"规划时，一定要重视文化产业，在转变经济发展方式、调整经济结构的过程中，要看到文化的独特作用，把文化产业纳入进去、考虑进去、规划进去。

"十二五"期间，推动文化产业发展主要是解决体制和政策上的问题，比如创造条件，鼓励民营资本进入文化产业领域。要进一步完善支持文化产业发展的财政、金融、税收、土地等方面的政策，起草《文化产业促进法》，为文化产业发展提供法制保障。建设一批包括公共技术支撑、投融资服务、信息发布、资源共享、统计分析等功能在内的文化产业公共综合服务平台，降低文化企业的创业和运营成本。发挥重大项目的带动作用，加强文化产业园区基地建设与管理。培养和吸纳优秀人才，实施"文化产业人才培养工程"。

（新华社北京2010年11月29日电，记者周玮）

【背景介绍】

改革开放特别是党的十六大以来，中央作出了深化文化体制改革的战略决策，提出了兴起社会主义文化建设新高潮、推动社会主义文化大发展大繁荣的目标任务。各地区各部门认真贯彻中央决策部署，积极推进文化体制改革，大力发展文化事业和文化产业，开创了中国特色社会主义文化建设新局面。

近年来，文化体制改革按照区别对待、分类指导、循序渐进、逐步推开的方针，紧紧围绕重塑市场主体、完善市场体系、改善宏观管理、转变政府职能四个关键环节，积极推进体制机制创新，逐步建立和完善社会主义市场经济条件下加快文化发展的体制机制，营造有利于出精品、出人才、出效益的良好环境，目标明确、措施科学、把握平稳、进展顺利、成效明显，解放和发展了文化生产力。

从近年来文化改革发展的实践及所取得的成效看，中央关于深化文化体制改革的决策部署是完全正确的，文化发展的宏观体制环境不断优化，文化发展的全新格局初步形成，文化企事业单位的活力显著增强，文化产业迅速发展，文化创作和文化市场空前繁荣，文化产品丰富多样，全社会参与文化建设的积极性日益高涨，推动社会主义文化大发展大繁荣的氛围日益浓厚。主要取得了六个方面的成效：大力推进经营性文化单位转企改制，国有文化单位的发展活力和市场竞争力显著增强；探索创新公共文化服务运行机制，公共文化服务质量和水平明显提高；培育骨干文化企业，文化产业结构不断优化、规模和效益不断提升；加快构建统一开放、竞争有序的现代文化市场体系，文化市场呈现持续健康发展的良好局面；稳步推进文化市场综合执法改革和政府职能转变，文化宏观管理进一步加强；努力创新文化"走出去"模式，中华文化的影响力不断扩大。

在接受新华社记者采访时，文化部部长蔡武详细梳理了文化体制改革取得的新成果，并对改革中出现的新情况新问题予以回应。

蔡武说，在以胡锦涛同志为总书记的党中央高度重视和坚强领导下，文化战线经过长期的实践探索和理论创新，初步找到了一条中国特色社会主义文化发展道路。这条道路的重要标志是我们在科学发展观的指引下形成了新的文化发展理念，初步掌握了社会主义初级阶段文化发展的客观规律。中国特色社会主义文化发展道路这个命题，提出的时间还不长，需要在实践中不断检验、丰富和完善、发展。

谈到文化领域"反三俗"的话题，蔡武连发六问：据说现在一年创作歌曲在两万首以上，但是真正为广大群众所传唱的有多少首？现在一年创作的小说等文学作品汗牛充栋，但真正为广大读者所一致公认的力作有多少部？出版业一年出版各类出版物三十万种，但真正能与我们先辈几千年为我们留下的八万种历史典籍比肩的作品有多少？我们全国几百个电视频道，数以千万计的文化节目，真正有丰富文化内涵、高尚文化品位和品格的节目又占多大比例？我们每年生产四百多部影片，上万集电视剧，其中能与我们耳熟能详的经典作品并驾齐驱的传世力作占多大比例？热遍全国的文化遗产保护浪潮中，逐利、炒作，托假的"虚火"占多大成分？"各级文化行政部门对这种不良风气不能视而不见、听之任之，要积极发挥引导作用，善于发现、提倡反映主流价值、弘扬主旋律的作品，扶持、推广，典型引路。多用引导的办法，少用行政的办法，团结、带领艺术创作人员，逐步形成强大的良好的创作风气。"

近年来，兴起了一股新的传统文化热潮，比如国学热、文物热、申遗热等。我们应该如何对待传统文化？蔡武表示：过去很长一段时间，有些人全盘否定传统文化，认为传统文化不科学、愚昧、落后，鼓吹洋的比中国的好，新的比旧的好，现代的比古代的好。这显然是一种民族虚无主义的观点，是数典忘祖、"言必称希腊"。也一直有些人夜郎自大，认为只有中国的传统文化是世界上最好的文化，具有无法比拟的优势和特点，搞"复古"。这是一种狭隘的民族主义、"国粹主义"。现在又有人在这个问题上搞实用主义和功利主义，不分良莠，不分精华糟粕，只要有利可图，就打着保护、弘扬传统文化的旗号搞开发利用。其实质是对传统文化缺乏敬畏之心，不尊重祖先，把历史遗产当成手中的玩偶、谋利的工具。

蔡武说，对待传统文化，一要心存敬畏，二要心存感恩。在抢救第一、保护为主的前提下，适当地开发利用丰富、独特的历史文化资源来发展经济，造福一方百姓，出发点和目的都是好的。但应当清醒认识到，文化遗产珍贵脆弱，是一种不可再生的资源。要将文化遗产保护工作提升到保护民族血脉、民族基因的高度，去除浮躁和功利心态，合理利用传统文化资源。一方面要坚持不能搞文化造假，另一方面要坚持可持续发展，不能竭泽而渔，不能吃了"祖宗饭"又吃"子孙饭"。

在回答"怎么看当前的对外文化交流工作"时，蔡武表示，我国坚持走和平发展道路，主张构建持久和平、共同繁荣的和谐世界。与此相适应，我们开展对外文化交流的目的不是要输出中国的意识形态和发展模式，而是通过传播中华文化，使我们的文化能够真正地吸引人、打动人，引起共鸣，拨动心弦，赢得尊重，增进心灵的沟通，寻求理解与合作，使外界全面、准确认识当代中国的真实面貌，从而为我们的现代化事业创造更加良好的国际环境。对外文化传播方式的改进是一个老话题，关键是我们要学会"中国元素、国际表达"，要充分掌握受众的思维方式特点、接受习惯、语言特征，有针对性地选择适宜的交流和传播方式，来不断提高我们文化传播的有效性、实效性。这方面我们还有很多工作要做。

（新华社记者周玮整理）

【深度解读】

"十一五"以来，在科学发展观和新的文化发展理念的指引下，就如何在社会主义市场经济条件下，更好地保障人民群众的基本文化权益，满足人民群众的精神文化需求，文化系统遵循文化发展的客观规律，适应社会主义市场经济的客观要求，逐渐形成了坚持文化事业和文化产业"双轮驱动"、"两翼齐飞"的文化发展建设思路。文化事业发展必须坚持"以政府为主导，以公共财政为支撑，以公益性文化事业单位为骨干，以基层为重点，鼓励全社会积极参与，创新公共文化服务体系"的方针，构建覆盖城乡的公共文化服务体系，体现公益性、均等性、基本性和便利性，以保障人民群众的基本文化权益，满足人民群众的文化需求。而文化产业发展则必须注重发挥市场在资源配置中的基础性作用，按照"创新体制、转换机制、面向市场、增强活力"的要求，坚持体制机制改革和创新，致力于培育合格的市场主体、规范文化市场，提高文化产业的整体实力和国际竞争力，以提供高质量的丰富多彩的文化产品和服务，努力满足人民群众日益多元化、多层次、多方面的文化消费需求。无论是文化事业还是文化产业，都必须坚持社会主义先进文化的方向，坚持社会效益优先，努力实现社会效益与经济效益相统一。

文化体制改革取得突破性进展

近年来，按照中央关于文化体制改革的总体部署和要求，文化系统紧紧围绕重塑文化市场主体、加强公共文化服务、完善市场体系、改善宏观管理、转变政府职能等重点环节，坚持"两手抓、两加强"，加强对改革工作的指导，体制改革和机制创新取得明显进展。

——经营性文化事业单位转企改制取得突破性进展。中国东方歌舞团（国家歌舞团）、中国文化报、文化部文化市场发展中心、中国演出管理中心等单位率先转企改制，分别组建中国东方演艺集团有限公司、中国文化传媒

2010年5月8日晚，中国中央歌剧院经典歌剧《图兰朵》在叙利亚国家歌剧院——阿萨德文化艺术宫上演。美妙的音乐、恢弘的场景、绚丽的服装和充满感情的歌声，让叙利亚各界人士、驻叙各国使节等千余名观众惊艳。

（新华社记者薛东梅摄）

集团有限公司、中国动漫集团有限公司，于2009年11月12日揭牌成立。之后，三家集团公司连同先期由中国对外演出中心、中国对外艺术展览中心转企改制组建的中国对外文化集团公司，全部1020个事业编制已经核销，现代企业制度建设顺利推进。

——公益性文化事业单位内部机制改革力度加大，公共服务能力和水平显著提高。2009年，文化部先后在台州、嘉兴、沈阳和成都等地召开现场交流会，推动公共文化服务体系建设。博物馆、公共美术馆、公共图书馆等免费开放成效显著。截至2009年，全国各级文化文物部门归口管理的公共博物馆、纪念馆有1444座陆续向社会免费开放。

——国有文艺院团体制改革取得重大实质性进展。转企改制国有院团数量不断增加、范围不断延伸。截至11月15日，全国共有343家国有文艺院团已完成或正在进行转企改制，是2009年转企改制院团数的近五倍。

——推进政府职能转变，健全文化市场管理体制。截至2010年第三季度末，北京、上海、重庆等8个省（市）基本完成综合执法改革，山东、河北所有省辖市全部完成综合执法改革。除新疆、西藏外，402个地级市（含直辖市的区县）中，228个组建了综合执法机构，260个组建了综合文化责任主体；2592个县（区）中，873个组建了综合执法机构，1011个组建了综合文化责任主体。文化市场综合执法机构的组建，有效解决了文化市场中长期存在的职能交叉、多头执法等问题，执法效率大大提升。

文化产业成为各地经济发展新亮点

"十一五"期间，文化产业快速增长，成为满足人民群众精神文化需求的重要途径，2009年，文化产业增加值达到8400亿元，占同期国内生产总值比重由2004年的2.1%上升为2.5%左右。文化产业成为各地经济发展的新亮点，在促进经济发展方式转变中的作用日益突出。北京、上海、广东、湖南、云南等省市文化产业增加值占国内生产总值的比重已超过 5％。

面对金融危机的冲击，文化产业逆势上扬。2009 年上半年，我国文化产业增速为 17％，大大超过国内生产总值和第三产业的增速。基于文化产业在金融危机中的突出表现，中央提出，要使文化产业成为应对金融危机的一个新增长点，要让中国的文化走向世界，要向世界展示中国的软实力。在这样的背景下，国务院于 2008 年 7 月通过了《文化产业振兴规划》，标志着文化产业上升为国家的战略性产业。

覆盖城乡的公共文化服务网络正在形成

"十一五" 时期，覆盖城乡的公共文化服务网络正在形成，人民群众的基本文化权益得到有效保障，文化辐射力得到空前提高。

群众文化活动呈现出蓬勃发展的良好态势。成功举办了 "群星奖"、"老年合唱节"、"少儿合唱节"、"大地情深" ——全国城乡基层群众小戏小品展演、"春雨工程——文化志愿者边疆行" 等全国重大活动，送书下乡工程和流动舞台车工程的实施，使基层文化资源更加丰富。

公共文化法律法规体系更加完善。《公共图书馆法》立法工作正式启动。制定《乡镇综合文化站管理办法》、《公共图书馆建设用地指标》、《公共图书馆建设标准》、《文化馆建设用地指标》和《文化馆建设标准》，各级公共文化机构的服务能力和管理水平得到提升。

非物质文化遗产保护工作跃居世界前列

连续几年成为社会关注的 "年度关键词"，非物质文化遗产保护工作跃居世界前列。初步建立了比较完备、富有特色的非物质文化遗产保护机制，非物质文化遗产保护全面推进，保护体系不断健全。

——完成普查，摸清家底，为保护传承打下基础。基本完成了第一次全国非物质文化遗产普查工作，普查资源总量近 87 万项。

——国家、省、市、县四级名录体系初步建立，相继公布了两批共 1028 项国家级非物质文化遗产名录；代表性传承人的认定与保护措施逐步落实，相继命名了三批共 1488 名国家级非物质文化遗产项目代表性传承人。

——文化生态保护区建设稳步推进，相继设立了 10 个国家级文化生态保护实验区。非物质文化遗产展示、传习基础设施建设态势良好。据不完全统计，全国各省（区、市）已建立国有或民营等各种形式的非物质文化遗产馆 424 个、展厅 96 个，民俗博物馆 179 个，传习所 1216 个。

——目前中国共有 28 个项目列入代表作名录，6 个项目列入急需保护名录。"文化遗产日"活动丰富多彩，非物质文化遗产保护理念得到普遍认同，全社会积极参与保护非物质文化遗产的积极性不断增强。

——非物质文化遗产立法工作取得重大进展，《非物质文化遗产法》草案已经全国人大常委会二审。

未来五年文化建设面临更加难得的历史性机遇和战略性机遇

党的十七届五中全会指出，"十二五"期间我国仍处于可以大有作为的重要战略机遇期，对未来五年文化建设作出了总体部署。

蔡武表示，未来五年，文化建设面临着更加难得的历史性机遇和战略性机遇，一定会大有作为、大有可为。"未来五年，我们要着眼于满足人民群众不断增长的精神文化需求，充分发挥文化引导社会、教育人民、推动发展的功能。未来五年，我们要不断推进文化创新，加快推进文化体制改革，促进文化与科技融合，扩大文化交流，创作生产更多思想深刻、艺术精湛、群众喜闻乐见的文化精品。未来五年，我们要不断发展文化事业，以农村基层和中西部地区为重点，继续实施文化惠民工程，加强文化遗产保护，广泛开展群众性文化活动，基本建成公共文化服务体系。未来五年，我们要大力繁荣文化产业，在政府引导下发挥市场机制积极作用，培育骨干文化企业和战略投资者，鼓励和引导非公有制经济进入，发展新型文化业态，推动文化产业成为国民经济支柱性产业。"

——加强公共文化服务体系建设，促进基本公共文化服务均等化。推进国家公共文化服务体系示范区建设，健全公共文化服务体系建设长效机制。提高基层文化设施网络建设水平，继续完善国家、省、市、县（区）、乡镇（街道）、村（社区）六级公共文化设施网络，实现公共文化设施的有效覆盖。深入实施全国文化信息资源共享工程、公共电子阅览室建设计划和数字图书馆建设，丰富城乡基层公共文化资源。加大公共文化产品供给力度，继续推动公共博物馆、纪念馆、图书馆、文化馆站和爱国主义教育基地向社会免费开放。

——坚持弘扬主旋律与提倡多样化并重，坚持精品创作与活跃基层群众生活并举，推动文艺创作繁荣发展。努力推进管理手段创新，综合运用资金支持、文艺评奖、舆论引导等手段，加强对艺术事业的宏观管理。设立国家艺术基金，改革艺术评奖，增强艺术院团、美术馆、画院创作演出（展览）能力。努力实施精品战略，继续实施"国家舞台艺术精品工程"、"国家重点京剧院团保护与扶持规划"、"国家昆曲艺术抢救、保护和扶持工程"、"国家美术收藏和捐赠奖励工程"等，推出一批体现社会主义核心价值观念的优秀文艺作品。重点抓好"国家艺术创作引导扶持工程"，主要开展精品剧目扶持计划、部分艺术品种阶段性引导扶持计划、西部和少数民族地区艺术创作重点扶持计划、优秀艺术院团引导扶持计划、优秀艺术作品推广计划、国家美术发展计划、文艺理论与批评扶持计划以及优秀艺术人才资助扶持计划等，通过工程实施，推出一批优秀文艺作品、艺术人才、艺术院团和文艺研究论著、文章，建立起国家扶持艺术创作与生产的长效机制，推动艺术事业长期可

持续发展。

——进一步完善支持文化产业发展的财政、金融、税收、土地等方面的政策，起草《文化产业促进法》，为文化产业发展提供法制保障。建设一批包括公共技术支撑、投融资服务、信息发布、资源共享、统计分析等功能在内的文化产业公共综合服务平台，降低文化企业的创业和运营成本。发挥重大项目的带动作用，加强文化产业园区基地建设与管理。健全文化产业投融资体系，进一步协调金融监管机构，共同研究制定金融扶持文化产业发展的政策和办法。培养和吸纳优秀人才，实施"文化产业人才培养工程"，研究制定文化系统文化产业中长期人才培养规划，并积极吸引财经、金融、科技等领域的优秀人才进入文化产业领域，大力引进海外文化创意、研发、管理等高端人才。办好文化产业展会和重大活动，向差异化、品牌化方向发展，进一步提高文化产业展会活动的吸引力、影响力和效益，利用国外大型文化活动扩大中国文化产品的国际影响。

——到2015年，非物质文化遗产保护事业基本实现法制化、科学化、规范化，各民族非物质文化遗产生存传承的环境得到明显改善，非物质文化遗产保护理念深入人心，全社会的文化自觉明显增强。"十二五"期间，基本建立起系统完备、有中国特色的非物质文化遗产保护制度：进一步健全完善四级名录体系，规范名录项目管理，建立督察制度，加强对各级名录项目科学、规范、有效的保护；完善传承人保护制度和传承机制；稳步推进文化生态保护区建设；探索合理利用非物质文化遗产的正确方法与途径，更好地发挥非物质文化遗产在文化建设与和谐社会构建中的积极作用；加大宣传教育力度，促进非物质文化遗产的传播与弘扬；建立政策法规保障体系，规范工作程序，健全完善各级非物质文化遗产保护工作机构，加强保护工作队伍建设，整体提升从业人员素质，逐步完善工作机制。

——深化经营性文化单位体制改革，加快推动经营性文化单位完成转企改制任务，推动已转制的文化企业建立现代企业制度、完善法人治理结构，打造一批有实力、有竞争力、有影响力的国有或国有控股文化企业和企业集团，努力培育国际知名文化企业品牌。深化公益性文化事业单位改革，按照增加投入、转换机制、增强活力、改善服务的方针，推进图书馆、博物馆、纪念馆、美术馆、文化馆等公益性文化事业单位深化人事、收入分配和社会保障制度改革，激发发展活力，突出公益属性，强化服务职能。深入推进国有文艺院团体制改革，推动歌舞、杂技、曲艺、话剧、地方戏曲等大多数国有文艺院团基本完成转企改制任务，重点推进县级国有艺术表演团体改革与发展，逐步建立起多种所有制共同发展，以骨干演艺企业为引领、大量中小演艺企业为基础的演艺市场格局。推进文化宏观管理体制改革，加快转变政府职能，推进政企分开、政事分开、管办分离，强化政策调节、市场监管、社会管理和公共服务等职能，完善国有文化资产管理体制和职责明确、反应灵敏、运转有序、统一高效的宏观调控体系。

（新华社记者周玮整理）

努力让老百姓"看得上病""看得起病""看得好病"

——访卫生部党组书记、副部长张茅

自医改启动一年多来，卫生部党组书记、副部长张茅五赴陕西省子长县考察调研。

在日前的访谈中，记者问道："究竟是什么吸引您数次去子长？"

"是子长县切实的医改举措吸引了我。政府主导，让公立医院回归公益轨道，让医务人员看病有积极性，让老百姓有能力就医。"张茅说，这也是我国"十一五"期间启动的深化医改

卫生部党组书记、副部长张茅。　　（新华社发）

的"正道"，是"十二五"卫生事业继续奋斗的目标。

"十一五"目标能完成 "十二五"因病返贫将大幅减少

记者："十一五"规划即将结束，请问我国卫生事业各项任务完成情况如何？您认为这期间卫生事业最突出的成就是什么？

张茅：从现在看，"十一五"规划当中所提出的卫生事业目标能够完成。我国人均预期寿命达到73岁，孕产妇死亡率从47.7/10万下降到31.9/10万，婴幼儿死亡率从19‰降到13.8‰，这说明人民的健康水平有了明显提高。

"十一五"期间卫生事业发展的一个重要标志是开始了新一轮医药卫生体制改革，目前来看开局良好、进展顺利，预计能够完成近三年的医改目标任务。

记者：那么您预计"看病难、看病贵"问题在"十二五"期间能够有多大程度的缓解？医改的任务表中哪些会让百姓有所期待？

张茅："看病难、看病贵"是这次医改要逐步缓解的一个困扰群众的大问题，"十二五"期间我们将继续努力解决这一问题：

进一步推进基本公共卫生服务逐步均等化，2011年人均公共卫生费用将从15元增加到20元，同时扩大基本公共卫生服务范围，使群众少得病。

进一步加强基层医疗卫生服务体系，使患病群众能够得到及时治疗，缓解"看病难"。"十一五"期间政府投入500多亿元，对县、乡、村的医疗卫生机构进行建设，硬件设施有了比较大的提高，现在重点要解决人才短缺问题。

通过提高医疗保障水平和推行国家基本药物制度来缓解"看病贵"。努力提高新农合报销比例；2011年3月底以前在60%政府办的医疗机构实行基本药物制度。

到"十二五"末，群众一是会感受到我们的疾病预防、健康管理和健康知识普及工作大大加强；二是得了病以后看病更方便，无论在基层还是在大医院；三是看病能负担得起，群众因病致贫、因病返贫的情况将大幅度减少，国民健康水平能够有一个明显提高。

四项措施吸引人才"下沉" 非公医院
人才将"一视同仁"

记者：您刚才提到基层目前最缺的是人才，请问"十二五"期间将有哪些激励机制和政策使全科医生能够安心在基层工作？

张茅：人才问题确实是深化医改、提高医疗服务水平的瓶颈，也可以说是"短板"。卫生部已制定了中长期人才发展规划，主要有以下几方面内容：

一是加强教育系统对基层医疗卫生人才的培养，比如定向为基层培养医疗服务人才，2010 年已经免费招生 5000 名。

二是岗位培训，给基层在岗医务人员多提供培训的机会，使他们成为合格的医生，特别是合格的全科医生，当然还包括中医。

三是加强大医院对基层的支持，鼓励大医院对口支援县医院，鼓励大医院的医生到基层服务，县医院的医生到大医院培训，支持和开展远程会诊。

四是制定吸引全科医生到基层服务的待遇和政策。比如最近正在研究实施的乡镇卫生院周转房建设等。既要培养人才，又要制定人才"留得住""用得上"的机制。我们调研时很高兴地看到基层已经有越来越多的受过高等教育的年轻医生。

记者：非公医院的人才培养和引进，如职称评定等方面也存在困难，请问非公医院的人才政策是否会有突破？

张茅：最近国务院医改办正在牵头制定吸引社会资本进入医疗卫生领域的文件，文件中规定，无论在设备、进入医保、人才吸引还是职称评定方面，都要对非公有制医院一视同仁。

现在看来非常有必要鼓励民间资本办医院，它可以满足多层次医疗卫生需要，是对医疗资源的一种补充。因此，需要落实政策，为非公立医院发展创造良好环境，使非公医院的医务人员在职称的评定、晋升、培训方面享受和公立医院同样的机会。

医疗费用个人负担比例下降　新农合保障水平将提高

记者：您如何评价现在卫生投入的情况？您认为政府、社会和个人负担医疗费用有没有一个理想的比例？"十二五"期间个人负担比例预期下降多少？

张茅：加大卫生投入是医改当中的一个重要内容，也是坚持基本医疗卫生事业公益性的一个重要方面。在深化医改文件中规定，三年政府要新增投入8500亿元。据了解，到现在为止，政府已经投入5000亿元。应该说，这两年政府的投入力度是空前的，也解决了一些过去多年没有解决的问题，特别是基层医疗卫生机构的建设。

加大政府投入应该减少群众看病就医的负担，从目前看，"十一五"期间，政府、社会、个人三者负担的医疗费用比例已经发生变化，政府的投入从17%增加到2009年的27%以上，社会投入从29%增加到34%左右，个人支付比例从最高的52%降到38%。

从国际比较来看，个人负担一般比较合理的水平是在30%以下，政府和社会负担达到70%以上。我们也希望保持个人负担比例下降的趋势，如果在"十二五"末能够达到30%甚至30%以下，对解决群众"看病贵"的问题可能会有一个更加明显的效果，当然这还要靠政府和社会共同努力。

个人负担逐步减轻是一个逐渐的过程，一方面要提高我们保障的水平，另一方面还要通过加强医院内部管理控制合理医疗费用。

记者：关于参加新农合的农民工异地看病报销问题，请问什么时候能够异地结算，报销比例何时能和在家里看病一样？

张茅：我们正在和相关部门研究推行异地报销、即时结算等措施。2011年推行公立医院改革的措施当中，就有一条是要求一部分地区做到异地结算、即时报销。"十二五"期间应该能够逐步解决异地结算的问题。

"十二五"期间要提高新农合保障水平，政府和个人都要增加投入，争取提高报销比例和范围，相关政策也正在研究过程中。

关于报销比例，一般的规定是在基层报销比例比较高，在大医院比较低，这其中有分流病人的需要，我们也鼓励农民工进城以后可以在社区卫生服务中心就医，这样报销的比例比在大医院看病要高，享受城市居民的报销比例。总之，我们还将进一步研究解决办法，解决流动人口看病不方便的问题。

部分改革试点举措将全面推进　决不姑息医疗商业贿赂

记者：公立医院改革是难点也是重点？请问公立医院改革试点有哪些突破口？下一步公立医院改革将推行哪些措施？

张茅：公立医院改革涉及的方面比较多，需要一个实践探索的过程。目前各地试点主要在区域卫生规划、大医院支援基层、加强医院内部管理等方面进行了探索和实践。

其中有些措施在2011年全面推进，如加强医院管理方面的优质服务，从预约门诊到无假日医院、延长诊治时间、优质护理工程、即时结算等。加强县医院改革，支持基层的一些工作已经在做，还要进一步做好，这些措施在2011年也将会有一个比较大的推进步伐。

记者：医务人员收受药品回扣的报道屡见报端，您认为出现这个问题的根源在哪里？对此将采取哪些措施？

张茅：广大医务人员对社会作出了很大奉献，这是不可否认的，但也出现了大处方、医务人员接受回扣的现象。尽管出现这一问题有很多原因，但

并不表明医务人员的这种不良作风就有存在的合理性。

回扣是属于商业贿赂，没有理由来助长和容忍这些现象，对这类行为要严格规章制度，严肃查处。深层次的问题还要通过改革逐步建立一些新的制度，比如支付制度改革对于大处方就是一个很好的制约，还要加强医院的管理等。我们要从各个方面治理、整顿这些问题，进行医德医风的教育。我认为，要宣传医务人员的正面形象，同时要支持媒体对不良行为进行舆论监督，作为卫生行政主管部门，我们决不姑息这些不良现象，针对最近曝光的一些问题，我们也在督促地方部门进行查处。

（新华社北京 2010 年 11 月 30 日电，记者周婷玉）

【背景介绍】

《关于深化医药卫生体制改革的意见》诞生过程

千呼万唤始出来——历经近 3 年时间"长跑"后，备受社会关注的《关于深化医药卫生体制改革的意见》于 2009 年 4 月 6 日终于出台，并由此拉开了我国新一轮医改的大幕。

在 2008 年、2009 年连续两年的全国卫生工作会上，"新医改方案将于近期出台"这样的消息都成为记者抢发的新闻。2009 年两会前后类似的报道更是频繁见诸报端，而且每次都会引起社会关注和热议。

改革开放以来，我国医药卫生事业取得了显著成就，但是与经济社会协调发展要求和人民群众健康需求还有不相适应的地方，人民群众对"看病难、看病贵"反映强烈。

为解决"看病难、看病贵"问题，2006 年 6 月，一个由国家发展改革委和卫生部牵头，十多个部门参加的深化医药卫生体制改革部际协调工作小组成立，标志着新医改方案研究制定工作的正式启动。

医改千头万绪，摸清实情、了解民意、找准问题方能使医药卫生体制改革对症下药。

工作小组成立后立即高效运转，有计划、分阶段积极有序开展工作。围绕医疗机构管理和运行机制、卫生投入、医疗保障以及药品生产流通四个专题，组织多个调研小组分别由发改委、卫生、财政、人保部门领导亲自带队，深入基层，开展了大量调查研究。

从东南沿海到大漠边疆，从城市大医院到村卫生室……几乎所有的省份都留下了工作小组的足迹。

与此同时，医改工作小组广开言路，问计于民，在发展改革委网站上专门设置"我为医改建言献策"栏目，听取社会各界对医改的意见和建议。在这个网站上，至今保留着5000多条网民建议。一条条意见和建议，饱含着广大群众的诉求和殷切期待。

2007年2月，工作小组还委托世界银行、世界卫生组织、国务院发展研究中心、北京大学、复旦大学、麦肯锡（中国）公司和北京师范大学7家国内外机构开展"中国医药卫生体制改革总体思路和框架设计"的独立平行研究。中国人民大学、清华大学也提出了各自的医改方案建议。工作小组办公室还收到来自多个民间机构的医改方案建议。

2007年10月中下旬，工作小组先后在南昌、天津召开地方政府座谈会，分别召集南方16个省份（区、市）和北方15个省份（区、市）政府分管领导及发改委、卫生、财政等部门负责人就医改进行讨论；还多次召开医院院长、专家学者等座谈会，听取对征求意见稿的意见。

与会的北京大学第一医院院长刘玉村说，"我提交了一份详细的书面建议，其中关于加强县级医院建设等建议在医改意见中都得到了体现。"

一次次的座谈，一次次的讨论，一次次的修改，随着认识不断深化、共

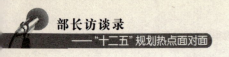

识不断扩大、难点不断攻克、分歧不断解决，医改意见框架逐渐明晰……

2008年10月14日，《关于深化医药卫生体制改革的意见（征求意见稿）》全文公布，公开向全社会征求意见。一个月内就收到了来自各界的约3.6万条建议和意见。不少真知灼见，被吸纳进医改意见中。

至此，医改意见已经是正式出的第16稿。为增强医改意见的可操作性，国务院领导决定同步制定近期五项改革重点实施方案，明确了三年各级政府共需要投入8500亿元用于医改和医改时间表，增强了方案的可操作性，表明了中央推进医改的坚定决心。

医改意见的起草制订，是汇集民智的过程，也是观点交锋的过程。

政府主导还是市场化成为争论的焦点之一，一方提出政府应建立全民健康保障体系，而医疗服务则由市场竞争来完成；与之相对立的是，在医疗保障体系和医疗服务体系上都应强化政府的责任和投入，保障人民健康是政府职能。

2007年3月，工作小组决定委托国内外机构开展医改的平行独立研究。随着各平行研究报告的出台，各方观点的分歧进一步公开，争论的一个核心问题是：政府投入究竟是直接资助医疗机构（补供方）还是补贴给消费者购买医疗保险（补需方）？

卫生部政策法规司司长刘新明说，独立平行研究的每一个报告都作出了贡献，医改意见的起草充分吸纳了各方的建议，各方的争论都旨在成就一份能符合中国国情的改革方案。

灯不拨不亮，理不辩不明。经历无数次的交锋后，认识在争论中得到深化，各方逐渐形成了共识。一个符合国情和卫生发展规律、符合科学发展观要求的医改意见终于诞生。

2009年4月6日，《关于深化医药卫生体制改革的意见》和《关于医药卫生体制改革近期重点实施方案（2009—2011年）》正式出台，这是我国医药卫生体制改革史上具有里程碑意义的重要文件。它不仅系统提出了建设覆盖全民的基本医疗卫生制度的宏伟蓝图，而且清晰地勾勒出逐步实现人人享有基本医疗卫生服务的路线图，明确了今后三年推进五项重点改革，保障群众看病就医的基本需求，明显缓解群众"看病难、看病贵"问题，促进人人享有基本医疗卫生服务的目标。

（新华社记者周婷玉）

【深度解读】

关于"看病难、看病贵"

"生不起，剖腹一刀五千几；病不起，药费让人脱层皮……"近年流传的这些顺口溜是老百姓"看病难、看病贵"的形象反映，也是留给政府的一道"民生考题"。

具体来讲，"看病难"主要表现在宏观服务提供和利用上：一是医疗卫生的资源总量明显不足。虽然我们国家的医疗卫生事业取得了快速发展，但是从目前的情况来看，从每万人医生数、床位数，与国际上相比，我们还是明显偏低的。2009年年底，各级各类医疗卫生机构91.7万所，医院床位数441.7万张，专业卫生技术人员553.5万人。

二是布局方面，公立医院总体布局不合理，条块分割、交叉重叠严重，城乡、区域发展严重不平衡，基层服务能力薄弱；优质资源过度集中在大城市，大城市又是中心区。全国80%的医疗资源集中在大城市，其中30%又集中在大医院。

三是结构方面，部分服务领域，如儿科、老年护理、康复、精神等比较紧缺或薄弱。如北京专科儿童医院只有两家，北京儿童医院的年门诊量高达二三百万人次，最高日门诊量曾达到近万人次。

"看病贵"的主要表现：一是医疗费用上涨过快，据统计，近20多年来，我国城乡居民可支配收入增长 20 倍左右，但所负担的医疗费用却增长了 130 多倍，导致我国居民"因病致贫、因病返贫"问题日渐显现。

二是医疗保障体系不健全，医疗保障覆盖面窄，保障水平低，个人支付的比例高。2005 年个人支付占卫生总费用比例曾达到 52%，2009 年这一比例降为 38%。尽管比例有所下降，但群众看病负担仍然较重，世界卫生组织研究表明，一个国家卫生总费用中个人支出比重降低到 15%—20%，才能基本解决"因病致贫"、"因病返贫"。

看病贵形成的原因也比较多。一是随着经济社会的发展，群众看病就医的需求进一步增多，新技术、新药品更多地使用。二是我们国家进入老龄化，六十岁以上的人口有 1.6 亿，慢性病增加。三是由于政府投入不足和以药补医机制，导致医院逐利，也有一些医生过度依赖和相信新的技术、新的药物，导致过度医疗、过度检查、开大药方的现象。

2009 年 4 月，我国出台了《关于深化医药卫生体制改革的意见》和《医药卫生体制改革近期重点实施方案（2009—2011 年）》，三年内投入 8500 亿元推进五项医改重点工作。这笔巨额投入表明了政府着力解决老百姓看病难题的决心。但这个"大蛋糕"将如何分配呢？

据财政部部长谢旭人介绍，2009 年、2010 年两年新增的医药卫生投入，主要用于建立基本医疗保障制度，加强公共卫生服务，加强农村卫生以及城市社区卫生等方面。

2009 年，全国财政医疗卫生支出安排 3994 亿元，其中中央财政支出 1273 亿元。重点支出包括：645 亿元用于推进基本医疗保障制度建设，246 亿元用于实施基本和重大公共卫生服务项目，217 亿元用于支持基层医疗卫生机构建设。

2010 年，全国财政医疗卫生支出预算安排 4439 亿元。其中中央财政 1389 亿元，截至 11 月底，已经累计拨付 1217 亿元，主要支出的项目是：推进基本医疗保障制度建设 556 亿元，支持基层医疗卫生机构实施基本药物制度"以奖代补"资金 10 亿元，支持实施基本和重大公共卫生服务项目 303

亿元，支持城乡基层医疗卫生机构建设 316.5 亿元，推进公立医院改革试点 3.2 亿元，支持地方开展医疗培训等方面 3 亿元。

关于深化医改的五项任务
加快推进基本医疗保障制度建设

全民医保是医改提出的重要目标，旨在减轻群众个人支付的医药费用负担。根据《医药卫生体制改革近期重点实施方案（2009—2011 年）》中的要求，近两年我国将不断扩大基本医疗保障覆盖面，提高基本医疗保障水平，规范基本医疗保障基金管理，完善城乡医疗救助制度等。

2009 年在全国范围内推广城镇居民医保，将在校大学生纳入城镇居民医保范围。中央投入 509 亿元，解决了历史遗留的 600 多万关闭破产国有企业退休人员参保问题，同时统筹解决了 200 多万其他关闭破产企业退休人员和困难企业职工参保问题。4573 万农民工也已纳入城镇职工医保范围。截至 10 月底，城镇职工和城镇居民医保参保人数增加到 4.24 亿人；新农合参合率持续稳定在 90% 以上，参合人数达到 8.35 亿人。

保障水平也在不断提高，保障范围从重点保大病逐步向门诊小病延伸。2010 年，将各级政府对新农合和城镇居民医保补助标准提高到每人每年不低于 120 元，城镇职工医保、城镇居民医保和新农合最高支付限额普遍提高到当地职工年平均工资、居民可支配收入和农民人均纯收入的 6 倍左右，多数地区政策范围内住院费用报销比例分别达到 75% 和 60%。超过 50% 的统筹地区开展了城镇居民医保和新农合门诊统筹，泰州、珠海等地还对城镇职工医保门诊统筹进行了积极探索。

城乡救助制度不断完善，救助对象从五保、低保对象扩大到其他特殊困难群体，在住院救助的基础上兼顾门诊。2010 年中央财政用于城乡医疗救助的资金达到 110 亿元，比 2008 年翻了一番。截至 9 月底，2010 年已累计资

助 4912 万人参保参合，直接救助 1026 万人次。

2010 年 6 月还启动了提高农村儿童先天性心脏病、白血病等重大疾病保障水平试点工作，尽力为不幸儿童和家庭提供帮助，已保障 2300 多名农村儿童患者得到及时救治。

提高经办管理和服务水平，方便群众就医结算。大力推广"一卡通"等办法，90.6% 的城镇基本医疗保险统筹地区实现了医疗费用即时结算；89.1% 的新农合统筹地区首先实现县域内医疗费用的即时结算，并分别有 1/2 和 1/3 的统筹地区实现了地市级和省级医疗费用即时结算。出台跨制度、跨地区医保关系转移接续办法及经办流程，改进以异地安置退休人员为重点的医保异地就医结算服务，长三角等地区建立了异地就医区域协作机制，广受关注的医保关系转移接续和异地就医结算问题正逐步解决。天津、重庆、宁夏等地区在提高基本医保统筹层次、城乡统筹等方面进行了积极探索。湛江、洛阳等地还探索委托商业健康保险公司经办基本医保业务，提高服务效率。

初步建立国家基本药物制度

基本药物制度是本次医改提出的一项新制度，旨在保障基层用药的安全有效和方便可及，减轻群众用药负担。近两年我国稳步推进国家基本药物制度实施，取得初步成效。

一是明确制度的政策框架和实施步骤。出台了制度实施意见和工作方案，从药物遴选、采购、配备使用以及医保报销等各个环节进行了整体设计，明确基本药物制度首先在基层实施。

二是逐项细化和落实关键环节。经过反复论证、专家遴选，发布《2009 版国家基本药物目录（基层版）》，针对基层常见病、多发病确定 307 种基本药物，同时考虑到地区差异和群众用药习惯，允许各省（区、市）合理增补部分药物，已有 14 个省（区、市）公布了增补品种。出台国家基本药物政府

江西丰城市北港村村民展示新农合证。　　　　　　　　　　　　（卫生部办公厅提供）

指导价格。推广基本药物临床应用指南和处方集，66%的县（市、区）开展了相关培训，指导基层医疗卫生机构合理使用基本药物。调整医保报销目录，将基本药物全部纳入医保报销范围，报销比例明显高于非基本药物。同时，进一步提高国家基本药物质量标准，在全国范围内开展了基本药物全品种覆盖抽验。在实现30%的政府办基层医疗卫生机构实施基本药物制度的基础上，各省（区、市）按2010年度覆盖面扩大到60%的要求稳步推进。截至目前，全国已有26006个政府办乡镇卫生院和社区卫生服务机构实施了基本药物制度，占总数的51%。安徽、江西、陕西等地率先在全省范围内推开。零差率销售后的基本药物价格平均下降30%左右。

三是以基本药物制度实施为突破口，配套推进基层医疗卫生机构综合改革，主要包括定编定岗、绩效考核、多渠道补偿、人事分配等体制机制改革。2010年1月，在安徽召开现场经验交流会，推广基层综合改革经验。截至2010年9月底，已有26个省（区、市）出台了基层医疗卫生机构补偿办法，20个省（区、市）完成了基层医疗卫生机构人员编制标准的核定，超过50%的基层医疗卫生机构实行了岗位聘用，除西藏外的所有省（区、市）均已完成公共卫生与基层医疗卫生事业单位绩效工资实施意见备案，绩效工资正逐步兑现到位。绝大多数基层医疗卫生机构出现门诊次均费用下降、住院日均费用下降、门诊人次上升的"两降一升"势头，群众基层就医负担开始减轻，新的运行机制正逐步形成。

健全基层医疗卫生服务体系

基层医疗卫生机构是我国医疗卫生服务体系的薄弱环节，农村医疗卫生资源不足的问题尤为突出。基层服务能力不强，原本可以在基层治疗的小病也要到大医院看，加剧了看病难、看病贵。深化医改把强基层作为改革着力点，在硬件和软件建设方面切实加大了建设力度。

一是以农村和基层为重点，加强医疗卫生机构标准化建设，发挥县级医院在农村三级医疗卫生服务网络中的龙头作用。2009年、2010年，国家发展改革委累计安排资金400亿元，支持1877所县级医院、5169所中心乡镇卫生院、2382所城市社区卫生服务中心和11250所边远地区村卫生室建设，财政部还安排130多亿元用于县乡村三级医疗卫生机构的设备购置，极大改善了城乡基层医疗卫生服务条件，医改实施方案预定的建设任务将提前基本完成。

二是加强以全科医生为重点的基层医疗卫生队伍建设。为缓解全科医生不足这一制约基层医疗服务质量的瓶颈，出台了以全科医生为重点的基层医疗卫生队伍建设规划，三年内通过转岗培训、订单定向培养等多种方式为基层培养6万名全科医生。目前，面向中西部乡镇卫生院订单定向培养的5000名免费医学生已正式入学，支持乡镇卫生院招聘执业医师2万余名，在岗培训乡镇卫生院、村卫生室和社区卫生服务机构工作人员近300万人次。

三是突出基本医疗和公共卫生服务，转变基层医疗卫生机构运行机制。明确基层医疗卫生机构的功能定位和建设标准，引导基层将服务重心逐步转移到常见病、多发病的诊疗和居民健康管理上来，努力使城乡居民不出乡镇、不出社区就能享受到方便、有效、价廉的基本医疗卫生服务。

促进基本公共卫生服务逐步均等化

公共卫生服务是基本医疗卫生制度的重要内容，大力推进卫生发展模式的转变，努力使群众不生病、少生病。

2009年开始面向城乡全体居民免费提供包括健康档案管理在内的9类基本公共卫生服务，目前分别有36%的城镇居民和24%的农村居民拥有了健康档案，超过3299万高血压、糖尿病等慢性病患者得到了规范管理。为保障各项服务的开展，建立了基本公共卫生服务经费保障机制，2009年开始按照人均不低于15元的标准落实经费，2010年全国平均达到17.5元，2011年将提高到不低于20元。浙江、上海等地还进一步提高人均基本公共卫生服务经费标准，拓展服务的深度和范围。

实施重大公共卫生服务。针对严重威胁群众健康的重大疾病，在做好现有结核病、血吸虫病等疾病防治项目基础上，启动实施15岁以下人群乙肝疫苗补种等7项重大公共卫生服务项目。截至2010年9月底，全国15岁以下人群补种乙肝疫苗4154万人，分别有458万、75万、862万农村适龄妇女得到免费宫颈癌、乳腺癌检查和免费增补叶酸，对农村孕产妇进行住院分娩补助1332万人，帮助贫困白内障患者实施手术46万人，建设农村无害卫生厕所557万座，完成燃煤污染型氟中毒病区改炉改灶87万户，对73%的检出感

染艾滋病病毒孕产妇实施了艾滋病母婴传播阻断。这些重大公共卫生服务项目免费向群众提供，将有效提高居民的健康水平。

进一步加强公共卫生服务能力。2010年开始，启动实施了精神卫生专业机构建设规划，安排中央投资20亿元支持了110所省、市、县级精神卫生防治机构建设，并安排了11亿元配备相应的设备。下一步还将支持卫生监督等专业公共卫生机构建设。

推进公立医院改革试点

公立医院改革是医改的重点和难点，2010年2月卫生部等五部委联合印发《关于公立医院改革试点的指导意见》，确定了上海、镇江、鞍山等16个国家重点联系的公立医院改革试点城市，各地还结合实际自主选定了31个省级试点城市开展试点，围绕上下联动、内增活力、外加推力的原则要求，积极开展体制机制创新。同时，及时总结推广一批行之有效的办法，扩大改革受益面。

一是推进建立公立医院和基层医疗卫生机构分工协作机制。通过对口支援、分级诊疗等多种方式，使公立医院有更多的精力攻难关、上水平，使基层有更强的能力保基本、治小病。继续实施万名医师支援农村卫生项目，组织城市医院医务人员到县级医院和乡镇卫生院开展医疗服务和技术指导。目前，包括军队医院在内的1100个三级医院与2139个县医院建立了长期对口协作关系，上海、北京等东部9省市与西部8省区市和新疆生产建设兵团建立省际对口支援关系。卫生部领导蹲点陕西子长县指导县医院改革，并在子长县召开全国现场会推动县级公立医院改革。

二是创新公立医院内部管理机制。以病人为中心优化诊疗流程，规范医疗行为，改善群众就医环境和感受，调动医务人员积极性。目前，23个省（区、市）的110家医院开展了112个常见病种的临床路径管理试点，900多家医院开展了优质护理服务示范工程，近100家医院开展了电子病历试点，1200所三级医院实行预约诊疗和分时段就诊，缩短看病就医等候时间。上海等地启动实施住院医师规范化培训，5个省市开展了注册医师多点执业的试点。

三是积极开展公立医院管办分开、政事分开、医药分开、建立法人治理结构和完善补偿机制等改革探索，开展不同模式的试点。

四是加快形成多元办医格局。试点城市制定完善区域卫生规划，优化公立医院布局结构，促进卫生资源合理配置。为了鼓励和引导社会办医，近日国务院办公厅转发了国家发展改革委、卫生部等五部门《关于进一步鼓励和引导社会资本举

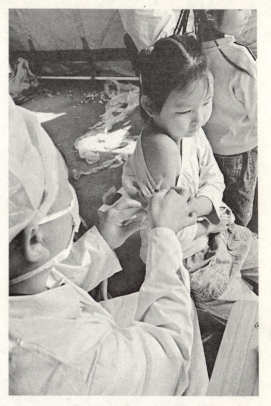

一位医生在给儿童注射疫苗。2010年我国扩大国家计划免疫范围，计划免疫已覆盖15种疾病。（卫生部办公厅提供）

办医疗机构的意见》，着力消除阻碍非公立医疗机构发展的政策障碍，确保非公立医疗机构在准入、执业、发展等方面与公立医疗机构一视同仁、同等待遇，促进公立医疗机构和非公立医疗机构共同发展。

（新华社记者周婷玉）

"让百姓满意是我最大的自豪"

——访交通运输部部长李盛霖

交通运输部部长李盛霖作为我国交通运输行业的"掌门人"，正是"十一五"的关键五年。这五年，奥运保障、60周年大庆、地震、冰灾等件件大事难事，考验着交通运输保障的服务能力，李盛霖在任上可谓殚精竭虑。他如何看待他主政的五年交通发展？他有怎样的自豪，又有怎样的遗憾？对未来的中国交通发展，他在勾画着怎样的蓝图？记者围绕以上问题专访了李盛霖。

交通运输部党组书记、部长李盛霖。

（交通运输部提供）

历史上发展最快的五年

记者：将要过去的"十一五"五年是您在交通运输部主政的关键五年，

125

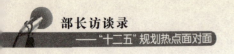
您怎样看待这五年的交通发展?

李盛霖: "十一五"是我国历史上交通基础设施建设发展速度最快、成效最大的五年。数据为例:

投资:预计全社会五年共完成交通建设投资 4.5 万亿元,是"十五"时期的 2 倍多。

公路:预计到 2010 年年底,全国公路网总里程达到 395 万公里,五年新增 60.5 万公里;其中,高速公路通车总里程达到 7.3 万公里,五年新增 3.2 万公里。"7918"国家高速公路网建成 70% 以上,国家高速公路网骨架基本形成。

水路:建设规模和发展速度创造了历史最高水平。内河水运建设五年总投资预计为 1000 亿元,超过新中国成立至"十五"末的投资总额;全国沿海港口深水泊位预计年末达 1783 个,五年新增 670 个;沿海港口通过能力预计达 55.1 亿吨,五年新增 30 亿吨;内河航道里程预计达 12.3 万公里,五年新增及改善航道里程 5700 公里,其中三级及以上航道 2700 公里。

民航:全国运输航班机场达到 176 个,五年新增 34 个。

邮政:全国邮路总长度达到 380 万公里,五年新增 40 万公里。邮政行业业务总量完成 1975 亿元,同比增长 21%。

记者: 您上任伊始,就提出了"三个服务"的主政理念,对我国交通运输从重建设到重服务的转型具有很强的实际针对性。至今五年过去,取得了怎样的效果?

李盛霖: 我 2005 年年底到交通部任职。过去,交通行业大多扮演"建设者"的角色,如何充分体现"服务"的本质属性? 2006 年年初,交通运输部党组提出了"服务国民经济和社会发展全局,服务社会主义新农村建设,服务人民群众安全便捷出行"的交通发展的理念。在"三个服务"指导下,我国现代运输组织形式快速发展,不断满足了日益增长的普遍性、高品质、个性化的客货运输需求。

统计数据显示:2010 年全国公路客货运量将完成 300 亿人次和 220 亿吨,

分别是 2005 年的 1.8 倍和 1.6 倍；沿海港口货物吞吐量完成 61 亿吨，是五年前的 1.8 倍，港口和集装箱吞吐量连续 7 年保持世界第一；内河货运量完成 17 亿吨，是 2005 年的 1.6 倍；民航客货运量完成 2.66 亿人次和 500 万吨，分别是 2005 年的 1.9 倍和 1.6 倍。其中，旅客吞吐量千万级以上的机场数量翻番，达到 14 个，首都机场客运和浦东机场货运分别进入世界前 3 名。在抗击 2008 年年初南方雨雪冰冻、汶川特大地震、玉树地震、舟曲特大泥石流等一系列特大自然灾害中，交通为保障救援人员和物资的运输发挥出重要作用，经受住了考验。

百姓满意是我最大的自豪

记者：回首五年，让您自豪的是什么？

李盛霖：我出身于农家，来自百姓堆儿中。让百姓满意，是我最大的自豪。这种自豪鲜明地体现在农村公路的建设上。我小时候去外婆家要过一条河，河上只有一根木头当桥，我顺着木头爬过去，心里很害怕。"要想富，先修路"，在农村更是如此。路不通，发展就更谈不上了。农民没有路，就进不了市场；农村没有路，就奔不了小康。我 2005 年 12 月 26 日刚到交通部上班，过了几天，中央下发一号文件，确定了农村公路"村村通"的建设目标。农村公路五年投资规模年均增长 30%，全国农村公路通车里程到 2010 年年底将达到 345 万公里，五年新增通车里程 53.5 万公里。其中，东、中部地区 94% 的建制村通了沥青（水泥）路，西部 98% 的建制村通了公路，"十一五"时期的目标和任务全面完成。广大农民在家门口就有路走，有车坐。自行车、摩托车、农用机动三轮车和小型货车走进千家万户农家。农村面貌改变了，农民收入增加了，"村村通"成为广大百姓最欢迎的"德政工程"。

没通农村公路的村怎么办？这是广大农民很关心的问题。按照交通运输部的初步规划，"十二五"国家对农村公路建设的投资总量不会低于

"十一五"，将按照"突出重点、巩固成果、政府主导、协调发展"的原则来发展，农村公路养护将放在重要位置，确保已经修了的农村公路不被毁掉。农村公路的安全设施也要有保障。

记者：您每年大年初一，都慰问水上一线交通安全人员，这五年，水上交通安全监管和救助能力得到显著提升，交通部门为此作了哪些努力？

李盛霖：水上交通安全可说是我心头压力最大的事，这五年，中国海上搜救中心成功组织救助起遇险人员97367人，平均一年救助超过19000人，救助成功率达到96.3%。全国共设置了20个直属海事机构，112个分支机构，承担起水上安全监管工作。海事管理的雷达信号已基本覆盖我国重要港口和交通繁忙水域，基本覆盖全球的中国船舶远程识别与跟踪系统已建成并投入使用；国家五年对救捞共投入55亿元，救捞系统迎来历史上最快的发展时期。目前，救捞系统拥有各类救助船舶70多艘、120艘打捞船舶和21架救助飞机，海上有人遇险，救捞队伍快速出动救人。如果没有以上这些机制，可以说，过去的五年，也就可能有近10万条鲜活的生命就被海浪吞没了。这些被救的人，主要是渔民和船员，是生活在最基层的老百姓，他们获救后连呼"共产党万岁！"这是党播撒在海上的"德政工程"，是由一件令我身为交通运输部部长而感到自豪的工作。

记者：取消收费站是持续了多年的难点问题，在这五年里取得了关键进展。这项措施目前进展如何？未来将会有一个怎么样的发展？

李盛霖：我们按照国务院实施成品油价格与税费改革的总体要求，认真组织实施了逐步有序取消政府还贷二级公路收费的改革工作。截至目前，全国已有17个省份全部取消了政府还贷二级公路收费，共撤销收费站点1723个，涉及公路里程9万多公里。改革涉及的人员有40多万，到目前有近80%的人员已经得到了妥善安置。在这项改革中，交通运输职工作出了奉献，经受住了考验。

在这个基础上，我们还在逐步推进路网结构的调整和优化。从长远来看，我们将通过各种各样的措施和办法在全国逐步地形成两个公路体系，一个是以高速公路为主体的收费公路体系，再一个是，逐步形成以普通公路为主体的不收费公路体系。这样，也就体现了我们公共服务的公平和效率。

满足人民群众新期待

记者： 我国还有一些经常拥堵的公路和水路路段，高速公路不高速、航班延误等问题是媒体关注的焦点。您怎样看待这些问题？

李盛霖： 交通建设虽然取得了巨大成就，但是仍然满足不了百姓便捷出行的需求，以上问题就是这种不适应的具体体现。据预测，到2020年，经济社会发展对交通运输总量的要求将是现在总量的两倍左右。汽车进入家庭趋势加快，百姓出行次数明显增加，对出行的安全性、舒适性、快捷性等都提出了更高要求。如何满足百姓的新期待？交通运输是保障和改善民生的重要领域，应继续作为"十二五"经济社会发展的优先领域和投资、政策倾斜的重点方向。按照"适度超前"的原则，继续加强交通运输基础设施建设，加快形成综合运输网络。

记者： 您觉得我国交通还有哪些硬骨头要啃？

李盛霖： 我国交通短缺的问题没有彻底解决，今后发展仍是交通人要啃的最大的"硬骨头"，资金保障是制约行业发展的最大难题。"十二五"交通建设资金需求巨大，筹资压力比以往更大。尤其是随着燃油税改革、逐步有序取消政府还贷二级公路收费、车购税税率降低等一系列政策调整，原有的公路融资平台受到较大影响，亟需创新融资方式，开拓融资渠道。

记者： 未来五年中国交通的发展方向是怎么样的？

李盛霖： 我国社会物流总成本占国内生产总值的18%，运输费用占国内生产总值超过9%，而发达国家这一比例分别是10%和6%左右；我国东、中、西部地区交通发展不平衡，运输效率不高，各种运输方式衔接不畅，以上问

题必须用推进综合运输体系建设作为抓手，把快速发展的各种单一的运输形式综合起来，优势才能互补。

经过改革开放 30 多年的建设，我国公路、铁路、民航、水运、管道单个运输方式都实现了跨越式发展。公路总里程居世界第二位，内河航运通航里程居世界第一，港口货物和集装箱吞吐量连续 7 年居世界第一，民航运输总周转量居世界第二，公路货运量居世界第一。这些为综合运输体系的建设打下了坚实基础。

党的十七大把加快发展综合运输体系作为一项战略任务，要求加快行政管理体制改革，形成权责一致、分工合理、决策科学、执行顺畅、监督有力的行政管理体制。"十二五"中，一要统筹规划衔接，建立综合运输规划体系；二要合理配置资源，调整优化通道资源，促进综合运输枢纽合理布局和各种运输方式优势互补，逐步实现各种运输方式"无缝衔接"；三要加强多式联运等综合运输政策和标准规范的研究制定和推广应用；四要推进综合运输管理和公共信息服务平台建设，逐步实现信息资源共享，提高管理效能和服务水平。

（新华社北京 2010 年 12 月 6 日电，记者林红梅）

【背景介绍】

来自基层农村的交通运输部部长李盛霖

李盛霖出生于江苏南通一个普通农民的家中，具有浓厚的百姓情结。少小时远离家门求学，因交通不便而受的艰难奔波之苦，一直深深地留在他的记忆中。他主政交通运输部时，正是国家"十一五"开局之年的前夕，他大力强调交通运输的"服务"本质属性，提出了"三个服务"的指导思想：服务好国民经济和社会发展，服务好社会主义新农村的建设，服务好人民群众的安全便捷出行。

在"三个服务"指导下，"十一五"期间，中国公路、水路、民航、邮政均迈上了新的台阶。尤其是2008年下半年以来，交通运输部门是中央应对国际金融危机，促进经济增长的扩大内需计划的主要行业之一，交通基础建设大幅加快。李盛霖把自己主政全国交通的五年政绩概括为"三个最"："十一五"时期成为新中国成立以来，交通运输发展最快，发展质量最好，服务水平提升最显著的时期之一。

一是在交通运输基础设施的建设方面，迈上一个新的台阶。高速公路2010年年底达到了73000公里。其中在"十一五"期间建设通车的有32000公里，占了整个高速公路总里程的44%，平均每年竣工通车6400公里，2010年达8000公里。

二是农村公路。"十一五"期间，国家对农村公路的投资年均增长30%。到"十一五"末期，全国有96%的乡镇能够通上水泥柏油路，东部和中部地区的94%的建制村通上了柏油路和水泥路，西部地区有98%的建制村通上了公路。西部大开发战略实施十年，"十一五"中，西部的公路水路交通建设的总投资约1.67万亿元，是新中国成立以后前50年投资总额的6.7倍。西部高速公路已经达到了18600公里，是十年前的7.4倍。农村公路的总里程已经达到了129万公里，是十年前的3.4倍。

三是按照"三个服务"的要求，交通运输部门的干部职工不断地强化了运输组织、运输服务，保障了煤炭、粮食、石油、铁矿石的运输。每年春运、"十一"黄金周以及其他节假日的客运、货运运输中，公路运输都承担了"挑大梁"并"兜底"的作用。2010年全国公路客运的完成量是2005年的1.8倍，货运是2005年的1.6倍。港口、散货和集装箱吞吐量我国连续七年保持了全世界第一的水平。内河货运量完成了17亿吨，是2005年的1.6倍，民航客

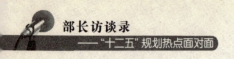

货运完成量分别是 2005 年的 1.9 和 1.6 倍。我国邮政业务的总量也比"十五"末期翻了一番。

尤其是在南方低温、雨雪冰冻灾害、汛期的洪涝灾害、汶川地震、玉树地震、甘肃舟曲的特大泥石流等突发事件中，交通运输部门都发挥了重要的生命线的作用。在北京奥运会、国庆 60 周年纪念活动、上海世博会、广州亚运会中，这些重大活动的运输和安全保证，交通运输部门都履行了重要的责任，圆满地完成了各项任务。

李盛霖现在最关心的事情，一是今后交通建设继续按照适度超前的原则大发展，进一步适应国民经济和社会发展的需求；二是综合交通运输体系的建设能有实质性的进展，取得突破，使交通运输能为百姓提供更便捷、安全、绿色、舒适的服务。

（新华社记者林红梅）

挑战极不寻常　成就历史少有

——访农业部部长韩长赋

"'米袋子'更满了，'菜篮子'更丰富了，农民的'钱袋子'更鼓了。"农业部部长韩长赋，不假思索地这样回答记者的提问。"十一五"期间农业和农村经济的种种变化，被他浓缩在这三个"更"中。

几天前的一个晴朗冬日，在北京东三环长虹桥边的农业部办公楼里，当回顾近五年来"三农"发展状况时，温文尔雅的韩长赋部长兴奋起来。从日益增多的挑战到粮食实现"七连增"，从如何增加农民收入到农民外出打工最关心些啥，韩长赋为记者徐徐道来。

农业部党组书记、部长韩长赋。
（新华社记者李涛摄）

133

国家支农力度大　农业发展形势好　农民得到实惠多

"'十一五'这五年，极不寻常、历史少有。"韩长赋简短地概括道。

为什么说极不寻常？

"各种自然灾害偏重发生、频繁发生、异常发生，国际农产品市场发生剧烈波动，国际金融危机爆发和不断扩散蔓延，农业农村经济面临空前挑战。"

为什么说历史少有？

"不仅没有出现历史上大灾之后大减产的现象，而且连年增粮增收，形势之好历史少有。中国之所以能沉着应对诸如汶川地震、国际金融危机、国际粮价飞涨等，就是因为农业连年丰收奠定了坚实基础。"

他掰着指头列举了引以为豪的成就：

粮食——连续5年增产，总产连续4年稳定在1万亿斤以上，这在历史上是从未有过的。"这是一个标志，标志着我国粮食综合生产能力稳定在1万亿斤水平。"他强调说。

"菜篮子"产品——生产快速增长，供应充足，品种丰富。无论超市还是农贸市场，一年四季，各种产品琳琅满目。肉蛋奶、水产品，还有蔬菜、茶叶、水果等，产量都是稳步增加的。

农民收入——前4年年均实际增长8.3%，2010年有望继续较快增长，预计超过前4年的平均。

……

我们被韩部长欣喜的情绪所感染。

"可以说，'十一五'时期是国家支农力度最大、农业发展形势最好、农村面貌变化最快、农民得到实惠最多的时期之一！"他说。

"七连增"为稳定经济大局发挥基础作用

2010 年全国粮食生产再创佳绩：连续第 7 年实现增产，是近半个世纪以来的头一次。

韩长赋感慨地说："成绩真是来之不易，是在严峻的自然灾害、异常波动的农产品市场、极其复杂的国际环境下取得的。"

近年来，中央出台了一系列扶持粮食生产的政策措施，成效非常明显：

——"减法"、"加法"、"乘法"一起做，调动了农民务农种粮的积极性。取消农业税，为农民减轻负担 1300 多亿元。建立补贴制度，资金由 2004 年的 145 亿元增加到 2010 年的 1345 亿元。实行重点粮食品种最低收购价，并不断提高最低收购价水平。出台重点农产品临时收储政策，多次启动玉米、稻谷、大豆等粮食作物临时收储。

——国家不仅支持粮食和农业生产的"普惠"政策优先考虑主产区，而且制定了支持主产区的"特惠"政策，安排专项投资用于产粮大县相关重大项目建设，对产粮大县实施奖励，奖励资金由 2005 年的 55 亿元增加到 2010 年的 180 亿元。

——在农业抗灾减灾和粮食生产的紧要关头，还及时出台针对性强、含金量高的政策措施，保证了抗灾夺丰收。这些政策充分调动了地方政府重农抓粮和农民务农种粮的积极性。

"粮食生产持续稳定发展，为稳定物价水平提供了有力支撑，为应对国际金融危机、保持国民经济平稳较快发展、促进社会和谐稳定奠定了坚实基础。"他评价道。

略微沉思了一下，韩长赋又接着说："吃饭问题任何时候都不能掉以轻心。今后粮食生产的挑战更大，但我们有条件、有信心确保粮食生产稳定发展。"

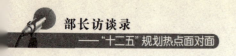

让农民的"钱袋子"鼓得更快一些

国家要粮，农民要钱。在实现粮食生产稳定发展的同时，"十一五"时期农民收入也实现了持续较快增长，一举扭转了本世纪初农民收入徘徊不前的困境。

韩长赋细数了农民收入的四大构成：农民家庭经营性收入、工资性收入、转移性收入、财产性收入，目前分别占49%、40%、7.7%、3.2%。

"这5年，从收入来源上看是基本面不断巩固，增长面不断提高，扶持面不断加强。"他说。

基本面上，农村经济全面发展，粮食等农产品生产连年丰收，支撑了农民家庭经营性收入增长。

增长面上，农村劳动力外出就业数量扩大，增加了农民的工资性收入。"十一五"期间，农村外出就业劳动力总量年均增长500万人以上。随着农村改革深入推进，农民财产性收入也在不断增长。

扶持面上，农民转移性收入不断增加。其中"四补贴"总额由2006年的309.5亿元增加到2010年的1345亿元。

韩长赋出身农家、当过农民，在他看来，目前农民增收的基础还比较薄弱，增收的渠道还比较缺乏，促进农民持续增收的长效机制也没有完全建立，城乡收入差距仍在继续拉大。

"2010年我们提出了'千方百计保持农民收入增长6%以上'的目标任务。围绕这个目标，既巩固农业内部增收基础，又拓宽农业外部增收渠道；既向市场要收入，又从政策上想办法。"他说。

帮农民工解决好最关心的五件事

"你知道农民外出打工最关心哪些事吗？"韩长赋问。

没等我们想出来，他接着回答说："依我看，他们最关心的有五件事：找到工作、拿到工资、工伤大病有保险、有地方住、子女能上学。"

韩长赋说，农民工问题是我国现代化过程中绕不过去、必须解决好的问题。解决好这个问题，首先就要了解农民工关心的问题、政府管理要解决的问题。

因此，他认为政府管理应主要着眼于如何提高农民的就业技能、加强就业服务，以及进城务工农民的权益如何得到保障、就业环境如何得到改善。

同时，既要考虑农民工如何有序进入城市生活，并逐步成为市民、完成城市化，也要考虑更广大的农村富余劳动力如何逐步、合理地转移出来，实现比较充分就业。

韩长赋提出，解决农民工问题的基本思路，重点应当把握三个原则：

一是坚持农民向工业、服务业转移就业，向城市有序流动迁徙的方向，打开城门，合理引导，逐步转移，有序进城。

二是坚持统筹城乡发展，采取综合措施，坚持两条腿走路。一方面大力发展现代农业，发展县域经济和农村二、三产业，让一部分农民就地转移；另一方面要改善农民工就业环境和待遇，让一部分农民进城务工，安居乐业。

三是立足当前，着眼长远，抓紧解决农民外出务工面临的现实突出问题，同时推动体制改革创新，从制度上解决农民工问题。

农业的根本出路在科技

"科技增产是个很大的亮点。我用两个 52％ 来说明。"韩长赋解释说，

"2010年全国农作物耕种收综合机械化率达到了52%、农业科技进步贡献率也超过了52%。这意味着我国农业生产方式开始进入机械作业为主的历史新阶段，也意味着科技正在成为农业发展的决定性力量。"

"10月份我到河北看秋收秋播时，定州一位叫黄志祥的农民说，2009年种玉米的时候，技术员告诉他，土地深松后庄稼会增产很多，老黄就想深松一下，可是他老伴怕花钱不同意。结果呢？黄志祥坚持深松了自家的地，秋收时他家玉米增产很多。村里好多人都看到他增产了，也打算深松翻地。"

韩长赋接着说："所以说，农民现在种田也很讲究科学，不能用老眼光看农民，把农民看成是不讲科学的代名词。"

他还用了几组数字来说明农业科技的巨大推动作用：2010年良种覆盖率达到96%以上，种子统供率达到66%；专业化统防统治是解决农村劳动力结构性短缺、提高农产品质量安全水平的有效途径。2010年粮食作物专业化统防统治率达到12%；4380个粮食万亩高产创建示范片平均亩产656公斤，比全国平均水平高出320多公斤。

"科技已经成为我国农业发展的决定性力量，农业的根本出路和希望也在科技。"韩长赋肯定地说。

针对"十二五"期间农业和农村经济将如何发展的问题，韩长赋提出，要把握一个重大任务——加快发展现代农业，在工业化、城镇化深入发展中同步推进农业现代化。为此，要突出一条主线——加快转变农业发展方式，调整优化结构；围绕两个目标——把保障国家粮食安全作为首要目标，把促进农民持续较快增收作为中心目标；提高三个能力——农业综合生产能力、抗风险能力、市场竞争能力；推进"四化"——农业生产经营专业化、标准化、规模化、集约化；强化五方面支撑——政策、科技、装备、人才、体制支撑。

（新华社北京2010年12月7日电，记者赵承、董峻）

【背景介绍】

"十一五"期间，中央坚持把"三农"工作作为全部工作的重中之重，不断完善强农惠农政策框架体系，加大"三农"投入力度，我国农业克服严重自然灾害影响和国际金融危机冲击，保持了持续稳定发展的良好势头。

"米袋子"充不充实，是农业需要解决的一个最大问题。韩长赋对五年间中央出台的强农惠农政策进行了回顾。他表示，从实施优质粮食产业工程到增加对粮食主产区的投入，从加快农业科研和技术推广到严格保护耕地，从加强农田水利和生态建设到坚持粮食最低收购价政策……一系列的好政策有效保护了农民发展农业生产的积极性，为我国粮食连续增产起到了至关重要的作用。

在 2007 年，我国就提前达到了"十一五"制订的粮食综合生产能力稳定在一万亿斤的目标，中国人成功地依靠自己的力量有效解决了 13 亿多人口的吃饭问题。

特别是 2010 年，粮食生产经受了春季西南地区历史罕见的特大旱灾、北方地区多年少有的持续低温，以及夏季局部地区严重洪涝灾害等极端天气的考验，全年粮食产量将再创历史新高，实现自 1958 年以来首次连续 7 年增产，连续 4 年保持在 1 万亿斤以上。

韩长赋说，粮食生产持续稳定发展，农业连年丰收，为保证食品供应、稳定物价水平提供了有力支撑，为应对国际金融危机、保持国民经济平稳较快发展、促进社会和谐稳定奠定了坚实基础。

城乡百姓的"菜篮子"也愈加丰盛，主要农产品供应充足。"十一五"期间，农业部门采取综合措施，进一步加大了农业生产扶持力度。

2009 年，全国肉类总产量 7642 万吨，水产品总产量 5116 万吨，蔬菜总产量 61824 万吨，分别比 2005 年增长 10.1％、11.7％和 9.5％，满足了城乡居民对农产品的多样化需求。

特别值得一提的是，农产品质量安全得到大幅度加强。"十一五"期间，

农业部在法制建设、执法监管、标准化生产等方面做了大量工作，取得了重要的进展和成效。

一是推进法制建设。农业部依法相继配套制定了一系列的部门规章和强制性生产质量控制技术规范。一个以国家法律法规为主体、部门规章规范相配套、地方性法规规章为补充的农产品质量安全法律法规体系基本建立，农产品质量安全已步入依法监管的轨道。

二是深入开展专项整治。针对部分地区和部分农产品质量安全存在的突出问题和风险隐患，农业部先后组织实施了农产品质量安全专项整治、"农产品质量安全整治暨执法年"等活动，有效遏制了重大农产品质量安全事件的发生，强有力地保障了农产品生产安全和消费安全。2006—2010年共查办制假售假案件17.22万起，为农民挽回直接经济损失55.66亿元。

三是强化执法监督监测。已建设全国性农产品质量安全研究中心和专业性检测中心36个、区域性农产品质量安全检测中心13个、省级综合性检测中心30个和县级农产品质检站936个，检验检测能力得到了全面加强和明显提升。针对全国大中城市消费安全的例行监测品种已包括6个大类产品101个品种、86项检测参数，监测范围覆盖全国138个大中城市。

四是扎实推行标准化生产。确立了以农兽药残留国家标准制定为重点的农产品质量安全标准体系建设原则，启动了"菜篮子"产品全国标准化生产创建活动，规划创建一大批园艺作物标准园、畜牧规模化标准化养殖小区和水产品健康养殖场，推动建立了一批"全地域整建制"的国家级农业标准化示范县。

"十一五"期间，农业和农村经济得到大发展，农民的腰包也鼓了起来。五年间，全国农民人均纯收入先后跨越了4000元、5000元大关，2009年达到5153元，年均实际增长8.3%，是改革开放以来最快的增长时期之一。

韩长赋介绍说，农民收入持续较快增长，是多种因素共同作用的结果。

一是农村经济全面发展，支撑了农民家庭经营性收入增长。2006—2009年，农业收入年均名义增长9.3%，对家庭经营收入增长的贡献率达到78.3%。

二是农村劳动力外出就业数量扩大，增加了农民的工资性收入。"十一五"期间，农村外出就业劳动力总量年均增长500万人以上。

三是国家出台的各项促进农民增收的政策措施，力度之大前所未有，增加了农民转移性收入。其中国家"四补贴"总额由2006年的309.5亿元增加到2010年的1335亿元。

四是随着以乡镇机构、农村义务教育和县乡财政管理体制改革为主要内容的农村综合改革和农村金融、征地制度改革等的深入推进，为农民增加财产性收入创造了条件。

五是农村养老、医疗、低保等农村社会事业加快发展，带动了农民养老金、报销医疗费等转移性收入快速增长，促进农民减负增收。

虽然"十一五"期间农民收入保持了持续快速增长态势，但农民增收的基础仍比较薄弱，增收的渠道仍比较缺乏，实现农民收入快速增长仍然存在一定困难。

针对农民增收存在的矛盾问题，韩长赋表示，"十二五"期间，我国将继续坚持"多予少取放活"方针，把增加农民收入作为推进科学发展、保障和改善民生的重大举措，开辟多元化的农民增收渠道。

（新华社记者张辛欣）

【深度解读】

"十一五"时期是我国农业农村经济发展史上极不平凡的五年。面对多发、频发的自然灾害和复杂多变的国内外宏观经济形势，党中央、国务院坚持把解决好"三农"问题作为全部工作的重中之重，不断完善强农惠农政策体系，加大"三农"投入力度，在各级农业部门和亿万农民群众的共同努力下，农业农村经济克服严重自然灾害影响，有效应对全球金融危机的剧烈冲击，

圆满完成了"十一五"规划确定的主要目标和任务，实现了持续稳定发展。

粮食生产迈上新台阶，农业综合生产能力稳步提高。"十一五"以来，我国粮食生产连年丰收，预计2010年粮食总产达到10928亿斤，再创历史新高，实现半个世纪以来首次连续7年增产；粮食总产从2007年开始连续4年稳定在1万亿斤以上，标志着我国粮食生产能力迈上了万亿斤新台阶。棉花、油料、糖料生产稳步发展，"菜篮子"产品供应充足。预计2010年肉类、禽蛋、奶类和水产品总产量分别达到7850万吨、2760万吨、3740万吨和5350万吨，分别比2005年增长13.1%、13.2%、30.6%和21%。农产品质量安全水平不断提升。2010年蔬菜、畜产品、水产品等主要农产品监测合格率均超过96%，连续3年稳定在96%以上的高位水平。无公害农产品、绿色食品、有机农产品在城乡居民消费结构中所占的比例越来越高。农业综合生产能力稳步提高，农产品生产满足了经济发展和城乡居民的多样化需求。

农业物质装备和科技水平实现新提升，支撑保障能力稳步增强。在加快推进优质粮食产业工程、动物防疫体系建设、种养业良种工程、渔政渔港、植保工程、退牧还草等已有工程建设的同时，启动实施了新增千亿斤粮食田间工程、农产品质检体系、生猪奶牛标准化规模养殖场、保护性耕作等一批重点工程，促进了农业生产物质装备条件明显改善。2010年农作物耕种收综合机械化水平达到52%，比2005年提高16个百分点，农业生产方式已由千百年来人力畜力为主转入以机械作业为主的新阶段。特别是玉米机收、水稻机插等薄弱环节机械化水平有新突破，分别超过25%和20%，比2005年提高22个和13个百分点。50个农产品产业技术体系建设稳步推进，转基因生物育种重大专项启动实施。五年累计推广超级稻面积4亿多亩，新增稻谷400多亿斤。基层农技推广体系改革与建设示范县项目顺利实施，截至2010年9月底，全国有1826个县（市、区）基本完成改革任务，占应改革县（市、区）总数的近70%。一大批先进适用的生产技术得到应用，增强了农业生物灾害有效应对能力，促进了新型种植养殖技术体系的形成和发展。2010年，农业科技进步贡献率达到52%，标志着科技已成为我国农业发展的主要促进力量。

农业经营机制创新取得新进展，经营方式加速转型。在继续稳定与完善农村基本经营制度的同时，农村土地承包经营权流转市场发育加快，流转面积不断扩大。2009年农村土地流转面积1.5亿亩，占家庭承包总面积的12%。家庭农场、专业大户、农民专业合作社、龙头企业等新型农业生产经营主体逐步发展壮大。农业产业化经营向纵深推进，龙头企业发展开始由数量扩张向质量提升转变，由单个企业带动向企业集群发展转变。九万多家龙头企业提供的农产品及加工制品占农产品市场供应量的1/3，占主要城市菜篮子产品供给的2/3以上，已成为粮棉油肉蛋奶等主要农产品生产、加工、销售的重要市场主体。预计2010年全国各类农业产业化组织总数约25万个，带动农户1.07亿户，农户参与产业化经营年户均增收2100多元，分别比2005年增长84%、23%和59%。随着《农民专业合作社法》颁布实施，农民专业合作社进入跨越式发展的新阶段。预计到2010年年底全国合作社数量超过35万家，比2006年翻一番以上；实有入社农户约2800万，约占全国农户总数的10%。

农业对外开放迈出新步伐，农业发展空间不断拓展。随着我国对外开放的不断扩大，农产品进出口贸易额持续较快增长，从2005年的563.8亿美元增至2010年的1000亿美元以上，增幅超过70%，我国已成为世界上第三大农产品贸易国。具有竞争优势的园艺、畜产品、水产品出口额不断扩大，农业发展的国际市场空间不断拓展。农业利用外资能力大幅提高。据不完全统计，2009年农业实际利用外资14.3亿美元，比2005年增长了近1倍。同时，我国积极参与农业国际合作，通过专家派遣、技术示范和人员培训，示范我国先进适用农业技术，推广我国优良动植物种质资源，切实帮助有关发展中国家提高农业生产和粮食安全保障的能力和水平。农业"走出去"步伐明显加快，境外农业资源开发合作稳步推进。

农村二、三产业实现新发展，农村经济结构不断优化。在国家宏观经济持续增长的带动下，农村二、三产业快速发展，农村内部经济结构不断优化，农村经济呈现稳定繁荣的景象。预计2010年农产品加工产值首次突破10万亿元，农产品加工业与农业产值比由2005年的1.33：1提高至1.7：1；乡镇企业转型升级加快，预计实现增加值10.6万亿元；农林牧渔服务业总产值达到2297亿元，比2005年增长110%。农垦经济快速增长，生产总值突破3000亿元，利润突破100亿元。在农村三次产业构成中，第一产业比重逐步下降，第二产业、第三产业比重有所上升。

农民收入连破新纪录，农村消费水平稳步提升。在多种因素的共同作用下，我国农民人均纯收入由2005年的3255元增加到2010年的5800元以上，先后跨越4千元、5千元大关，年均实际增长8%以上，增速超过"七五"以来各个时期。五年来，农民增收基本面不断巩固，增长面不断提高，扶持面不断加强。从基本面看，农业农村经济全面发展，粮食等农产品生产连年丰收，支撑了农民家庭经营性收入增长。从增长面看，农村外出就业劳动力总量年均增长500万人以上，工资水平全面提高，农民工资性收入大幅增加；农村改革深入推进，为农民增加财产性收入创造了条件。从扶持面看，国家惠农政策力度之大前所未有，彻底取消农业税，"四补贴"资金总额由2006年的309.5亿元增加到2010年的1345亿元，农民转移性收入不断增加。另外，农村养老、低保等社会事业加快发展，带动了农民养老金、低保等转移性收入增长。随着农民收入持续较快增长，农村消费水平不断提高。2009年县及县以下社会消费品零售额增长15.7%，比城市高0.2个百分点，首次实现农村消费增长幅度高于城市。

2009年1月13日，西藏白朗县一位藏民在大棚内采摘西葫芦。　（新华社记者金良快摄）

新农村建设开创新局面，农民生产生活条件不断改善。农村基础设施和社会事业建设力度持续加大，社会主义新农村建设扎实推进。农村饮水安全水平大幅提高，农村公路建设速度继续加快，农村沼气用户达4000万户，农村危房改造试点工作顺利开展。农作物秸秆、畜禽养殖粪便资源化利用率达65%，农村生态环境改善。农村教育、卫生、文化等社会事业加快发展，城乡公共服务一体化进程不断加快，农民生活水平持续提高。

"十一五"是农业发展最快、农村变化最大、农民增收最多的五年，创造了农业农村经济持续稳定发展的又一个黄金期。农业农村经济发展取得巨大成就，为我国成功应对各种困难和风险、保持经济社会平稳较快发展提供了重要支撑。实践表明，保持农业农村经济又好又快发展，必须坚持把农业放在国民经济全局中去谋划，放在"重中之重"位置去推动，不断夯实农业基础地位；必须坚持巩固和完善强农惠农政策，切实增加投入，保护和调动地方重农抓粮、农民务农种粮的积极性；必须坚持强化农业基础设施建设，改善农业生产条件，努力提高农业综合生产能力；必须坚持加快农业科技创新，提高技术推广服务水平，不断增强科技对农业的支撑保障作用；必须坚持统筹城乡发展，深化农村改革，完善发展体制，不断增强农业农村发展活力；必须坚持"引进来"和"走出去"相结合，不断提高统筹利用国际国内两个市场、两种资源的能力，开拓农业对外开放广度和深度；必须坚持科学发展理念，创新工作机制，紧紧依靠和调动全系统力量，做到全国"一盘棋"，形成推动"三农"发展的强大合力。

在看到发展成效的同时，我们必须认识到，农业农村经济发展还面临许多突出问题，农业基础仍然薄弱，最需要加强；农村发展仍然滞后，最需要扶持；农民增收仍然困难，最需要加快；城乡失衡仍然突出，最需要统筹。因此，强农惠农的思想认识只能增强不能削弱，强农惠农的政策力度只能加大不能减小。

"十二五"是全面建设小康社会的关键时期，是深化改革开放、加快转变

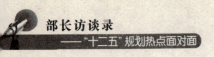

经济发展方式的攻坚时期，是加快建设现代农业的重要机遇期。

"十二五"期间，我国工业化、城镇化进程将深入发展，农产品消费需求将持续增长、结构加快升级，为现代农业发展既提供了广阔的市场空间，又提出了严峻挑战——耕地、水资源紧缺，农业靠天吃饭的局面还没有根本改变，特别是在加快工业化和城镇化的进程中，农村土地、资金、劳动力等生产要素加速外流。

农业农村经济发展要深入贯彻落实科学发展观，坚持工业反哺农业、城市支持农村和多予少取放活方针，坚持在工业化、城镇化深入发展中同步推进农业现代化，以转变农业发展方式为主线，以确保国家粮食安全和农民持续增收为目标，以推进现代农业、加快社会主义新农村建设为主要任务，大力强化政策、科技、装备、基础设施、体制等支撑，着力提高农业综合生产能力、抗风险能力、市场竞争能力，保障国家粮食安全，增加农民收入，繁荣农村经济，为全面建成小康社会打下具有决定性意义的基础提供有力支撑。

力争通过五年的努力，使现代农业和新农村建设取得阶段性明显进展。为此，农业部将按照中央的决策部署，立足农业发展实际，进一步理清"十二五"建设现代农业的总体思路，进一步优化农业生产力布局，超前谋划和推进一批重大工程，深入研究和实施几项重大政策，推动现代农业加快发展。

（农业部办公厅提供）

中国外交迎难而上
开拓创新　大有作为

——访外交部部长杨洁篪

外交部部长、党委副书记杨洁篪。

（新华社记者刘建生摄）

"'十一五'规划实施的五年，是中国和平发展进程中至关重要的五年，也是外交工作迎难而上、开拓创新、大有作为的五年。"

"'十二五'时期，国际形势有望保持总体和平稳定，我国总体有利的外部环境不会改变，仍处于可以大有作为的重要战略机遇期。"

外交部部长杨洁篪日前在钓鱼台国宾馆接受采访，向记者介绍了过去五年我国外交工作取得的成绩，分析了当前以及未来五年我国面临的国际形势，并就中美关系、周边外交以及公共外交等一系列问题阐述了自己的看法。

问："十一五"期间中国外交成绩显著，您能否谈谈主要有哪些特点和亮点，积累了哪些宝贵经验？

答："十一五"规划实施的五年，是中国和平发展进程中至关重要的五年，也是外交工作迎难而上、开拓创新、大有作为的五年。外交工作在党中央、国务院的领导下，办好了喜事，办妥了难事，办成了大事，推动全方位外交取得新进展。

有五件大事影响深远：成功举办中非合作论坛北京峰会、北京奥运会、上海世博会，以及有效应对国际金融危机和建设性参与应对世界气候变化。这五件大事体现了中国有什么、给什么和争什么：中国有着良好的经济社会发展基础、集中力量办大事的优势和承担更多力所能及的国际责任的积极意愿；中国给全球经济恢复增长注入信心和希望，给世界提供越来越多的公共产品；中国争的是发展中国家在国际事务中的平等地位和更加公正合理的国际秩序。五件大事将中国加速推向世界舞台的显著位置，表明中国是维护世界和平、促进共同发展的重要力量。

具体来讲，主要做了七个方面工作。一是以首脑外交为统领，发挥负责任大国作用。我国领导人多次出席二十国集团峰会等重大多边和双边活动，有力推动了国际体系改革和双边友好合作。二是以全方位外交为主线，全面推进与大国、周边、发展中国家和国际组织的合作，积极拓展各领域外交工作，进一步完善了外交布局。三是以经济外交为着力点，以政促经，配合推动实施"引进来"、"走出去"战略，促进能源资源等各领域合作。四是以安全外交为保障，稳妥应对重大突发事件，坚决打击和遏制"台独"、"藏独"、"东突"等分裂活动，有力维护了国家稳定大局和主权安全利益。五是以"外交为民"为宗旨，稳妥处理撤侨、人质解救、劳务纠纷等重大突发事件，完善领事保护机制，有效维护了海外合法权益。六是以公共、人文外交为平台，把北京奥运会、上海世博会等作为重要契机，积极推动软实力建设。七是以理论创新为动力，不断丰富和发展中国特色外交理论体系，大力提高科学办外交的能力和水平。

五年来，外交工作在错综复杂的形势下不断推进，我们的重要体会就是要做到六个"坚持"，即：坚持党对外交工作的集中统一领导；坚持不断丰富和发展中国特色外交理论体系；坚持围绕党和国家中心任务开展外交工作；坚持把维护国家的主权、安全和发展利益放在首位；坚持充实和完善全方位外交布局；坚持以人为本、外交为民的宗旨和原则。

问：中美关系是我国大国外交中的重要一环。您如何看待中美关系的现状和发展趋势？

答：近年来，在中美共同努力下，两国关系总体保持稳定发展，确立了建设21世纪积极合作全面的中美关系的定位，并就稳步建立应对共同挑战的伙伴关系达成重要共识。双方各领域互利合作稳步推进，在全球性问题和地区热点问题上保持着有效沟通与协调。但两国关系并非一帆风顺。我们敦促美方遵守中美三个联合公报和中美联合声明的原则和精神，尊重中国主权和领土完整，不干涉中国内政。

中美在一些问题上看法不一致，应通过坦诚对话增进互信，妥善处理。中美之间的关系应是合作共赢，而非"零和"博弈。全球化使中美利益更加广泛地联系在一起，双方应该在众多领域建立互利共赢的合作伙伴关系。我认为，新形势下推进中美关系有三点尤为关键：

一是要相互了解，增进互信。中国要了解美国，美国同样也要了解中国。中国始终不渝走和平发展道路，始终不渝奉行互利共赢的开放战略。要加强互信，就要学会尊重对方的核心关切，去除旧的思维定式，坚持相向而行。

二是要相互尊重，平等相待。应尊重中美社会制度、文化传统、发展阶段不同等客观现实。不应去谋求改变对方，更不应把自己的模式强加于对方，而应通过平等对话，妥善处理摩擦和分歧。

三是要扩大合作，互利共赢。通过把双方共同利益的蛋糕做大，使两国人民在扩大交往中获得更多实惠，使两国经济通过彼此合作得到更好的发展。采取保护主义，打贸易战、"货币战"等只能使双方利益受损，给双边关系带来更多麻烦。

问：周边外交在中国外交全局中占据重要位置，您如何评价当前中国与周边国家的关系？

答：我认为，亚洲正处于一个历史性发展变化的重要时期。亚洲国家成功抵御金融危机，实现经济较快增长，区域合作蓬勃发展，人文交流持续扩大，国际地位明显提升，发展前景十分广阔。同时，由于历史和现实等原因，亚洲也存在一些问题和挑战，不时影响地区稳定，实现持久和平与共同繁荣仍然任重而道远。

中国始终坚持"与邻为善、以邻为伴"的周边外交方针，与周边各国友好合作全面发展。政治上，我们同亚洲各国高层交往密切，互信不断增强。2010年，我国同几乎所有亚洲国家都实现了高层互访。经济上，我们致力于促进互利共赢，利益融合加深。我国与亚洲国家贸易总额年均增长超过20%，连续多年成为亚洲最大进口市场和日、韩、印等国第一大贸易伙伴。亚洲已成为我国设立境外企业最集中的地区。安全上，我们主张树立以互信、互利、平等、协作为核心的新安全观，推动谈判解决朝核等地区热点问题，反恐、防扩散等合作也不断加强。人文交流上，我们大力推动教育、文化等合作，亚洲国家来华留学人数一直保持在10万人以上，我们在亚洲地区建立了100多所孔子学院和学堂。区域合作上，我们积极参加10+1、10+3、中日韩、东亚峰会、亚太经合组织、上海合作组织等机制合作，并为这些机制的发展完善发挥了重要作用。我们也欢迎有关国家在区域合作中发挥建设性作用，推动形成开放包容、合作共赢的地区合作格局。

中国将继续致力于同各国一道，共同营造和平稳定、平等互信、合作共赢的亚洲。

问：您担任外长以来一直十分重视公共外交工作，请问您怎样看待公共外交的作用，做了哪些工作？

答：公共外交不同于传统外交，是指由政府主导，社会各界普遍参与，借助传播和交流等手段，向国外公众介绍本国国情和政策理念，向国内公众介绍本国外交方针政策和相关举措，以获取国内外公众的理解、认同和支持的一种特殊外交形式。我们加强公共外交，引导国际社会形成正确的"中国观"，促进国内民众更好地了解和支持外交工作，这十分重要。

这些年，我们不断加大对公共外交的投入。建立和完善了公共外交体制机制，如设置"外交部公众开放日"，在外交部新闻发布厅举办"蓝厅论坛"等。围绕北京奥运会、上海世博会、广州亚运会等重大活动，外交部和驻外使领馆组织了丰富多彩的宣传活动，在全球掀起"中国热"。我相信，在大家的共同努力下，公共外交工作将会取得更大成果。

问："请问"十二五"期间我国外交工作有哪些重要部署，重点在哪些方向和领域？

答："十二五"期间，国际形势有望保持总体和平稳定，我国总体有利的外部环境不会改变，仍处于可以大有作为的重要战略机遇期。外交工作面临难得的历史机遇，也面临许多可以预料和难以预料的困难和挑战，使命光荣，责任重大。

我们要认真学习贯彻十七届五中全会精神，继续抓住和用好重要战略机遇期，坚持外交为国家发展服务的主线，坚定地维护国家主权、安全、发展利益，创造更加有利的外部环境。继续推进大国关系，构筑总体稳定、相对均衡、合作共赢的大国关系框架。不断深化周边睦邻友好，巩固和平稳定、共同发展的有利周边环境。加强与发展中国家的传统友谊，夯实其在我国外交全局中的基础地位。积极参与多边合作，在国际体系改革中发挥重要建设性作用。扎实推进经济外交，为加快转变经济发展方式服务。大力开展安全外交，维护好我主权安全利益。积极开展公共、人文外交，大力推动中国特

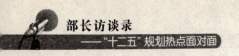
色外交理论体系建设。我相信，在党中央和国务院的领导下，在广大人民群众的大力支持下，外交工作一定能为全面建设小康社会作出更大的贡献。

（新华社北京 2010 年 12 月 12 日电，记者钱彤、刘华）

【背景介绍】

五件大事推动中国亮相世界

对中国而言，过去的五年是极为不平凡的五年，它是中国亮相世界的五年。在这五年时间里，国内外发生了许多大事，中国和世界的关系也出现微妙的变化。在外交部长杨洁篪看来，有五件大事"将中国加速推向世界舞台的显著位置，加快了中国与世界相互融合的进程"：

2006 年 11 月，中非合作论坛北京峰会召开，中国领导人与来自非洲 48 国的国家元首和政府首脑齐聚北京，成就了南南合作史上少有的首脑聚会。中国同非洲国家在政治、经济、人文等领域的交流与合作进入新的时期。

2008 年 8 月，第二十九届夏季奥运会在北京举行，中华民族百年奥运梦想最终实现。世界各地的人们欢聚五环旗下，共享激情盛会，感受真实中国。人类奥运史册上从此留下不灭的中国印记。

2010 年 4 月底，上海世博会在黄浦江畔华丽亮相，在随后的 180 多天里，246 个国家和国际组织参展，7300 多万人次参观。"东方之冠"如同一张红色名片，将中国形象铭刻在世界记忆里。

在北京奥运会和上海世博会之间，爆发了百年一遇的全球金融危机。面对危机，中国在努力保持自身经济平稳较快发展的同时，积极参与应对国际金融危机的国际合作，为国际社会战胜危机注入了信心，也为推动恢复世界经济增长和维护国际金融稳定作出了重要贡献。

此外，中国还建设性地参与应对世界气候变化的努力。2009年11月，中国政府宣布控制温室气体排放的行动目标，到2020年单位国内生产总值二氧化碳排放比2005年下降40％至45％；12月，国务院总理温家宝出席哥本哈根气候变化会议，与有关国家领导人展开了密集的会谈和协商，力推谈判进程不断向前，会议发表了《哥本哈根协议》，维护了《联合国气候变化框架公约》及其《京都议定书》所确立的基本框架和一系列原则；2010年10月，中国还首次承办联合国框架下的气候谈判，充分显示了中国推动气候谈判的诚意。

"办盛会，体现了中国有什么：中国有着良好的经济社会发展基础和广阔发展前景，有着集中力量办大事的优势和文明、民主、开放、进步的国家形象，有着承担更多力所能及的国际责任的积极意愿。战危机，体现了中国能给什么：中国保持快速发展，为全球经济恢复增长作出重要贡献，给世界注入信心和希望。中国向世界提供越来越多的公共产品，发挥了负责任的大国作用。促合作，体现了中国争什么：中国争的是发展中国家在国际事务中的平等地位和更加公正合理的国际政治经济秩序。"

谈起这五件大事，气质儒雅的杨洁篪丝毫没有掩饰其内心深处的自豪感，让在场的记者也被这样一位大国外长的情怀所感染。

要办成大事，就要有办大事的实力。中国办成上述五件大事，本身就体现了中国综合国力的强大，然而其意义远不止于此。

新加坡《海峡时报》曾发表评论说，大型活动实际上都是为更大的政治目标服务的。自19世纪晚期以来，类似于奥运会这样的大型活动就成为一个国家在全球阶梯上晋级的必要标志。崛起中的国家争相举办此类盛会，如果办得好，其他国家会将其解读为一种信号，说明这个新兴国家已经成为一个需要认真对待的角色。因此，这些盛会既是对迄今为止的成就的庆祝，也是对潜在实力的展示。与美国和日本举办奥运会和世博会的历史类似，中国的奥运会和世博会也是在划时代的1911年辛亥革命之后将近一个世纪举办的。

"从这个角度看，举办盛会可被视为现代大国演化进程中的指示牌。"《海峡时报》评论道。

或许正是鉴于此，杨洁篪在总结过去五年的外交成就时指出："'十一五'规划实施的五年，是中国和平发展进程中至关重要的五年，也是外交工作迎难而上、开拓创新、大有作为的五年。在党中央、国务院的正确领导下，我们办好了喜事，办妥了难事，办成了大事，推动全方位外交取得新进展。"

（新华社记者钱彤、刘华）

【深度解读】

解读之一：过去五年中国外交的七项工作

"十一五"期间，我国国民经济和社会发展取得了举世瞩目的成就，综合国力的增强为外交工作提供了广阔舞台。我国的外交工作同样不负众望，乘势而上，克服了一个又一个困难，取得了一个又一个胜利，推动我国的国际地位迅速攀升。

杨洁篪外长在访谈中向我们介绍了七个方面的具体工作：

一是以首脑外交为统领，展示了负责任大国形象。

我国领导人多次出席二十国集团峰会、亚太经合组织领导人非正式会议、上海合作组织领导人会议等重要多边活动，密集进行双边会晤，为协调应对国际金融危机、推进国际经济体系改革、促进双边和地区合作发挥了重要作用。在中非合作论坛北京峰会期间，胡锦涛主席与48位非洲国家领导人举行会晤，共商中非合作大计。北京奥运会、残奥会和上海世博会期间，分别有上百位外国元首、政府首脑和政要来华。通过高层交往，中国有力地提升了自己的国际地位，推动了对外合作。

二是以全方位外交为主线，全面推进与大国、周边国家、发展中国家及国际组织的友好合作。

中国与美国关系总体保持稳定发展，与俄罗斯战略协作不断加强，与欧盟、日本关系得到改善和发展；全面提升与周边睦邻友好合作，推动建立和完善地区合作机制；积极促进"金砖四国"等新兴大国合作机制建设，不断深化与印度、巴西、南非等发展中大国关系，全面加强中非、中拉、中阿等互利合作；积极参与国际经济体系改革，努力维护联合国在国际体系中的核心地位。总的来看，我国在新一轮国际关系调整中地位更加有利，各领域外交工作全面深化，全方位外交布局更加完善。

三是以经济外交为着力点，全力服务国内经济社会发展。

2009年召开的第11次驻外使节会议提出，外交工作必须依靠发展、服务发展、促进发展。杨洁篪说，外交部高度重视外交工作与国家总体发展战略和"十一五"规划相对接，以政促经，同有关部门协调配合，积极应对国际金融危机，努力化危为机，推动实施"引进来"、"走出去"战略和自贸区建设，促成一批能源资源大项目，妥善处理有关能源资源、粮食、水等涉外重大问题，努力为国内保稳定、促发展、转变经济发展方式服务。

四是以安全外交为保障，坚决维护国家主权安全利益。

我国就涉台、涉藏、涉疆等问题积极做有关国家工作，推动其坚持正确立场，稳妥应对"3·14"、"7·5"等重大突发事件，坚决打击和遏制"藏独"、"东突"等分裂活动，对西方干涉我内政的图谋坚决斗争，有力地维护了国家稳定大局。

五是以"外交为民"为宗旨，积极维护我海外合法权益。

关于如何贯彻以人为本、外交为民的宗旨，杨洁篪表示，随着中国对外合作和交流日益扩大，保护中国海外公民、法人安全和合法权益的任务越来越重，外交队伍深感责任重大、使命光荣。据统计，仅2009年一年，我国出境人次就达 4765 万人次，企业遍布 200 多个国家和地区。外交部高度重视加强领事保护机制体制建设，积极协调相关部门和驻外机构，稳妥处理撤侨、人质解救、劳务纠纷等许多重大突发事件，不断提高领事保护的能力和水平。据了解，最近几年，身处一线的驻外使、领馆平均每年要处理大大小小的领事事件三万多起。

六是以公共、人文外交为平台，努力推动软实力建设。

一个国家发展了，国际地位提高了，影响扩大了，它的政策主张自然会受到公众越来越多的关注，也需要得到公众的理解与支持。近年来，随着我国国际地位不断提高，我国加强公共外交，引导国际社会形成正确的"中国观"，促进国内民众更好地了解和支持外交工作。

第 11 次驻外使节会议提出要"努力使我国在政治上更有影响力，经济上更有竞争力，形象上更有亲和力，道义上更有感召力"。这四个"力"当中有三个与公共外交密切相关。

过去五年时间里，我国以北京奥运会、上海世博会和新中国成立 60 周年等重大活动为契机，大力开展公共、人文外交，广交深交朋友，努力让世界认识一个真实的中国。同时，加强与国内公众的沟通交流，增进大家对外交工作的了解与支持。

七是以理论创新为动力，不断丰富和发展中国特色外交理论体系。

做好外交工作，需要不断深化对国际形势发展规律和内政外交互动规律的认识，明确外交与发展的关系，充实和完善全方位外交布局，把统筹协调作为开展新时期外交工作的根本方法，大力提高科学办外交的能力和水平。

解读之二：中美关系

中美建交 32 年来，在双方共同努力下，两国关系总体保持良好发展。过去几年，两国广泛领域合作成果丰硕，在重大国际和地区事务中的沟通和协调富有成效，给两国人民带来实实在在的利益，为促进亚太地区乃至世界和平、稳定、繁荣发挥了重要作用。新形势下，中美两国拥有的共同利益在扩大，肩负的共同责任在增加，双方合作前景更为广阔。

应美国总统奥巴马邀请，2011年1月18日至21日，国家主席胡锦涛对美国进行国事访问。胡锦涛主席这次对美国进行国事访问是在中美重新打开交往大门40周年之际和21世纪第二个十年伊始进行的一次重要访问，也是中国外交在"十二五"规划开局之年的开篇之作。

奥巴马总统执政至2011年初胡主席访美，中美两国领导人已成功举行了8次会晤，双方承诺将共同努力，建设相互尊重、互利共赢的中美合作伙伴关系。双方还在朝鲜半岛局势、伊朗核问题、世界经济治理、气候变化等地区热点和全球性问题上保持着有效沟通与协调，各领域互利合作也在稳步推进。

杨洁篪在胡主席访美期间指出，胡锦涛主席此次对美国的国事访问，明确了中美关系今后的发展方向，增进了中美战略互信，推动了两国各领域务实合作，扩大了两国人文交流、促进了两国地方政府间的合作，加强了在重大国际和地区事务上的沟通协调，达到了增进互信，加强友谊，深化合作，建设相互尊重、互利共赢的中美合作伙伴关系的目的，必将推动积极合作全面的中美关系继续向前发展，开创两国伙伴合作新局面。

当然，由于历史文化、社会制度、发展水平不同，中美两国也存在一些分歧和敏感问题。杨洁篪指出，双方应共同努力，扩大共识，加强协调，深化战略互信，慎重妥善处理分歧。他强调，中美两国和则两利，斗则俱伤。双方应该牢牢把握对话和合作的主流，以对话增进了解和信任，以沟通减少误会和疑虑，以合作促进发展和繁荣，巩固共同利益基础。双方应尊重对方对社会制度和发展道路的选择，尊重对方主权、领土完整和发展利益，不受一时一事影响，不受偶然事件羁绊，排除干扰，应对挑战，相向而行，推动两国关系不断向前发展。

解读之三：周边关系

周边外交在中国外交全局中一直占据着重要位置。近年来，亚洲经济发展迅速，国际地位不断上升。同时地区热点、领土争端等引发的局势不稳也有所表现，周边形势更加复杂。

因此，杨洁篪在接受采访时谈道："亚洲正处于一个历史性发展变化的重要时期……同时，由于历史和现实等原因，亚洲也存在一些问题和挑战，不时影响地区稳定，实现持久和平与共同繁荣仍然任重而道远。"

亚洲区域合作蓬勃发展，人文交流不断扩大，国际地位明显提升，发展前景十分广阔。据一些国际权威经济组织预测，到本世纪中叶，亚洲国家国内生产总值将占到世界的50％。与此同时，由于历史和现实等原因，亚洲也存在一些问题和挑战，不时影响地区稳定。金融危机对亚洲经济的深层次影响仍在显现，朝鲜半岛无核化进程艰难曲折，恐怖主义、自然灾害、气候变化等非传统安全问题更加突出。亚洲国家国情各异，社会制度和发展阶段不同，实现持久和平与共同繁荣仍然任重而道远。

中国是亚洲大家庭的一员，始终坚持"与邻为善、以邻为伴"。亚洲的和平发展不仅符合亚洲和中国的利益，也符合世界的利益。我们积极致力于同各国一道，共同营造一个和平稳定、平等互信、合作共赢的亚洲。

杨洁篪从政治、经济、安全、文化交流和区域合作等几个方面介绍了我国的睦邻友好政策。

政治上，中国同亚洲国家高层交往日益频繁。2010年，我国同几乎所有亚洲国家都实现了高层互访。中国坚持睦邻友好，相互尊重，不干涉别国内政，双方政治互信不断增强。

经济上，我们致力于同亚洲国家互利共赢、共同发展。"十一五"期间，我国与亚洲国家贸易总额年均增长超过20％，连续多年成为亚洲最大进口市场和日、韩、印等国第一大贸易伙伴。亚洲已成为我国设立境外企业最集中的地区。2010年年初中国—东盟自贸区全面建成，使世界上近三分之一的人口得到实惠。

安全上，我们主张树立以互信、互利、平等、协作为核心的新安全观，推动通过对话谈判解决争议。针对近来朝鲜半岛紧张局势，我们积极斡旋，防止事态升级，为维护半岛和东北亚和平稳定发挥了建设性作用。在印度洋海啸、巴基斯坦水灾等自然灾害面前，我们感同身受，慷慨相助，及时提供各类救灾援助，表达了中国人民的友好之情。

人文交流上，我们积极推动文化、教育等领域的合作。"十一五"期间，亚洲国家来华留学人数一直保持在10万人以上。我们与亚洲国家建立了476对友城关系，在亚洲建立了100多所孔子学院和学堂，在韩、日等国设立文化中心。这对于增进我国与亚洲各国人民之间了解和友谊发挥了重要作用。

区域合作上，我们积极推动上海合作组织交流对话和务实合作。大力促进10+1、10+3、中日韩等现有机制合作，支持"东盟互联互通总体规划"。积极参与东亚峰会、亚太经合组织等合作机制，促进地区贸易和投资自由化便利化。中国欢迎美、俄参加东亚峰会，愿意看到有关国家在区域合作中发挥建设性作用。经过一系列的努力，一个开放包容、合作共赢的地区合作格局日渐成形，为我们争取到了一个和平、稳定、发展的地区环境。俄罗斯、日本、印度是我们周边的三个重要国家。中国高度重视加强中俄战略协作伙伴关系，推动双方各领域合作不断取得新的重大成果。2010年，胡主席和梅德韦杰夫总统在各种场合会晤达六七次，这充分体现了中俄关系的战略性和重要性。我们推动日方从根本和长远利益出发，以中日四个政治文件确定的各项原则为指导，妥善处理历史遗留问题，推动中日关系沿着正确轨道向前发展。我们不断深化与印度的各领域合作，加强中印在全球性问题上的对话协调，维护了中印战略伙伴关系发展的良好势头。

解读之四：战略机遇期

杨洁篪在接受采访时表示，"十二五"期间，国际形势有望保持总体和平稳定，我国总体有利的外部环境不会改变，仍处于可以大有作为的重要战略机遇期。外交工作面临难得的历史机遇，也面临许多可以预料和难以预料的困难和挑战，使命光荣，责任重大。

十七届五中全会明确指出，"十二五"期间仍是我国必须紧紧抓住和用好的重要战略机遇期。在当前复杂多变的国际形势下，外交为我国发展营造有利外部环境的任务更加艰巨。

"十二五"期间是我国全面建设小康社会的关键时期，是深化改革开放、加快转变经济发展方式的攻坚时期，也是国际格局大发展、大变革、大调整不断深化的重要时期。今后五年，国际形势有望保持总体和平稳定。世界多极化和经济全球化继续深入发展，国际体系改革不断深化，多边主义和互利共赢的理念更加深入人心，我国总体有利的外部环境不会改变。特别是我国自身的大发展大进步，使世界各国更加重视借重中国，我国国际地位还会提高，仍处于可以大有作为的重要战略机遇期。同时，金融危机的深层次影响将会继续显现，围绕后危机时期制高点和主导权的竞争更加激烈，气候变化、能源安全、粮食安全等全球性问题更加突出，影响和平发展的因素更加复杂多元。我国发展与世界发展的关联互动将进一步加深，国内问题国际化、国际问题国内化更加明显，给外交工作提出更高的要求。

（新华社记者钱彤、刘华）

全面做好人口工作，
促进人口长期均衡发展

————访国家人口计生委主任李斌

  "十一五"期间，我国人口发展取得重大进展，良好的人口环境为经济社会全面协调可持续发展创造了有利条件。

  "十二五"期间，我国人口工作面临什么样的形势？又将如何发展？近日，国家人口计生委主任李斌就全面做好人口工作，促进人口长期均衡发展接受了记者专访。

国家人口计生委党组书记、主任李斌。

（国家人口计生委提供）

"十一五"期间我国实现人口总量控制目标

记者： 过去的五年，我国的人口和计划生育工作取得哪些成就？有哪些新进展？

李斌： "十一五"时期是人口发展和计划生育事业取得长足进展的五年。人口计生工作的进展突出体现为：保平稳、促统筹、惠民生。

"十一五"时期，我国人口低生育水平继续保持稳定。全国妇女总和生育率继续保持在更替水平以下，人口自然增长率保持在6‰以内，实现了人口总量控制的目标。

"十一五"时期，人口计生系统大力推进"两个统筹"，即统筹人口数量、素质、结构、分布间的关系，统筹人口与经济、社会、资源、环境之间的关系，促进人口长期均衡发展。

"十一五"期间，农村计划生育家庭奖励扶助制度、"少生快富"工程和特别扶助制度累计发放扶助金120亿余元。同时，积极推动计划生育政策与最低保障制度、新型农村社会保险等相关社会经济政策的有效衔接，普遍开展"生育关怀行动"和"幸福工程"，计划生育利益导向政策体系不断完善。

"十一五"后期，我国出生人口性别比升高势头开始得到初步遏制。同时出生缺陷一级预防工作深入开展，国家免费孕前优生健康检查项目试点工作启动，婴幼儿早期启蒙教育、独生子女社会行为教育试点工作稳步推进。

国家、省级和重点区域人口发展功能区研究取得重要成果。人口宏观管理与决策信息系统一期工程通过竣工验收，全员人口信息管理工作进展顺利，初步实现省级数据集中。人口快速调查与监测信息系统建成并投入使用，人口计生统计数据为科学决策提供了重要信息支撑。

提高出生人口素质　推动人口数量压力转化为人力资源优势

记者：请问您认为人口因素对于转变经济发展方式有什么作用？我国出生人口素质方面现状如何？有新华网网友特别关注农村的优生优育问题，请问这方面将有哪些措施？

李斌：加快经济发展方式转变，必须注重提高人力资本和劳动者素质，努力将我国人口多的压力转化为人力资源丰富的优势。

出生人口素质是人口素质的基础。当前，我国出生人口素质状况不容乐观，每年出生缺陷率达到 4％到 6％。

提高出生人口素质，减少出生缺陷，预防非常重要。人口系统一直积极探索有效途径，2007 年全面启动出生缺陷一级预防工作，2008 年在全国 8 个省开展了"孕前优生健康检查"试点工作，2009 年全面组织实施"优生促进工程"，2010 年会同财政部在全国 18 个省的 100 个县启动"国家免费孕前优生健康检查项目试点工作"。

在农村和基层，人口计生系统充分发挥服务管理网络遍布城乡、横向到边、纵向到底的优势，采用组织知识讲座、发放健康资料、面对面咨询等多种方式，为计划怀孕夫妇提供健康教育、优生检查、风险评估、咨询指导等相关服务，为有效预防出生缺陷筑起了第一道防线。

让流动人口公平享有计生公共服务

记者："十一五"期间我国人口流动规模不断扩大，城镇化进程加快，请问目前流动人口状况如何？管理方面将有哪些突破？

李斌：目前，全国流动人口数量已超过 2 亿人。调查发现，现在流动人

口的主体大多为 20 世纪 80 年代以后出生的人群，他们举家流动和长期定居的趋势明显，在现居住地生育现象十分普遍。

"十一五"期间，人口计生系统根据主体功能区的要求，制定人口导向政策，引导人口合理分布，有序流动，积极推进流动人口服务管理全国"一盘棋"机制建设。2010 年，国家人口计生委会同有关部门在 49 个城市启动推进流动人口计划生育基本公共服务均等化试点工作，流动人口可以就近在计划生育技术服务机构，享受国家规定的避孕节育免费技术服务项目和计划生育、生殖健康检查等。

流动人口还可参加当地组织开展的婴幼儿早教活动及出生缺陷一级预防、免费孕前优生健康检查等项目。实行计划生育的流动人口家庭，还可以享受相关的奖励政策，在生产、生活方面遇到困难时，优先获得当地政府的扶持和救助。

"十二五"我国人口发展面临 6 大挑战

记者："十二五"期间我国的人口发展形势如何？人口和计划生育事业将有哪些新思路？

李斌："十二五"期间人口数量压力仍然巨大，人口素质与分布问题更加突出，人口结构性问题日益凸显，人口问题与资源环境、经济社会发展相互交织。

"十二五"期间，我国人口总量仍将保持惯性增长的态势，需要稳定适度低生育水平；人口素质总体水平不高；出生人口性别比仍然处于高位；人口老龄化速度加快，老年人口总数将超过 2 亿；流动迁移人口数量持续增加，城镇人口数量将首次超过农村人口；我国的家庭规模、结构和功能也正在发生变化，呈现出规模小型化、结构多样化、居住离散化等趋势和特点，家庭的整体发展能力亟待提高。与面临的挑战相对应，"十二五"期间，我国人口与计划生育事业主要有以下六项重点工作：

——继续坚持计划生育基本国策，逐步完善政策，促进人口长期均衡发展；

——把提高人口素质摆到突出位置，把好出生人口素质第一关，加快人口大国向人力资源强国转变；

——实行男女平等参与经济社会活动的公共政策，进一步遏制出生人口性别比偏高趋势；

——切实加强流动人口服务和管理，大力推进流动人口基本公共服务均等化，引导人口合理分布；

——实施积极、健康、保障、和谐的应对人口老龄化战略，建立以家庭为主导、社区为依托、机构为支撑的养老服务体系；

——建立健全有利于提高家庭福利的政策体系，提高家庭发展能力，促进家庭幸福和谐。

稳定适度低生育水平　促进人口长期均衡发展

记者：党的十七届五中全会提出全面做好人口工作、促进人口长期均衡发展的目标，请问您对此怎么理解？另外，您提到"坚持计划生育基本国策，逐步完善政策，促进人口长期均衡发展"，请问这方面有何具体举措？

李斌：这次中央在关于"十二五"规划的建议中把人口问题置于经济社会发展的全局之中统筹规划，体现了人口因素在国家经济社会发展中的基础性地位和作用。

人口长期均衡发展是指在相当长的一段时期内，人口的发展与经济社会发展水平相协调、与资源环境承载能力相适应，并且人口规模适度、人口素质优良、人口结构优化、人口分布合理及人口系统内部各个要素之间协调平衡发展。

"坚持计划生育基本国策，逐步完善政策，促进人口长期均衡发展"，这三句话是紧密联系的有机整体，必须全面、准确、完整地理解和贯彻。我国是拥有超过 13 亿人口的发展中国家，人口多、底子薄、发展不平衡的基本国情没有变，资源相对不足、环境容量有限，成为我国基本国情的新特征。"十二五"期间，我们要正确把握人口自身发展规律以及人口与经济社会发展的互动关系，要从贯彻落实科学发展观、构建和谐社会的高度，清醒认识我国人口问题的长期性、艰巨性和复杂性，坚持计划生育基本国策，稳定适度低生育水平，为实现全面建设小康社会和现代化的宏伟目标创造良好的人口条件。

同时，我国地域辽阔，各地的人口状况不同。必须根据经济社会发展水平、人口发展状况和人口计生工作基层基础情况，因地制宜、分类指导，统筹规划、合理安排，把握节奏、循序渐进，分阶段、有步骤地逐步完善婚姻家庭、计划生育、优生优育、性别平等、人口迁移、人力资源开发和社会保障等人口发展政策体系。进一步健全奖励扶助、少生快富、特别扶助等制度，不断完善利益导向机制，综合运用法律、经济、行政、教育、科技等措施，在稳定适度低生育水平的基础上，兼顾当前与长远，逐步完善政策，统筹解决人口问题，促进人口长期均衡发展。

（新华社北京 2010 年 12 月 20 日电，记者周婷玉）

【背景介绍】

"人口众多"，这几乎是每个中国人都熟知的国情。目前我国现有人口超过 13 亿人，是世界上人口最多的国家，每年出生人口约 1600 万。

人口计生，这项曾经被称为"天下第一难事"的工作，在过去的五年究竟发生了哪些明显的变化？2010 年 11 月 30 日，国家人口和计划生育委员会主任李斌接受记者采访，回顾了"十一五"时期的人口计生工作。

谈起我国的人口和计划生育问题，这位拥有经济学博士头衔的女部长，言语间充满着智慧和思考以及女性特有的细腻和柔美。

接受媒体采访前，2010年11月25日，李斌带领国家"十一五"人口发展规划终期评估调研组一行，刚对河南、北京等地"十一五"人口发展规划执行情况进行了综合评估，并就人口计生系统基层开展"创先争优"活动进行了实地调研。

记者问及她这次调研的感受时，她说："我觉得变化还是挺明显的。'十一五'期间几年的变化，主要可以用这么九个字来概括，就是'保平稳、促统筹、惠民生'。"

首先，"十一五"时期，我国人口计生政策继续保持稳定。全国妇女总和生育率继续保持在更替水平以下，实现了人口总量控制的目标。据统计，2009年年末，全国总人口为13.35亿。良好的人口环境为经济社会全面协调可持续发展创造了有利条件。

经过三十多年的不懈努力，我国人口过快增长的势头得到有效控制，实现了人口再生产类型由"高出生、低死亡、高增长"向"低出生、低死亡、低增长"的历史性转变，妇女总和生育率从实行计划生育前的5.8下降并维持在更替水平以下。

李斌说，如果我国保持20世纪70年代初的生育水平，现有总人口将超过17亿。

这意味着什么？李斌从经济学角度给算了一笔账："如果还是维持过去5.8总和生育率的话，那么我们现在的人均土地、水资源、森林、能源等等，都要比现在的人均拥有量降低20％以上。"

"改革开放以来我国经济增长速度高于其他国家，人口增长率低于世界平均水平，人均GDP年均增长率达8.6％，是世界平均水平的4倍。2008年全国人均GDP突破了3000美元，如果不实行计划生育，则只有2200美元。"李斌说。

她还从环保上算了笔账。"就拿碳排放量这个指标来说，如果按年人均

3.8吨计算，少生4亿人就等于每年少排放了15亿吨二氧化碳。"

李斌把我国的经济发展比做一块蛋糕。她笑着说："我们要把吃蛋糕的人口的增长，让它稍微增长得慢一点，切蛋糕的分配体制再搞得更完善一点，中国的经济社会就会又好又快又和谐地不断向前发展。"

其次，"十一五"时期，人口计生系统大力推进"两个统筹"，促进人口长期均衡发展。一方面统筹人口数量、素质、结构、分布的关系，坚持稳定适度低生育水平，提高出生人口素质，改善人口结构，引导人口合理分布；另一方面统筹人口与经济、社会、资源、环境之间的关系，尊重人口发展的客观规律，充分发挥人口在国民经济、社会发展中的基础性作用，积极促进人口与经济、社会发展水平相协调，与资源、环境承载力相适应，促进人口与经济社会、资源环境的协调和可持续发展。

第三，"十一五"时期，人口和计划生育利益导向政策体系初步形成。全面实施了农村计划生育家庭奖励扶助制度、"少生快富"工程和特别扶助制度，让更多的计划生育家庭优先分享改革发展的成果。"计划生育家庭为国家作出贡献，国家应使计划生育家庭优先分享改革发展成果。"李斌说。

"当前，人口和计划生育工作外部环境发生着重大变化，单纯依靠行政手段来推进人口和计划生育工作、完成人口控制目标的做法已不能适应新形势的要求。"李斌说，必须转变工作思路和工作方法，加快推进计划生育优质服务。

人口和计划生育利益导向政策体系的形成，是人口计生工作转型的体现，也给人口计生系统树立了新的良好形象。

李斌特别提到了最近几年国家新组织实施的利益导向"三项制度"。在2004年试点的基础上，2006年国家人口计生委会同财政部全面组织实施了农村计划生育家庭奖励扶助制度和西部地区"少生快富"工程。2008年开始，在全国全面实施计划生育家庭特别扶助制度。

"十一五"期间，按照基本标准，全国共发放农村奖励扶助金91.67亿元，累计惠及1327万人次；"少生快富"工程奖励金12.3亿元，累计惠及

41.3万计划生育户；特别扶助金16.4亿元，累计惠及135.8万人次。还将青海农牧区以及甘肃、云南、四川的藏区农牧民享受农村奖励扶助待遇的年龄提前到55周岁，在新疆实施了计划生育家庭特殊奖励政策。在落实国家政策的基础上，各地因地制宜组织实施"提标扩面"。北京、天津、上海、安徽、福建、河南、广东、海南、重庆、云南、宁波、厦门等地提高了农村奖励扶助金标准。北京、天津、上海、浙江、安徽、福建、广东、重庆、宁夏、深圳等地将特别扶助金标准提高了50%以上。其中，重庆对独生子女伤残、死亡家庭的扶助金每人每年分别达2760元和3120元。宁夏将两女户"少生快富"工程奖励金提高到8000元，其他项目户奖励金提高到5000元。

北京、内蒙古、宁夏等地适当扩大了农村奖励扶助范围。河南、河北、宁波等地提前发放特别扶助金。四川适当提前了计划生育女儿户享受农村奖

2008年2月，李斌在天津市慰问计划生育困难家庭。2008年开始，在全国全面实施计划生育家庭特别扶助制度。"十一五"期间，全国共发放特别扶助金16.4亿元，累计惠及135.8万人次。

（国家人口计生委提供）

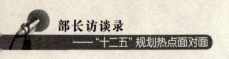
励扶助待遇的年龄，四川、新疆将少数民族地区女性超过49周岁的农村计划生育户纳入"少生快富"工程。云南将25个边境县的农业人口独生子女户和双女户全部纳入"少生快富"工程实施范围。

"原本群众的感觉是，计生人员上门通常都是来罚款、管生孩子的，但现在成了送礼、送帮助的。原来看到计生人员群众都躲开，现在都很欢迎。"李斌说，送知识，送政策，也送小礼物，用群众乐于接受的方式做群众工作，现在工作的矛盾就减少了，效果也更好了。

（新华社记者周婷玉）

【深度解读】

"十二五"期间人口工作的挑战

未来几十年，我国将先后迎来总人口、劳动年龄人口和老龄人口三大高峰，人口总量仍将保持持续增长的态势。人口对经济社会发展压力沉重，人口与资源环境关系紧张，依然是全面建设小康社会、构建社会主义和谐社会所面临的突出矛盾和问题。"十二五"期间，我国人口计生工作主要面临以下挑战：

——人口总量继续惯性增长。尽管生育水平已降到了更替水平以下，但总人口仍处于惯性增长阶段。1985年至1990年出生高峰人口进入育龄期，"十二五"期间预计净增人口4000万左右，人口总量将达13.9亿左右，在21世纪30年代将达到峰值15亿左右。生育政策与群众生育意愿之间的差距仍然存在，现代化建设和可持续发展战略以及人口发展形势决定了在"十二五"期间必须创新工作思路和方法，继续保持低生育水平的总体稳定。

——出生人口素质亟待提高。根据中国出生缺陷监测中心监测数据显示，从 1996 年到 2007 年，我国出生缺陷发生率上升趋势明显。我国每年出生时肉眼可见先天畸形和出生后逐渐显现的缺陷约占年出生人口总数的 4%—6%，这直接影响几百万个家庭、几百万人的生产和生活。需要进一步加大对出生缺陷机理研究和干预力度，完善免费孕前优生健康检查等相关制度措施，有效降低出生缺陷发生率。需要把提高人口素质摆到突出位置，完善免费孕前优生健康检查等相关制度措施，加快人口大国向人力资源强国转变。

——人口结构性问题逐步显现。出生人口性别比仍然偏高。自 20 世纪 80 年代中期以来，我国出生人口性别比持续偏高，严重偏离正常值范围。据国家统计局统计结果，2008 年我国出生人口性别比为 120.56，2009 年我国出生人口性别比为 119.45，比 2008 年下降了 1.11，但仍然严重偏离正常值范围。出生人口性别比长期偏高，不仅可能造成婚姻挤压现象，而且严重侵害女孩的生存权，严重影响性别平等、妇女权益、家庭幸福和社会稳定。近年来，持续开展全国关爱女孩行动，综合治理出生人口性别比偏高问题，以宣传倡导、利益导向、全程服务、严查"两非"、统计监测等措施为主要内容的综合治理工作取得初步成效，但仍需继续采取更为积极有效的政策措施加以综合治理。

——人口老龄化加速。"十二五"期间，随着新中国成立以来第一次生育高峰出生的人口开始进入老年期，我国人口老龄化速度明显加快，将出现第一个增长高峰。"十二五"期间年均净增老年人口将从 480 万提高到 800 万，2015 年老年人口总量将突破 2 亿。我国人口老龄化是在社会经济基础相对薄弱的条件下发生的，也是人口发展过程中产生的现实问题。

"十二五"期间，15—59 岁劳动年龄人口占总人口比例达到最高点后转为缓慢下行，对劳动力供给带来一定影响。人口抚养比在经历半个世纪的持续下降跌到最低点 47% 后，开始逐渐缓慢上升。人口老龄化加速、人口抚养比升高，迫切需要积极应对。老年人口具有丰富的经验，不单纯是被抚养对象，而是积极的经济活动人口，要采取积极、健康、和谐的应对战略，大力发展社会生产力，动员全社会力量，加强社会保障体系建设，实现社会代际公平。

——人口迁移流动呈现新特点。随着改革开放以及城市化和现代化发展，流动人口、迁移人口大规模涌现，目前，全国流动人口数量已超过2亿人。20世纪80年代以后出生的人群成为流动人口的主体，在现居住地生育现象十分普遍。流动人口长期定居和举家流动的趋势明显、"二线"城市和城镇人口流动活跃。2009年，国务院颁布《流动人口计划生育工作条例》，各级人口计生部门增设了流动人口服务管理机构和职责。流动人口计划生育省内"一盘棋"的格局初步形成，跨省流动人口合作不断加强，流动人口免费计划生育服务覆盖面不断扩大，需要进一步采取措施，保障流动人口的合法权益，大力推进基本公共服务均等化，使流动人口平等享受教育、医疗、住房、社保等基本公共服务。

关于"人口均衡"

我国人口发展一直面临着许多不同形式的问题和挑战：人口规模过大、性别比失衡、老龄化严重等等，这些问题的实质都是"人口发展的不均衡"。我国人口理论研究与政策探索都是围绕这些问题而展开的。政策虽然多样，但是归结起来却有一个共同的政策目标：纠正人口不均衡发展的态势，引导人口向均衡发展的方向转变。

当前，我国人口形势更加复杂，人口结构性矛盾突出，人口与社会经济发展的关系更加紧密，对资源和环境的影响也更加显著。人口问题是社会最为基础也是最为重要的问题之一，必须站在社会建设的高度来认识人口长期均衡发展问题。在新的历史时期，要充分利用人力资源最为丰富、社会抚养比最低、人口流动最为活跃的有利时机，不断完善人口与经济社会发展政策，实现人口数量、素质、结构、分布的动态平衡，以及人口与经济、社会发展水平相协调，与资源、环境承载力相适应，努力建设人口均衡型、资源节约型和环境友好型社会。

2009 年 5 月，李斌在都江堰看望汶川地震后再生育宝宝。截至 2010 年 11 月底，已有 3564 名妇女成功再孕，占有再生育意愿和能力的子女伤亡家庭的 95%，其中 2690 个婴儿健康出生。

（国家人口计生委提供）

中国人口学会的专家提出，新时期我国人口计生工作的发展目标应从追求"人口适度"向"人口均衡"转变。

所谓的"人口均衡型社会"是指社会中实现了人口数量、素质、结构、分布之间的动态平衡，并且人口与经济社会发展水平相协调、与资源环境承载能力相适应。人口均衡既是一种理想状态和长期目标，也是一个相对的概念，受到社会制度、科技发展和认识水平等的制约。

中国人口学会专家认为，提出建设"人口均衡型社会"有以下必要性：

第一，建设"人口均衡型社会"的理念是对我国多年来人口调控、统筹解决人口问题的理论思考与政策实践的科学概括。20 世纪 70 年代开始的计划生育政策是为了实现人口均衡发展；治理出生性别比失衡是为了实现人口性别结构的均衡；追求人口、资源与环境的协调可持续发展也是为了实现人口均衡发展。因此，虽然"追求人口均衡发展、建设人口均衡型社会"是最近出现的一个提法，但是 40 年来人口调控的实践就是追求人口均衡发展的实践。

第二，有关人口均衡发展的思想与理论早已存在，并得到广泛认可。现时提出建设"人口均衡型社会"的目标，只是将这些理论和主张更加明确化、系统化。

第三，人口、资源与环境的均衡发展是可持续发展的最主要内容。继提出建设"两型社会"目标后，提出建设"人口均衡型社会"弥补了人口发展目标的缺位。人口均衡发展是可持续发展的重要内容，是实现可持续发展的关键因素。可持续发展包括四个方面的均衡，即人口的均衡、经济的均衡、资源的均衡和环境的均衡。

第四，实现人口均衡是建设和谐社会的内在要求，建设人口均衡型社会是建设和谐社会的基础性内容之一。人口是社会生产行为的基础和主体。如果构成社会主体的人口发展极不均衡，这个社会不可能是协调的、和谐的、可持续的。

如何实现人口均衡发展？在人口手段、社会经济手段、科学技术手段这三种手段中，后两种更为重要。社会经济手段和科学技术手段可以直接或间接地通过对人口变化的影响来促进人口的内部均衡，即人口手段也是以社会经济手段和科学技术手段为基础的；社会经济手段和科学技术手段可以直接调节人口系统、社会经济系统和自然系统之间的关系，促进人口的外部均衡。这三个手段的运用要彼此协调、相互支持、相互补充，形成统一的合力。

关于人口计生工作的国际合作

人口计生工作经过30年的发展和转型，在国内的形象已大大改变，在国际上也同样有很大改善，赢得了国际社会的肯定评价。

在2009年的第五届亚太生殖健康大会上，与会的国际人士认为，中国采取的人口和计划生育政策越来越多地得到了国际社会的理解和认可，为其他一些国家提供了学习和借鉴的经验。特别是近年来中国强调的"统筹解决人口问题"和"综合治理"的理念和实践，符合中国的国情，反映了人口和发展的内在和普遍的规律，不仅对中国的社会经济发展意义深远，而且对国际人口和发展方案产生影响，得到强烈呼应。

与会的各国政府代表也表示要向中国借鉴和学习。越南卫生部副部长内古也·巴·索依表示，越南正在向中国学习，把人口因素纳入国家发展规划之中，通过国家立法确定计划生育的法律地位，保障计划生育/生殖健康的投入。肯尼亚人口与发展协调委员会首席执行官波尼菲斯·欧犹基表示，近年来肯尼亚人口增长过快，对国家发展造成了很大的压力，肯尼亚非常重视中国的成功经验。孟加拉国卫生与家庭福利部部长鲁哈尔·胡克表示，中国从一开始就注重设定人口发展战略和长远规划，包括人口总目标、人力战略、财政保障和机构发展战略等，这是一条重要经验。

"十一五"期间，人口和计划生育国际交流与合作努力服务于国家外交大局和统筹解决人口问题大局，积极主动地参与国际人口事务的对话与讨论，创新对外宣传，探索南南合作新途径，发挥非政府组织作用，为我国人口计生工作体制机制的创新以及良好国际环境的营造作出了积极的贡献。

——突出国际交流与合作重点，服务统筹解决人口问题大局。国际交流与合作项目进一步与综合改革、优质服务等中心工作紧密结合，促进以人为本、生殖健康、优质服务、依法行政和公民权益维护等理念和实践的推广，推动以家庭为中心的保健服务和健康促进、青少年生殖健康教育、艾滋病预防、社会性别平等促进、流动人口服务管理等工作的进展。

——主动参与国际相关领域热点问题的讨论，为服务外交大局发挥积极作用。代表中国政府积极参与国际人口事务的讨论和相关规则的制定。2009年《北京行动宣言》作为联合国正式文件散发，参加哥本哈根气候峰会，阐述计划生育在应对气候变化中的重要作用，增强我国在人口等领域的话语权和影响力。

——探索并推广国际合作项目的成功模式，推动体制机制创新。引入社会性别意识，促进生殖健康/计划生育领域的社会性别平等；建立"以服务对象为中心"的管理评估机制；探索以生殖健康家庭保健为重点的健康促进模式；探索建立艾滋病预防与生殖健康/计划生育服务相结合模式；将青少年纳入生殖健康/计划生育服务范畴，为全国开展青少年生殖健康教育工作起到引领示范作用。

——开展针对性的对外宣传，改善国际舆论环境。多次访问联合国相关机构、国际组织和政府机构，并接待高官代表团，阐述中国统筹解决人口问

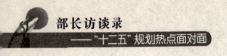
题的理念、实践和成就，促进高层对话，国际媒体积极基调的报道增加，英文网站访问量持续增加，具有国际视角的对外宣传品广泛发行，国际舆论环境得以改善。

——努力探索南南合作新途径，增强中国在南南国家中的亲和力和影响力。先后当选南南合作伙伴组织主席国和副主席国，当选国际人口方案管理组织主席国；同人口与发展南南合作伙伴组织、巴基斯坦等国际组织和政府部门签署并实施多边和双边合作谅解备忘录；举办援外国际培训班，援助肯尼亚等六个发展中国家建设生殖健康服务中心；向其他发展中国家无偿捐赠计划生育药具，在发展中国家人口领域的亲和力和影响力日益增强。

"十二五"期间，我国将继续积极参与国际人口与发展领域重点和热点问题的战略对话，增强影响力；按照统筹解决人口问题的总体思路，围绕人口素质、结构、分布、流动等诸方面寻求实质性合作，拓宽国际交流合作的领域和渠道；继续以民生、统筹为导向，通过实施国际合作项目，促进人口计生体制机制创新；开展具有信服力的对外宣传和国际倡导，为国内工作创造良好的国际舆论环境；巩固并扩大人口领域南南合作的成果，探索具有中国特色的、行之有效的南南合作新途径；不断完善人口和计划生育国际交流与合作的发展机制，强化与国内中心工作的密切有机结合，加强能力建设，培养人才队伍。

随着人口计生工作的继续发展和转型，"十二五"期间，人口计生系统将树立崭新的形象。

（新华社记者周婷玉）

"数"说审计

——访审计署审计长刘家义

审计署党组书记、审计长刘家义。（审计署办公厅提供）

在近两个小时的采访过程中，审计署审计长刘家义没有拿一页纸的参考资料，但关于"十一五"期间审计工作的几十组数字却总能脱口而出并准确无误。

对于这位与数字打了近三十年交道的老审计来说，数字，也许更能概括审计工作取得的成就，更能反映审计工作面临的困难和挑战。

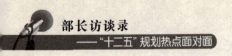

400多万——"十一五"期间审计人均促进增收
节支和挽回损失400多万元

记者：在即将过去的"十一五"期间，审计机关都做了哪些工作？发挥了什么样的作用？

刘家义："十一五"时期是我国发展史上极不平凡的五年。在这期间，审计机关以促进经济平稳较快发展为主线，先后组织了金融危机对我国商业银行、经济实体和地方财政收入状况的影响、中央企业从事金融衍生品业务情况、中小企业扶持政策落实情况以及保障性安居工程等120多项审计及审计调查，对京沪高速铁路、西气东输二线、金沙江向家坝水电站等2万多个投资项目和1万多个汶川地震灾后恢复重建项目进行了跟踪审计，还跟踪分析了商业银行每季度新增贷款情况，深入开展工程建设领域突出问题专项治理工作。

五年来，全国审计机关共审计了72万个单位，促进增收节支3179亿元，挽回或避免损失546亿元；共查出重大案件线索6531件，促进被审计单位建立健全规章制度2.4万多项。

我讲两组平均数，一是五年来全国平均每个审计人员通过审计促进增收节支和挽回损失400多万元，二是审计署人均促进增收节支和挽回损失近1000万元。这从一个方面体现了审计工作发挥的重要作用。

6531件——"十一五"期间审计查出
重大案件线索6531件

记者：您刚刚提到，"十一五"期间审计机关查出了6500多件重大案件线索，能具体谈谈这方面情况吗？

刘家义："十一五"期间，全国审计机关共查出重大案件线索6531件，涉及8934人，其中司局级以上人员127人，含3名部级人员。

这五年，仅审计署报送的大案要案线索就有495起。这些案件主要发生在工程建设领域、金融领域、国有资产管理领域、土地等资源管理领域，既涉及外商或私营企业主、国有企业负责人，也涉及少数行政事业单位负责人。这些案件的揭露和查处，为国家挽回和避免了重大损失，也充分发挥了审计监督的震慑作用。

分析这些案件的特点：一是发生的环节和领域相对集中，主要涉及审批、决策、信贷发放和招投标等环节，其中发生在金融交易、国有股权转让和土地矿产资源管理这三个领域较多；二是内外勾结牟取私利的"串案""窝案"较多；三是一些管理较为薄弱的政策性金融机构和事业单位违法违规问题日益显现；四是犯罪手法更加隐蔽，呈专业化和高智能化，有的不法分子通过网上银行等便捷平台异地大规模转移资金，有的通过关联企业虚开信用证或增值税发票贴现等方式骗贷，有的利用内幕交易信息或专业知识背景操纵股市牟利，很多交易甚至以合法形式出现，查处难度高，涉案金额也比较大。

88人——已有88名省部级干部接受经济责任审计

记者："十一五"期间，我国突破性地开展了省部级领导干部任期经济责任审计。这项工作进展如何？"十二五"期间是否会有进一步突破？

刘家义：随着我国经济体制和政治体制改革的深化，我们探索建立了经济责任审计制度，这在国际上也是没有先例的。

目前，县级以下党政领导干部和国有企业领导人员经济责任审计逐步规范，地厅级党政领导干部经济责任审计全面推开，省部级党政领导干部经济责任审计正在试点的基础上，走向制度化。

"十一五"期间，全国审计机关共完成对16万名领导干部的经济责任审计，其中，审计署组织了对18名省长、26名部长和44名中央企业领导人员的任期经济责任审计。通过审计，受到处分或移送有关部门查处的领导干部约占4%，其中，158人受到降职撤职处分、92人受到其他处分、移送司法机关98人、移送纪检监察机关427人，当然也有不少领导干部在接受经济责任审计后，查明了情况，澄清了问题，得到了正名。

总的看，大多数被审计的领导干部能够贯彻执行中央决策部署，认真履行职责，积极推动本地区和本单位发展。但审计也发现，个别领导干部法制观念和责任意识不强；一些地方和单位的决策和管理制度不够健全，个别决策比较随意；有的地方对领导干部的绩效考核指标不够科学，尚未建立起清晰明确的问责制。

我认为，今后五年，按照中央要求，经济责任审计工作的范围和力度都会加大，也将更加规范、更有效果。

60%——审计公告数量正以年均60%速度增长

记者：有网友反映，每年一次的审计报告不点名了，审计的威力似乎有些减弱。您是否认同这一观点？

刘家义：我喜欢上网，也看到了这样的议论，我想借这个机会和大家交流一下。审计结果公开是国家政务公开的一个重要方面。我坚信并一直强调，"阳光是最好的防腐剂"。

目前，我国在审计结果公开方面主要有三种方式：一是受国务院委托，审计署每年向全国人大常委会作的中央预算执行和其他财政财务收支情况的审计工作报告向社会公开；二是每个单项审计结果以公告方式向社会发布；三是在某些特殊情况下，以新闻发布的方式向社会公开审计结果。

审计公开是政务公开的重要方面，以前，在政务公开尚未制度化、法制化的情况下，我们在向全国人大常委会作审计报告时会举几个例子，这就是所谓的点名，每个审计项目并不全部向社会公告。近年来，随着政务公开的法治化，审计公告已经常态化、制度化了。所以，我们更加注意发挥审计报告与单项审计结果公告的互补和衔接作用，审计报告不再举例子了，而是更多地反映预算管理和执行的总体情况，单项审计结果公告则侧重揭示具体部门和单位的具体问题，凡是审计发现问题涉及的部门和单位都一一点名。像2010年的审计报告篇幅不长，没有点名，但后面的附件一大摞，该点名的都点了名，而且非常具体。

实际上，近年来审计结果公开的力度在不断加大。2010年1至10月，全国共发布审计结果公告2896多期，比2009年同期增长54.9%。其中，审计署发布审计结果公告23期，比2009年同期增长64.3%。

100天——我国审计人员平均每年出差时间近100天

记者："十二五"即将到来，展望未来，审计工作面临的最大困难和挑战是什么？

刘家义：这个问题我考虑了很长时间，要说挑战既有来自我们内部的，也有来自外界的。

从审计机关内部情况来看，关键还是人的问题。随着民主法治的推进，社会各界对审计工作的期望和要求越来越高。然而现实情况是，一方面，审计力量不足和审计工作量不断加大、审计工作任务重的矛盾越来越突出。很多国家的审计人员数量都占到总人口的万分之一以上，而我国共有审计人员8万人，只占总人口的万分之零点六左右。"十一五"时期，审计机关的业务工作量是3590万人天，也就是说，平均每位审计人员每年有近100天要在外勤审计现场工作。这些工作量还不包括他们回到单位进行的审计情况汇总、审计报告撰写、完成内勤工作等事项。即便如此，我们审计的覆盖率还是偏

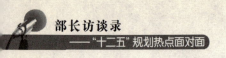

低的，目前每年对中央部门的审计覆盖面在三分之一左右，如果加上中央部门的二、三级单位，审计的覆盖面则还要小。以2009年为例，我们对中央部门包括其二级单位的审计覆盖面刚刚达到25%。

另一方面，审计干部的知识结构和技术方法需要更新，理论水平和实战能力亟待提高，尤其是绩效审计和跟踪审计的开展，需要更多的一专多能的复合型人才、需要具有较高理论水平、善于宏观分析的高端审计人才和国际化审计人才。此外，飞速发展的信息技术也给审计工作带来挑战，如何适应信息化环境，不断改进审计的技术手段，是我们当前面临的一个重要课题。

从外部环境看，核心是民主法治的问题。应该说，相对于经济社会的快速发展来说，我国的法制建设还存在滞后的现象，个别单位和少数个人的法制意识还不够强，违规违纪违法现象还时有发生，审计的执法环境需要进一步改善。同时，也存在对审计工作不理解的情况。这些因素都在不同程度上给审计工作带来不便。因此，我一直强调，审计机关一方面自身要坚持依法办事，另一方面还要通过依法审计，促进被审计单位依法行政，推动民主法治建设。

（新华社北京2010年12月21日电，记者张晓松）

【背景介绍】

一、采访过程

2010年12月2日上午9时，在位于北京市西城区展览路北露园一号的审计署机关办公大楼5楼会议室，审计署审计长刘家义准时接受了中央新闻单位的集体采访。

刚刚从南非约翰内斯堡举行的第20届世界审计组织大会赶回来，刘家义的脸上多少有一些倦意。在这次会议上，刘家义被推举成为世界审计组织第一副主席，并将在 2013 年担任世界审计组织的主席。

"那天，审计长从会场回到房间，边给我们开会边吃了一碗面，接着就赶往机场飞回国内来了。太辛苦了！"刘家义身边的工作人员告诉记者。

紧张的工作，再加上还没有倒过来的时差，并没有影响他在记者们面前的发挥。

"我这人不会背稿子，也不会念稿子。"

在近两个小时的采访过程中，这位与数字打了近三十年交道的老审计没有拿一页纸的参考资料，但关于"十一五"期间审计工作的几十组数字却总能伴随着四川普通话脱口而出并准确无误。

1984 年，也就是审计署成立后第二年，时年 28 岁的刘家义进入四川省审计局，从此踏上审计之路。

从地方审计部门到审计署驻地方特派员办事处，再到审计署机关，最后成为中华人民共和国审计长，刘家义的工作轨迹，伴随着改革开放后中国审计事业的发展与变迁。

2008 年 3 月，刘家义开始担任审计长，而这一年可以说是中国"极不平凡"的一年。

面对金融危机冲击下的中国经济，保增长的巨额投资、汶川震后重建、北京奥运盛世等一个又一个审计大项顺利完成并发挥了重要作用。坚信"审计的根本目标是维护人民群众的根本利益"的刘家义，带领审计机关在保障国民经济安全运行、推动民主法治建设等方面发挥着日益重要的作用。

中国部一级政府机构中，与"风暴"一词发生组合次数最多的，当属审计署。

"审计风暴"不是审计的全部，却是中国公众对审计认识的肇始。然而，近年来，公众熟悉并且乐见的这种组合似乎不再，"风暴"与审计署渐行渐远，一种公众情绪随之蔓延开来：审计的威力是否降低了？

采访中，刘家义没有回避这一质疑。自称喜欢上网的他承认，公众的这种心理感觉自己触摸得到。

"其实我们是把点的名都放在了后面的附件中了，该点的都点了。"他说。

"阳光是最好的防腐剂"，这是刘家义对于审计结果公开制度的一个形象比喻。他透露，2010年1至10月，全国共发布审计结果公告2896多期，比2009年同期增长54.9%。其中，审计署发布审计结果公告23期，比2009年同期增长64.3%。

实际上，公众印象的变化，投射出的是审计署审计思路的转变。这种变化，按照刘家义的话来说，是建立一个保障国家经济社会健康运行的"免疫系统"，而这意味着从"事后审计"关口前移，更加注重"事中审计"甚至"事前审计"。

"我们要融入国家经济社会运行的全过程。"刘家义说，"要在经济运行过程前、中、后有机地结合进行，而不是在问题发生后才查处，使预防作用最大化。"

近年来，刘家义一再强调，不能再眼睁睁地看着项目干起来，干部倒下去。他希望审计能够发挥"免疫系统"功能，使众多问题防患于未然。

但是，在过去5年里，全国审计机关还是查出了重大案件线索6531件，涉及8934人。而每一年，审计署发布的审计公告，都会将中央国家机关的违规问题一一点名，在社会上引起很大反响。

"有的人问我你作为审计长，你的后台是谁？"刘家义停顿了一下，声音陡然提高："我说我告诉你们，我的后台非常强硬，有两个后台，第一个是13亿人民，第二党中央、国务院！另外还有一个支撑，这个支撑就是国家的法律！"

实际上，作为共和国的第五任审计长，刘家义在公众眼里显得颇为低调。

"如果老百姓说，这个刘家义担任审计长是在尽职尽责，勤勉履行法律赋予的职责，我觉得就心满意足。"刘家义说。

（新华社记者张晓松）

二、近年来审计查处重大案件

1．王益（国家开发银行原副行长）案。2008 年，审计署在对国家开发银行的审计中发现，2003 年 5 月，该行违规向郑州市经济技术开发区发放 3 亿元贷款，开发区管委会以"融资奖"的名义，支付给帮助其联系贷款的公司 1625 万元。审计署将此案件线索移送中央纪委监察部后，最终发现王益等人从中收受贿赂 1000 余万元。经由移送检察机关提起公诉后，2010 年 4 月，王益以受贿罪被判处死刑，缓期两年执行，剥夺政治权利终身，并没收个人全部财产。

2．李培英（首都机场集团公司原总经理、董事长）案。2006 年 7 月至 2007 年 3 月，审计署交通运输审计局在对原中国民用航空总局 2006 年度预算执行审计中发现，首都机场集团公司原总经理、董事长李培英违规对外投资和拆借资金，以及涉及个人受贿、贪污等问题，审计署将此情况上报国务院，国务院总理温家宝及其他领导同志作了重要批示，由中央纪委成立专案组（"302"专案组）进行查处，审计署先后派出 16 名同志参与了中央纪委调查，另有数名同志参与了外围调查。经过长达半年的艰苦取证，查实问题后，中央纪委将李培英等人移送司法机关处理。2009 年 8 月 7 日，李培英在山东省济南市被执行死刑。

3．戴备军（浙江省环保厅原厅长）案。审计署在"三河三湖"水污染防治绩效审计调查中发现，2006 年至 2008 年 3 月，浙江省前环境保护局违规帮助民营企业浙江环茂自控科技有限公司垄断了全省的污染源自动监控系统的建设和运营维护，还违规拆借资金 2000 万元供其使用，致使该公司牟取巨额利润；该局及 7 家直属事业单位还将大量业务收入转出，以"咨询津贴"和票据报销等方式套现私分。审计署将此案件线索移送浙江省政府查处后，浙江省纪委最终查出戴备军等人涉嫌滥用职权和受贿。经检察机关提起公诉后，浙江省杭州市中级人民法院于2010年1月，以受贿罪和滥用职权罪，判处戴备军无期徒刑，剥夺政治权利终身，并处没收个人全部财产。

4. 谢根荣案。审计署在对中国建设银行的审计中发现，北京燕山华尔森实业集团原法定代表人谢根荣（曾任第十届全国政协委员、全国工商联执委常委）在2000年至2004年间，通过其控制的多家关联企业，采取"一房多卖"、编造售房合同以及提供虚假财务报表等手段，从中国建设银行北京分行骗取个人住房按揭贷款6.16亿元；通过滚动签发无真实贸易背景的银行承兑汇票后到异地贴现等方式，套取该行资金2.06亿元。这些资金被转移至个人账户或提现后，部分供其收藏古董、购买豪宅名车等奢侈消费以及境外赌博挥霍之用，部分用于炒股等个人投资活动。银行将上述贷款本息全部认定为损失，其中3.62亿元于2007年被核销。中国建设银行北京分行所属开发区支行原行长颜林壮、副行长赵峰等人在办理上述业务时，存在内外勾结掩盖不良贷款以及违法发放贷款等行为。审计署将该案移交公安机关查处，并由检察机关提起公诉后，北京市第一中级人民法院于2009年12月以贷款诈骗罪，一审判处谢根荣无期徒刑，剥夺政治权利终身，并处没收个人全部财产；以违法发放贷款罪和违规出具金融票证罪，一审分别判处颜林壮、赵峰有期徒刑20年、19年，并分处罚金20万元、10万元。

5. 黄俊钦、黄光裕兄弟案。审计署在中国银行审计中发现，1996年9月至2000年，北京新恒基房地产开发总公司法定代表人黄俊钦等人，采取提供无效担保、伪造工商登记和财务报告资料等虚假手段，或以空壳企业名义，从中国银行北京市分行骗取信贷资金4亿多元，全部转移挪用到其控制的其他关联企业或用于证券投资，致使银行形成损失2亿多元。2006年，审计署将此案件线索移送公安机关查处，2010年8月，北京市人民检察院第二分院对黄俊钦等人涉嫌贷款诈骗等犯罪向北京市第二中级人民法院提起公诉，目前该案仍在审理中。

6. 重庆谊德实业有限公司法定代表人卫承伟等人涉嫌金融诈骗案。审计署在中国农业银行审计中发现,1997年至2003年,卫承伟利用其控制的多家关联企业,通过虚构贸易背景骗取银行承兑汇票,并采取重复抵押、提供虚假财务报表、行贿国家工作人员等手段,先后骗取并侵占中国银行、中国农业银行、中国建设银行等多家银行的信贷资金5亿多元。审计署将此案件线索移送公安部门查处,由重庆市人民检察院第五分院提起公诉后,重庆市第五中级人民法院和重庆市沙坪坝区人民法院分别以受贿罪判处与该案有关的中国建设银行重庆分行原副行长郑保刚,重庆市国土房屋和资源管理局原市场处处长曾强、副处长杨东渝等国家工作人员有期徒刑6年、10年2个月、8年6个月。重庆市第五中级人民法院以合同诈骗罪对卫承伟等人开庭审理,目前该案仍在审判中。

7. 汪建中案。汪建中,原系北京首放投资顾问有限公司董事长,多次担任中央电视台《中国证券》栏目嘉宾,在证券市场具有一定影响力。2007年以来,汪建中在某证券公司北京营业部先后开立了11个资金账户,在利用这些账户买入证券后,即通过"北京首放"网页向社会公开发布买入该证券的投资建议,为其持有的证券渲染造势,在投资建议发布的次日再将持有的证券卖出从中牟利。汪建中非法获利线索移送证监会查处后,其1.25亿元违法所得被没收,并被罚款1.25亿元,终身禁入证券市场,还将被依法追究刑事责任。

(审计署办公厅提供)

【深度解读】

审计"免疫系统"理论的提出和发展

近年来,审计署在总结经验、摸索规律的基础上,充分认识到审计工作必须以科学发展观为灵魂和指南，必须牢固树立科学审计理念。审计监督作为国家政治制度不可缺少的组成部分，是民主法治的产物和推动民主法治的手段，是维护国家经济安全的重要工具，是国家治理这个大系统中的一个具有预防、揭示和抵御功能的"免疫系统"。审计的根本目标是维护人民群众的根本利益，在现阶段就是"推进法治、维护民生、推动改革、促进发展"；审计的首要任务是维护国家经济安全、保障国家利益、推进民主法治、促进全面协调可持续发展；审计的基本工作方针是"依法审计、服务大局、围绕中心、突出重点、求真务实"。

具体讲，其内涵包括以下几个方面：第一，必须充分发挥预防功能，及时发现苗头性、倾向性问题，及早感受风险，提前发出警报，起到预警作用。第二，必须充分发挥揭露功能，查处违法违规、经济犯罪、损失浪费、奢侈铺张、损坏资源、污染环境、损害人民群众利益、危害国家安全、破坏民主法治等各种行为，并依法对这些行为进行惩戒；揭示体制障碍、制度缺陷、机制扭曲和管理漏洞，以保护经济社会运行的安全健康。第三，必须充分发挥抵御功能，促进改革体制、健全法治、完善制度、规范机制、强化管理、防范风险，提高经济社会运行质量和绩效，增强经济社会运行的"免疫力"，推动经济社会全面协调可持续发展。

在这一理念的指导下，审计署提出审计工作要坚持"两手抓"：一方面揭露和查处违法违规问题，发挥审计在惩治腐败、加强廉政建设方面的作用；另一方面关注重大的体制性障碍、制度性缺陷和管理漏洞，推进民主法治建设和体制制度创新。从实践效果看，审计工作在维护民生和国家经济安全、促进政令畅通和深化改革、推动政务公开和民主法治建设等方面，发挥了重要的作用。

中央扩内需政策实施情况审计发现五大问题

"十一五"时期是我国发展史上极不平凡的五年。面对国内外环境的复杂变化和重大风险挑战，我们党紧紧抓住发展这个执政兴国的第一要务，实施正确而有力的宏观调控，有效地应对国际金融危机巨大冲击，保持了经济平稳较快发展的良好态势。在这期间，审计机关以促进经济平稳较快发展为主线，在所有的审计项目中，都关注了中央相关政策措施的落实情况，同时加大了专项审计和调查的力度，先后组织了金融危机对我国商业银行、经济实体和地方财政收入状况的影响、中央企业从事金融衍生品业务情况、中小企业扶持政策落实情况以及保障性安居工程等120多项审计及审计调查，对京沪高速铁路、西气东输二线、金沙江向家坝水电站等2万多个投资项目和1万多个汶川地震灾后恢复重建项目进行了跟踪审计，还跟踪分析了商业银行每季度新增贷款情况，深入开展工程建设领域突出问题专项治理工作。

从审计情况看，中央的决策部署是及时的、有力的，贯彻执行的总体情况是好的，取得的效果也非常明显。但仍然存在以下几个方面的问题：一是财政、金融、投资、企业等方面管理体制尚不完善，相关改革有待继续深化。二是地方政府性债务、信贷投放结构、战略物资储备和涉密信息管理等方面存在一些潜在风险和矛盾，影响国家经济安全。三是环境污染状况严重，落后产能淘汰工作力度仍需加大，企业自主创新能力不足，制约经济可持续发展。四是民生事业发展不足，收入分配格局亟待调整，住房、入学、就医、养老和社会救济等体系仍较薄弱。五是违法违规问题仍然多发，一些部门和单位内部控制制度不健全，权力过于集中，难以遏制少数人以权谋私，监管力量需要加强。

"跟踪审计"日益发挥重要作用

按照党中央、国务院的部署和温家宝总理关于"财政资金运行到哪里，审计就跟进到哪里"的要求，审计机关近年来对汶川、玉树、舟曲抗震救灾和灾后恢复重建、奥运会、亚运会、世博会等重特大公共事件，应对国际金融危机一揽子计划的实施、援疆资金和项目等重大政策措施，以及京沪高速铁路、西气东输二线、金沙江溪洛渡水电站等重特大投资项目进行了跟踪审计。这些跟踪审计，总体目标就是"一促一保"，即促进中央相关政策措施落实到位，保障资金管理和项目建设的规范有序、廉洁高效和公开透明，不出重大问题。在跟踪审计中，审计机关坚持边审计、边促进整改、边公告审计情况，促进相关问题的及时整改和解决，发挥了重要作用。如在汶川灾后恢复重建跟踪审计中，根据审计建议，各地加快了 1907 个项目的建设进度，改

审计人员在京沪高速铁路审计项目现场检查轨道板磨制情况。　　　（审计署办公厅提供）

善了 2472 个项目的质量管理，共节约重建资金和挽回损失 26.73 亿元，收回被挤占挪用资金 4.05 亿元。

由于跟踪审计项目时间紧、任务重、要求高，审计署在总结经验的基础上，提出跟踪审计必须坚持"突出重点、量力而行、明确责任、防范风险"的原则。所谓突出重点，就是要抓住重点项目、重要环节、关键时点和重点内容，在审计事项发生的过程中分阶段、有重点地实施跟踪，不能"眉毛胡子一把抓"；所谓量力而行，就是要结合审计机关的实际承受能力和审计人员的技术水平，把握好跟踪审计的尺度和分寸，量力而行，尽力而为，不能包打天下；所谓明确责任，就是要保持审计的独立监督地位，在法定职权内开展工作，不参与决策和管理，到位而不缺位、不错位、不越位；所谓防范风险，就是要逐步规范跟踪审计行为，努力提高审计人员的专业胜任能力，严格约束外聘中介机构和专业人员的执业行为，防范审计质量风险和廉政风险。今后，审计机关将逐步完善跟踪审计的内容和手段，更好地发挥跟踪审计在重特大公共事件和投资项目中的积极作用。

效益审计在全部审计中所占比重不断提高

2005 年前审计署曾提出，将会投入一半力量进行效益审计、强化教育医疗专项资金审计，并在 2012 年做到所有的项目都开展绩效审计。现在来看，这一目标已经基本实现，以 2009 年为例，审计署大部分的审计项目都包括绩效审计的内容，涉及绩效审计的工作量已占全部审计工作量的 70% 左右。"十一五"期间，全国共开展绩效审计项目达 24 万多个，查出项目存在损失浪费金额 1800 多亿元，审计后促进增收节支 420 多亿元，挽回或避免损失400 多亿元，审计中提出建议 309198 条，被采纳的审计建议 301997 条，意见采纳率达 98%。

应该讲，这些年绩效审计工作的力度还是非常大的，在这一过程中，审计机关初步探索出有中国特色的综合审计模式：这就是从财政财务收支入手，以责任履行和责任追究为重点，将财政财务收支真实合规性审计与绩效审计融为一体，坚定不移地揭露和查处重大违法违规案件和经济犯罪线索，坚定不移地深入揭示体制性障碍、制度性缺陷和重大管理漏洞，提出改革体制、健全机制、完善制度、规范管理的建议。但同时也应看到，绩效审计的操作规程、评价标准还在逐步摸索中，还缺乏统一的规范。

审计人员在定州农户家调查种粮农民四项补贴情况。　　　　　（审计署办公厅提供）

国企审计成为审计工作重中之重

"十一五"时期，审计署一直将国有企业审计列为审计工作的重中之重来抓。5年来，全国审计机关共审计了23984户企业，促进增收节支226亿元，审计后挽回（避免）损失 31 亿元。从审计情况看，通过不断深化改革、强化管理，国有企业的影响力、带动力和控制力显著增强，经济效益明显提高，已经形成了一批具有较强国际竞争力的大企业集团，并在某些领域处于世界领先地位。同时，国有企业也还存在损益不实、违规决策造成国有资产损失、违法违纪现象时有发生以及企业核心竞争力不强等突出问题。这些问题的产生，根本原因是企业改革尚不到位，公司治理结构不够完善、监督制约及责任追究机制还不健全，很多企业由于经营链条长、管理跟不上，造成一些下属单位出现问题较多。

"十二五"期间，审计署将在"十一五"工作基础上，继续以转变经济发展方式和经济结构调整为重要抓手，加大对科技及自主创新等方面投入的监督力度，在深化企业领导人员经济责任审计和企业财务收支审计的基础上，进一步加强对企业贯彻执行宏观经济政策、加强自主创新、推进改革等方面情况的审计调查，推动企业审计工作上新台阶。

中国审计国际影响日益增强

近年来，中国审计国际影响日益增强，中国审计署加入了世界审计组织和亚洲审计组织等多个国际性审计组织，先后两次担任亚审组织主席，目前仍然担任联合国审计委员会委员、世审组织理事会成员、亚审组织理事会成员、亚审组织环境审计工作组主席等多个重要职务，还参加了世审组织多个专业委员会、工作组；在南非刚刚召开的世审组织第 20 次大会上，中国审计署成为世审组织副主席，并承接了 2013 年世审组织大会的举办权。届时中国审计署审计长将担任世界审计组织理事会主席。20 余年来，审计署参与各类国际审计组织的活动由被动参加到主动参与，从简单参与到担纲主持，从跟随国际发展趋势到宣传阐释中国审计理念这一过程，彰显了中国审计在国际审计领域的地位的变化。

自 2008 年 7 月 1 日起，中华人民共和国审计署审计长正式履任联合国审计委员会委员，中国审计署开始履行联合国审计职责，任期 6 年。根据联合国审计委员会分工，审计署目前负责对联合国维持和平行动、联合国儿童基金会、联合国日内瓦总部、联合国人权事务高级专员办事处等 17 个机构和项目的审计，每年现场审计涉及 20 多个国家和地区。两年来，审计署联合国审计工作成果受到各方好评。联合国大会第五委员会赞赏中国提交的审计报告"质量上乘、格式简化"。联合国大会行政和预算咨询委员会认为中国提交的审计报告"质量很高、也很全面，为联合国大会审议维和预算执行情况和决算提供了便利，特别给予表扬"，并明确要求联合国有关部门和秘书长全面落实审计建议。

（审计署办公厅提供）

最牵挂困难群众衣食冷暖

——访民政部部长李立国

"如果重访灾区，我希望看到受灾群众的日常生活得到保障，不缺吃、不缺穿、不缺用，孩子们早已正常上学，他们越冬的住处是暖和的，他们的表情是安宁的。"2010年即将过去，但在民政部部长李立国的脑海里，玉树地区、

民政部党组书记、部长李立国正在接受记者采访。　　　　　　　（民政部办公厅提供）

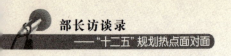
舟曲特大山洪泥石流等灾害的记忆仍挥之不去。

救灾只是民政部大大小小百十项工作之一。每逢年终岁尾，困难群众的生活保障问题总是牵动全社会的心。谈起他们的衣食冷暖，李立国说，保民生是民政部最核心的工作职能，对此，全国各地民政部门将竭尽全力。

"千方百计，确保每一个受灾群众安全、温暖过冬"

从 2003 年到民政部任职至今，李立国到访灾区的经历可谓无数。"每一次去灾区的经历都会给我留下深刻记忆，在灾区见到的情景我终生难忘。"对灾区群众的深厚感情，是他和民政干部救灾工作的重要动力。

回望"十一五"，我国自然灾害频发、巨灾多发。南方低温雨雪冰冻灾害、四川汶川特大地震、西南旱灾、青海玉树地震、甘肃舟曲特大山洪泥石流……据统计，共有 22.2 亿人次遭受各类自然灾害影响，因灾死亡、失踪 10.4 万人，因灾直接经济损失 2.5 万亿元!

李立国介绍，近年来，国家救灾补助政策不断完善，每次灾害发生后，受灾群众的基本生活都能得到及时有效保障。在"十五"期间已有的应急救助、倒房重建、冬春救助等基础上，国家在"十一五"时期新增了旱灾救助、过渡期生活救助、遇难人员家庭抚慰、"三孤"人员安置救助等项目。

中央救灾补助标准也大幅提高，紧急转移安置补助由"十五"期间人均 100 元提高到 150 元，台风灾害单列为人均 70 元，倒房补助由每间补助 300 元提高到户均补助 1 万元，高寒地区达到户均 1.4 万元，冬春生活补助由人均 30 元提高到 50 元。

眼下正是一年中最寒冷的季节，青海、甘肃等地受灾群众的过冬问题社会关注。李立国说，目前民政部门已累计向玉树州调运 20 平方米加厚棉帐篷 4.6 万顶。青海省已发放 2 万个取暖火炉，对未配发火炉的受灾群众发放火炉购置补助资金，同时，还发放了取暖补助。在舟曲，470 名无投亲靠友能力的受灾群众已经被转移到固定房屋中越冬。

"现在我们可以确保受灾群众过冬每人一床棉被、一件棉衣，每人每天一斤基本口粮。"李立国说，"民政部将密切关注灾区天气变化趋势，加强与受灾地区民政部门的联系，千方百计，确保每一个受灾群众安全、温暖过冬。"

"救助是困难群众应享有的权益，是政府的法定责任"

农村低保制度普遍建立，农村医疗救助制度覆盖所有涉农县市区，城市医疗救助制度基本确立，农村五保供养由农民集体互助共济转向以政府财政保障为主……回顾"十一五"社会救助事业发展历程，李立国把它总结为四个历史性的新跨越——

社会救助工作由单项突破转向体系建设，救助内容从单一性的生活救助走向多样化的综合救助，日益彰显对困难群众的人文关怀、人格尊重，在救助工作的人性化上实现了新跨越；

社会救助形式从临时性传统救助转向经常性制度化救助，管理模式从静态粗放式走向动态精细化，操作管理日益规范、严格，在救助工作的科学化上实现了新跨越；

社会救助范围由注重城市转向统筹城乡，低保、医疗救助制度从典型探索走向全面覆盖，城乡困难群众日渐享受到同样的待遇、平等的关爱和公平的扶助，在救助工作的均等化上实现了新跨越；

社会救助对象由传统的民政对象转向所有困难居民并向低收入人口拓展，对象核定方式由依据人员身份走向依据救助标准，救助管理更加公开、公平、公正，在救助工作的公正化上实现了新跨越。

"这些新跨越、新发展，推动人们的思想观念由救济是社会施舍、是政府恩赐，向救助是困难群众应享有的权益、是政府法定责任的根本转变，推动我们的工作方式实现由以往的发发钱、拜拜年，向科学化、规范化操作的根

本转变。"李立国这样评价。

他表示，城乡低保目前已基本达到应保尽保，民政部门面临的新任务是要建立完善低保标准与物价水平联动的动态调整机制，更好地保障困难群体生活。同时，民政部还将继续协调推动解决低保家庭及其他低收入家庭在医疗、教育、住房、面临突发事件等方面的困难。

"未来5年，农村老人也将享受到居家和社区养老服务"

近年来，由于很多农村青壮年到城市务工，造成了大量农村空巢老人。据有关方面统计，目前在我国农村有4000多万留守老人。而在这4000多万留守老人中失能、半失能的老人占有相当大的比重。

李立国说，解决农村老年人的养老服务需求问题，需要从两个方面来推进：一个是拓展农村敬老院的服务功能，要在保障五保老人的基础上，扩大服务范围，向其他老年人提供有偿服务。还有一个渠道就是政府补助，社会力量资助参与，在农村社区发展养老服务功能，并开展居家养老服务。

谈到西部农村老年人的养老问题，李立国显得很忧虑。"目前，西部农村可以说是两个基本没有，一个是基本没有开展居家养老服务，一个是基本没有社区养老服务功能。"

如何解决这一难题？李立国说，要编制"十二五"社会养老服务事业发展专项规划，从投入、建设、设备和功能上推进农村社区养老服务功能的发展，推进进家入户的养老服务。属于无收入来源、无劳动能力和没有抚养人、赡养人的老人，按照规定纳入五保供养。对困难老人提供社会养老服务，政府要尽可能地给予补贴。对有支付能力的老年人，提供有偿的社会养老服务。

"未来5年，农村老人也将享受到居家和社区养老服务。"李立国说，"我们将努力做到：城市的老年人能够普遍享有居家养老服务、社区服务，需要入住机构的需求基本上得到满足。对农村的老年人而言，应该是创造条件，使居家养老服务和社区养老服务开展起来，失能、半失能老人希望就近入住养老机构的，能够实现自己的愿望。"

（新华社北京 2010 年 12 月 22 日电，记者卫敏丽）

【背景介绍】

"十一五"期间，我国自然灾害频发、多发，尤其是 2008 年南方低温雨雪冰冻灾害、"5·12"汶川地震、西南特大旱灾、青海玉树地震以及甘肃舟曲特大山洪泥石流等灾害，给人民群众生命财产造成重大损失，其灾害频次之密，影响范围之广，灾害损失之重，救灾难度之大，均前所未有。

据统计，"十一五"以来，我国共有 22.2 亿人次遭受各类自然灾害影响，因灾死亡失踪 10.4 万人，紧急转移安置 8149 万人次；农作物受灾面积 33.4 亿亩，其中绝收面积 4.1 亿亩；倒塌房屋 1792.5 万间，损坏房屋 4615.7 万间；因灾直接经济损失 2.5 万亿元。

"十一五"期间，国家共投入中央自然灾害生活补助资金约 900 亿元。全国年均救助受灾群众 9000 余万人，累计帮助受灾群众重建住房 1600 余万间。

对于社会舆论高度关注的救灾款物发放问题，民政部部长李立国说，民政部高度重视救灾款物的管理使用，会同有关部门积极采取多种监管措施，确保救灾款物及时、足额发放到受灾群众手中。

一是制定出台有关救灾款物管理的法规规范。2010 年 9 月 1 日正式实施的《自然灾害救助条例》第五章就救助款物管理作出了明确规定。民政部制定出台了《灾害应急救助工作规程》、《灾区民房恢复重建管理工作规程》、《受灾人员冬春生活救助工作规程》、《民政部救灾捐赠工作规程》等一系列工作规程，就救助对象的调查、统计、审核、确认等工作环节作出了规定。汶川地震发生后，针对当时救灾工作的特殊需求，还先后制定出台《汶川地震抗震救灾生活类物资分配办法》、《救灾物资回收管理暂行办法》、《汶川地震抗震救灾捐赠款物统计办法》、《汶川地震抗震救灾资金物资管理使用信息公开办法》等一系列救灾款物管理办法。

二是规范救灾款物管理的工作程序。各级民政部门严格按照救灾款物管理使用的规定，规范救灾款物管理的各项程序。在救灾款物的使用上，坚持专款（物）使用，无偿使用，重点使用，分类救助；在救助对象的确认上，严格执行"户报、村评、乡审、县定"四程序；在救灾款物的发放上，严格实行"民主评议、登记造册、张榜公布、公开发放"四步骤；在款物发放形式上，逐步实施灾民救助卡制度，积极推行"一卡（折）通"等社会化发放方式；在款物使用公示方面，要求做到"资金来源、发放原则、补助对象、救灾标准"四公开。

三是加强救灾款物管理监督检查。首先，建立了民政、财政、纪检、监察、审计等部门参加的救灾款物监管机制，加强部门会商，强化救灾款物监管各项措施。其次，加强定期督察。民政部会同财政等有关部门组成督察组，定期赴灾区开展监督检查，采取实地查看、入户调查、阅读原始台账等方式，检查救助政策实际落实情况，指导各地做好救助对象确认和救灾款物发放等工作。

另外，主动接受社会监督。拓宽舆论监督渠道，对救灾款物、救灾捐赠款物的接收、分配和使用情况，都及时通过新闻媒体向海内外公布，切实做好信息公开工作。

2010年年初，广州市政府提出"以房养老"模式，探索发展住房反向抵押养老保险。对此，李立国发表看法说，以房养老在西方国家是比较常见的养老模式，但在我国尚处于起步和摸索阶段。

据介绍，目前，我国的部分地区如北京、上海等地已有探索，形式也比较多样。一是实行银行"倒按揭"，由老人把房子抵押给有政府背景的公益性机构或是金融机构，由其一次性或分期支付老年人养老金，老人去世时房屋产权由这些机构处分，"剩余价值"（房价减去已支付的养老金总额）交给其继承人；二是实行"以房换养"，由老人将房产交由养老机构出租，自己免费入住养老机构，并得到全套养老服务，待老人故去后，房产将收归养老机构所有；三是实行"以房自助养老"，老年人将自己的产权房与市公积金管理中心进行房屋买卖交易，交易完成后，老人可一次性收取房款，房屋将由公积金管理中心再返租给老人，租期由双方约定，租金与市场价等同，老人可按租期年限将租金一次性付与公积金管理中心，其他费用均由公积金管理中心交付。

李立国认为，从现实意义上讲，以房养老是一种新的养老尝试，为老年人的养老提供了多元化的选择，对于减轻子女的负担，弥补社会保障费用的不足，提高老年人的生活质量，具有一定的积极意义。但是，考虑到我国的基本国情，以及人们的观念转变还需要过程，现阶段普遍推行以房养老还存在着一定的问题。一是老年人有着比较强烈的"但留方寸地，留与子孙耕"的财产继承观念，一旦实行以房养老，不但会使子女陷于不孝的道德困境，严重的还可能引发有关继承权的法律问题，老年人的接受率比较低；二是按照国家规定，农村居民的住宅不能用于抵押，城市居民住宅用地的使用期限为70年，老年人将房子抵押给公益机构或金融机构后，房屋的使用期限仅剩20—30年，这不利于房产的变现，未来收益也存在着很大的不确定性，会影响各方面决心的形成；三是目前针对以房养老的法律法规、政策措施、监管体系建设还比较滞后，尚未形成比较成熟的运作模式。因此，现阶段只能是研究、探索和按个人意愿及有关条件试行。

李立国还对2010年受人瞩目的"巴比慈善晚宴"事件进行了回应。他认为，作为现代慈善事业发达的美国，有很多理念和具体的做法值得学习和借鉴。一是美国慈善组织的运作模式。他们引入市场的机制，参照企业的管理方式、经营理念和保值增值的投资要求运作慈善组织，既提高了慈善组织的

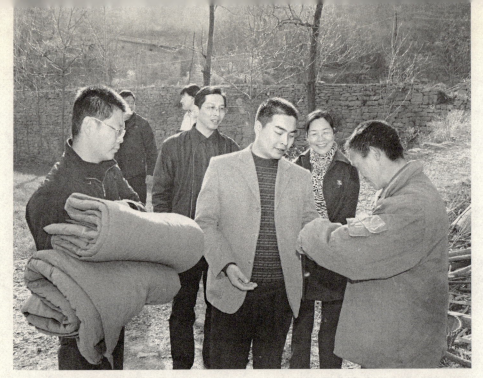

近年来，我国慈善捐赠总量呈持续增加态势，民众慈善意识逐步提高。从慈善活动开展的形式来看，各地因地制宜，积极探索慈善发展路径。河南省荥阳市开展全民慈善活动，充分调动民间资源，为困难群众办实事。图为河南省荥阳市环翠峪村养殖户张利剑将2000元钱捐给杏花村村民梁山虎，帮助他家缓解生活困难。

（民政部办公厅提供）

工作效率，也提高了慈善组织的造血功能。二是组织的治理结构。美国慈善组织设立理事会（董事会）制度，引入回避、避免关联交易等制度措施，使组织的治理结构更加完善，从而具有合理、科学的决策机制。三是信息的公开透明做得比较好。信息公开透明是慈善组织公信力的主要依据。只有信息的公开透明，才能对社会民众、对捐赠者有个交代，才能进一步增强组织的公信力，才能更加发展和壮大慈善组织。

他说，我国慈善领域总体是好的，可能目前慈善组织的运作效率与广大人民群众的要求有一定距离，也有一些诸如组织的专业化水平不高、组织的专业人才缺乏等问题。因此，政府在促进慈善事业发展中的重要工作，就是要培育和发展慈善组织，要出台鼓励政策，引导优秀人才进入慈善事业领域。同时，还要加强对慈善捐助工作的监管，促进信息公开透明。

（民政部办公厅提供）

【深度解读】

"十一五"期间，民政部紧紧围绕保障受灾群众基本生活这一工作职能，成功应对了历次重大自然灾害，受灾群众得到及时救助和妥善安置，灾后恢复重建工作取得显著成效。我国减灾救灾工作经过不断历练和创新发展，体系日臻完善，基础日益夯实，能力不断提升，主要体现在：减灾救灾体制机制法制不断完善，救灾补助政策不断完善，减灾救灾能力不断提升，社会动员能力不断提高，减灾救灾科技支撑和国际合作不断加强等方面。

目前，国家减灾委专家委正会同有关部门编写《国家综合防灾减灾"十二五"规划》，该规划将着眼国家防灾减灾全局，立足解决防灾减灾综合问题，重点加强防灾减灾多灾种综合、跨区域合作、各部门协作的能力建设，统筹抗御各类自然灾害，统筹考虑防灾减灾工作各个阶段，统筹利用各方面资源，统筹运用法律、行政、市场和科技等多种手段，最大限度地减少人民群众生命和财产损失，切实保障经济社会全面协调可持续发展。主要有以下几个方面的考虑：

一是降低风险。将防灾减灾工作纳入地方各级国民经济和社会发展规划，在土地利用、自然资源使用、城乡建设、气候变化适应、扶贫等相关规划中要体现防灾减灾的要求。保险在灾害风险管理中的作用显著增强，自然灾害保险赔款占自然灾害损失的比例明显提高。

二是减少损失。降低自然灾害的年均百万人口死亡数值，减少年均因灾直接经济损失占国内生产总值的比例，自然灾害对经济社会和生态环境的影响进一步降低。

三是增加投入。建立稳定和多元化的资金投入机制，提高全社会防灾减灾能力建设投入占国内生产总值的比重。提高受灾群众的救助标准，完善自然灾害救助标准体系。加大防灾减灾基础设施与重大工程、科学研究与技术开发、宣传教育的经费投入。

四是提高能力。各省级、地级和灾害频发易发区县级政府建立防灾减灾综合协调机制。基本摸清全国重点区域自然灾害风险与减灾能力底数。防灾减灾信息化水平明显提高。灾后恢复重建的基础设施和民房普遍达到规定的设防水平。全民防灾减灾意识明显增强，继续推进全国综合减灾示范社区建设，大力发展防灾减灾人才队伍。

社会救助是社会保障体系的基础部位，是保障人民群众基本生活的最后一道防线。从国家和社会获得帮助是困难群众的权益，实施社会救助也是党和政府的责任。

"十一五"时期，在党中央、国务院和地方各级党委、政府的领导下，各级民政部门扎实推进为民解困工作，出台了一系列社会救助政策，不断创新体制机制，稳步拓展救助范围，大幅增加资金投入，逐步规范操作管理，基本建立起覆盖城乡的新型社会救助体系，圆满完成了《中华人民共和国国民经济和社会发展第十一个五年规划纲要》有关任务要求，基本实现了贫者有所济、孤者有所养、病者有所医、困者有所帮，取得了举世瞩目的显著成效。可以说，"十一五"时期是新中国成立以来，社会救助事业发展最快、受助群众最多、实施效果最好的时期。

几年来，农村低保工作快速发展，重点对象基本实现应保尽保，保障标准逐步提高，资金投入逐年增加，操作管理趋于规范。截至2010年11月，农村低保保障对象达到5179.6万人。

农村医疗救助制度在2006年年底覆盖了所有涉农的县、市、区；到2008年年底，城市医疗救助制度在全国也基本确立。城乡医疗救助制度的建立，为缓解我国城乡困难群众就医难看病难提供了制度保障，对推进社会救助体系建设，满足困难群众多层次、多方面救助需求具有十分重要的意义。

"十一五"期间，农村五保供养工作在初步实现"应保尽保"的基础上，通过完善体系、落实资金、动员社会力量等方式，不断完善五保供养政策，推进五保供养服务设施建设，提高五保供养服务水平。截至2010年11月，全国共有农村五保供养对象 553.7 万人，基本实现应保尽保。

各地在建立健全城乡低保、城乡医疗救助、五保供养、流浪人员救助等政策的基础上，还积极探索建立临时生活救助制度，以解决低保边缘群体的特殊困难；大力推进城镇住房保障政策、教育救助政策、司法援助政策、再就业扶持政策的落实，并出台对困难家庭用水、用电、取暖、交通、通讯等各种优惠政策，形成了以低保为基础，覆盖城乡的多项目、多功能的社会救助制度框架，共同编织了一张保护困难群体的全方位的安全网。

"十二五"期间，各级民政部门将以科学发展观为指导，以党的十七大确定的"健全社会救助体系"和"绝对贫困现象基本消除"为目标，坚持"保基本、可持续、重公正、求实效"，以完善制度、规范管理、狠抓落实为着力点，以强化能力建设为保障，进一步健全和完善政府统一领导，部门各尽其责，社会广泛参与，运转协调有序，组织保障有力，城乡统筹发展，与经济社会发展水平相适应的社会救助制度体系，不断推进社会救助事业健康发展。

养老也是一个社会高度关注的话题。"十一五"时期，我国养老服务体系建设取得了长足的发展：一是养老服务的政策法规建设不断推进，初步走上了有章可循的轨道；二是养老服务体系的基本框架初步确立，初步建立了以居家养老为基础、社区服务为依托、机构养老为补充的中国特色社会养老服务体系；三是养老服务多元化投入格局日趋形成，形成了财政、彩票公益金和社会投入相结合的多元化投入机制；四是社会养老服务体系的惠及范围逐步扩大，逐步由"三无"和"五保"老人拓展到全社会所有有需要的老年人；五是养老服务体系的能力建设不断加强，专业化、标准化、信息化服务水平不断提高。

党的十七届五中全会在"十二五"规划建议中鲜明地提出了"优先发展社会养老服务"的要求，为"十二五"期间加强养老服务体系建设指明了方向。在"十二五"期间，我国将基本建立起以居家养老为基础、社区服务为依托、机构养老为补充，资金保障与服务提供相匹配，无偿、低偿和有偿服务相结合，政府主导、部门协同、社会参与、公众互助，具有中国特色的社

会养老服务体系，让老年人安享晚年生活。

民政部将重点做好以下几个方面工作：一是加强养老服务体系建设规划的制定，发挥规划的引导作用；二是加强资金保障，建立政府供养、高龄补贴、养老服务补贴、民办公助等制度，根据老年人的收入水平和不同情况，实行无偿服务或有偿服务，满足老年人的养老服务需求；三是推进居家养老服务发展，完善社区养老服务，整合社会服务资源；四是加强养老机构建设，满足老年人集中照料需求；五是落实优惠政策，推动社会力量参与养老服务事业发展；六是加强养老服务法制化、标准化、信息化和专业化建设，提升养老服务的规范化水平；七是加强对长期照护制度、长期护理保险机制、现代老年产业体系的探索，推动养老服务事业创新性发展。

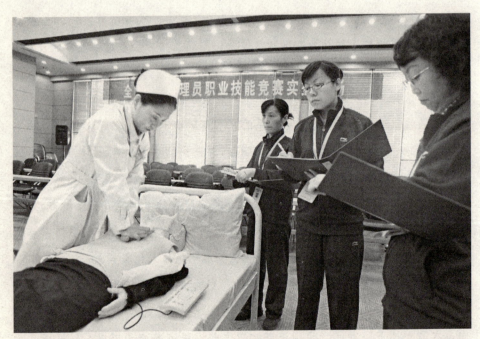

"十一五"期间，我国养老服务体系的能力建设不断加强。民政部门积极扩大养老服务队伍，吸纳了一大批愿意从事养老服务的人员，通过多种形式的岗前培训进入养老服务队伍。图为在民政部等部门主办的全国养老护理员职业技能竞赛上，参赛选手在参加心肺复苏比赛。

（民政部办公厅提供）

儿童福利事业在"十一五"期间也取得了较大进展：一是"蓝天计划"实施顺利，目前已建、在建311个地级以上城市儿童福利机构，共投入资金近30亿元。福利机构由传统救济型向福利型转变，由单纯养育功能向养、治、教、康等多种服务功能发展。二是"明天计划"成效显著，累计投入部省两级福利彩票公益金5亿元，完成儿童福利机构残疾孤儿手术3.5万例。同时，残疾孤儿特殊教育和康复训练工作不断推进。三是唇腭裂、疝气等贫困家庭儿童专项医疗救助计划初见成果。民政部与李嘉诚基金会合作，从2008年起累计投入1.3亿元，完成手术2.4万多例，贫困家庭残疾、病患儿童医疗康复水平有了很大提高。四是全国孤儿信息系统初步建立，儿童福利服务标准、家庭寄养和康复示范基地规范等逐步完善，儿童福利工作规范化、标准化水平进一步提高，为保障孤儿的基本权益，维护社会稳定，构建和谐社会发挥了重要作用。

"十二五"期间，儿童福利工作将在以下方面重点推进。一是落实孤儿基本生活保障制度。推动地方政府立足孤儿的健康成长和全面发展，争取更多资金投入，保障孤儿基本生活。建立全国孤儿福利信息系统，准确核定孤儿身份，确保及时、足额为孤儿发放基本生活费。二是继续实施"蓝天计划"，完善儿童福利机构各项功能，并推动其向社区开放和提供辐射服务，逐步为全国地级以上城市儿童福利机构配置器材装备。三是加强儿童福利机构人员队伍建设，推进孤残儿童护理员职业技能培训及考评工作。四是加强法制建设。目前在儿童福利和社会保护领域，缺乏儿童福利的相关法律法规。既有的法律法规过于强调未成年人保护的司法属性，为国家权力恰当介入预留空间较窄。对未成年人的监护还停留在私域化、亲属化、自治化范畴中，未成年人"国家人"、"社会人"的现代身份没有得到确认。现在亟需就儿童福利作出制度和立法安排，将儿童权利的保护建立在坚实的法律法规基础之上。

从总体上来说，"十二五"期间民政发展的主要任务是：

一是大力发展社会服务。积极应对人口老龄化，优先发展社会养老服务；注重发挥社区和家庭功能，大力推进城乡社区服务；进一步完善城乡社会救助服务体系，实现社会救助全覆盖；切实做好灾民救助服务，推行自然灾害风险评估，加强救灾物资储备库和防灾设施建设，提高物资保障水平；完善优抚安置保障机制，切实做好有功人员优待安置服务；大力发展慈善事业。鼓励扩大民间投资，放宽市场准入，支持民间资本进入养老服务业、社区服务业、家庭服务业、殡葬服务业、社会救助、慈善事业等领域。发挥民政事业在扩大内需、增加就业方面的促进作用。

二是建设社会服务平台。以制订实施养老服务体系、城乡社区服务体系、国家综合防灾体系三个重大专项规划及其他相关专项规划为基础，加大社会服务基础设施建设投入，着力完善社会服务基础设施；推进民政科研、技术应用和产品研发推广，要通过科技及装备等条件改善，提升社会服务能力，使民政的社会服务成为具有较高技术含量的公共服务；加强民政科技对民政事业发展的支撑力度，以信息共享、信息互通为重点，加大民政信息化建设和整合，全面提高信息化水平；大力培养社会工作各类人才，全面提高服务能力。

三是着力创新管理模式。按照中央加强社会建设和管理的要求，创新社会组织管理机制，加强群众自治组织建设，发挥群众自治组织和社会组织作用，提高城乡社区自治和服务功能，发挥其反映诉求、自我规范、化解矛盾的作用；配合城镇化建设，积极稳妥调整行政区划；积极推进殡葬管理体制改革，加强婚姻收养等社会事务管理机制的创新。

四是做好重点规划和重点工程。在重点实施养老服务、社区服务、综合防灾三个重大专项建设规划基础上，大力推动孤残儿童保障服务、低收入家庭认定等重点工程。

（民政部办公厅提供）

"和平不是天上掉下来的"

——访中央军委委员、国务委员兼国防部部长梁光烈上将

2010 年 12 月的一个午后，八一大楼。一身戎装的中央军委委员、国务委员兼国防部部长梁光烈上将，迈着稳健步伐走入记者中间，微笑着同大家娓娓交谈，围绕国防和军队建设等问题，话往昔，望未来。

中央军委委员、国务委员兼国防部部长梁光烈。
（新华社记者查春明摄）

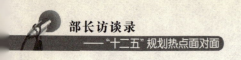

地方大学生踊跃入伍是一件利国利民利军的大好事

记者：2010 年的征兵工作已经结束。我们看到近几年大批的地方大学生积极报名参军，您怎么看待这一现象？

梁光烈：参军报国是每一代热血青年的理想和追求。近年来，在国家和军队的鼓励支持下，一大批地方大学生报名参军。仅 2009 年就有 10.6 万名地方大学生入伍，2010 年报名参军的大学生也十分踊跃。我认为，这是一件利国利民利军的大好事。

一是有利于大学生个人成长成才。我军历来是个大学校、大熔炉，通过几年的当兵锻炼，大学生在严格正规的军营生活中，能够更加全面地磨炼意志品质，加钢淬火，尽快成长为适应时代需要的栋梁之才。

二是有利于部队战斗力生成提高。现在部队的装备科技含量高，对兵员素质要求也高。地方大学生参军入伍，能够带动基层部队学习新装备、掌握新装备，增强部队战斗力。

三是有利于国家长远发展。在军营几年，大学生增强了国防观念和集体意识，回到社会后，他们不仅是重要的国防后备力量，还能够凭借良好的综合素质，较快成为各行各业的骨干，为国家经济建设和社会发展更好地作贡献。

"十一五"时期国防和军队建设取得了巨大成就

记者：过去的五年，是我国改革开放深入发展、综合国力和国际影响力大幅提升的五年，也是国防和军队建设快速发展的五年。您如何评价"十一五"时期国防和军队建设成就？

梁光烈："十一五"时期，在党中央、中央军委和胡锦涛主席的正确领导下，我们坚持以党的创新理论为指导，着眼履行新世纪新阶段军队历史使命，全面加强、协调推进革命化现代化正规化建设，取得了历史性巨大成就。主要体现在 6 个方面：一是思想政治建设不断加强，二是军事斗争准备扎实有效，三是现代化建设步伐加快，四是国防和军队改革稳步推进，五是重大任务完成出色，六是军事外交成果丰硕。

军事斗争准备扎实有效，为应对危机、维护和平发挥了重要作用

记者：新中国成立以来，我国经历了较长一段时间的和平。为了维护和平，军队都做了哪些准备？

梁光烈：新中国成立以来的 61 年总体来讲是处于和平环境。和平不是天上掉下来的。这个和平时期来之不易，是党和人民通过努力争取来的。从现在的世界形势来看，打一场全面战争不太可能，但是一些局部地区发生一些突发事件，或者因"擦枪走火"引起一些军事纠纷，也是不能排除的。中国有句古话，"天下虽安，忘战必危"。我们生活在和平时期，但是不能忘了战争，不能马放南山、刀枪入库。

作为军队来讲，我们始终都没有放松各个方面的军事斗争准备。近五年来，在各级政府和人民群众的支持下，我军统筹推进各个战略方向军事斗争准备，信息化条件下防卫作战能力明显增强。一是大力强化战斗精神培育，磨砺了官兵英勇顽强、敢打必胜的战斗意志和作风。二是全面推进机械化条件下军事训练向信息化条件下军事训练转变，加大实战化、对抗性训练力度，部队在复杂电磁环境下的联合作战能力有了新的提高。三是积极进行新装备成建制成系统形成作战能力和保障能力建设，努力实现人和武器的有机结合，充分发挥新装备的作战效能。四是不断加强战场设施及各项配套建设，战时综合保障能力有了明显提高。五是认真贯彻国防动员法，加快构建现代国防

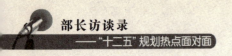

动员体系，较好地服务了军事斗争准备全局。这些年我军作战能力的快速提升，为我们应对危机、维护和平提供了重要支撑。

现代化建设步伐加快，国防和军队改革稳步推进

记者：我记得念小学的时候一直在提四个现代化，其中也包括国防现代化。目前，我们的国防和军队现代化水平怎么样？

梁光烈："十一五"期间，我们加快推进机械化信息化复合发展，使我军现代化水平有了很大提升。变化比较大的：

一是部队编成结构更加合理。现在军队总员额中，海军、空军、二炮所占比例进一步上升，陆军比例逐步下降。我们还增加了一些新装备部队，减少了部分老旧装备部队。从全军范围看，目前我军技术兵种比例是比较大的，一般兵种比例较过去明显减少。

二是官兵素质进一步提高。1998 年，我军干部具有本科以上学历的仅占25.8％；目前，这一比例已达到80％，是 10 年前的 3 倍多。其中有的军师级领导干部还是博士、硕士。士兵的成分结构也有很大变化，刚才我们提到地方大学生入伍，他们的到来，给军营带来新的生机与活力。

三是武器装备加快发展。大批新型武器装备陆续装备部队，以二代装备为主体、三代装备为骨干的现代化武器装备体系已经初步形成。2009 年国庆60 周年首都阅兵展示的歼—10 作战飞机、空警—2000 预警机、长剑—10 陆基巡航导弹、99 式主战坦克等我国自主研制的一些先进武器装备，振奋了民心士气，壮了国威军威。这些年，我们国防科研队伍在发展武器装备上作出了很大的贡献，也取得了很大成绩。我们的装备要靠我们自己自力更生来解决。中国军队的现代化不能靠别人，也是有钱买不到的。

四是后勤保障水平明显提高。这些年，我多次去边海防部队，亲眼看到基层部队基础设施面貌焕然一新，一线连队吃水、用电、洗澡、取暖、看病

等问题基本得到解决。军人工资待遇有了较大改善，还换发了新式军服。这些实实在在的变化，充分体现了党和政府对军队、对军人的关怀。

记者：当前，世界主要国家的军队都在积极推进军事变革。我军在"十一五"期间都有哪些改革举措？

梁光烈：我军着力推进了一些重要领域和关键环节的改革。比如，适应世界新军事变革发展趋势，调整体制编制，部队编成结构更加合理；着眼联合作战要求，健全完善了联合作战指挥体制；适应社会主义市场经济深入发展的新形势，推进干部人事制度、兵役制度和军人转业退伍安置政策、军人住房、医疗、保险政策改革，等等。同时，加大后备力量调整改革力度，全国基干民兵由 1000 万压缩到 800 万，预备役部队由 60 万压缩到 51 万。

在急难险重任务面前，中国军队经得起任何考验

记者：过去几年，从抗震救灾到抗洪抢险，军队都发挥了非常重要的作用。您对他们的表现满意吗？

梁光烈：我对他们给予充分的肯定和高度的评价。我们国家在历次抗震救灾、抗洪抢险，以及其他一些自然灾害发生的时候，军队都是生力军，都是突击队。我们这支军队是为人民服务的军队，来自人民，一切为了人民。当国家遇到这些灾难的时候，军队挺身而出、义不容辞。我们有这样的部队，老百姓放心。凡是出现灾情险情的地方，只要军队一去，老百姓就感到心里踏实了。

过去五年，我军先后完成汶川抗震救灾、支援北京奥运会和残奥会、国庆 60 周年首都阅兵、玉树抗震救灾、舟曲抢险救援、上海世博会和广州亚运会安保等急难险重任务，执行任务种类之多、用兵规模之大、出动频率之高，是多年来少有的。在每次执行任务的危急关头，许多领导干部都身

先士卒、不惧艰险，涌现了一批先进典型。像"救不出乡亲吃不下饭"的玉树军分区司令员吴勇，英勇牺牲在抗洪一线的某部工兵团参谋长关喜志，就是其中的优秀代表。事实证明，我们这支军队，在关键时刻是经得起任何考验的。

我这里要特别讲讲80后、90后的青年官兵，他们也是好样的，在危急关头都能冲上去、豁出去，表现得十分英勇。从这个侧面，可以看出我们军队有很高的政治素质、军事素质，也反映出我军的思想政治建设是富有成效的。

富国和强军是实现中华民族伟大复兴的两大基石

记者：党的十七大提出，要在全面建设小康社会进程中实现富国和强军的统一。在过去的五年中，国防建设和经济建设协调发展在哪些方面得到了体现？

梁光烈：富国和强军，是实现中华民族伟大复兴的两大基石。胡主席强调，要坚持军民融合式发展，推动国防建设和经济建设良性互动，确保在全面建设小康社会进程中实现富国和强军的统一。这是我们党深刻总结社会主义现代化建设实践，适应时代发展要求提出的重大战略思想。"十一五"期间，党和国家科学统筹经济建设和国防建设，着力推进军民融合式发展，主要体现在这么几个方面：

一是坚持把国防和军队现代化建设放到国家战略全局中筹划。国家将国防和军队现代化建设纳入国民经济和社会发展规划，军队在服从服务于国家经济社会发展大局的前提下，根据国家统一部署，科学确立发展目标、任务、步骤和要求，使国防和军队现代化建设与国家现代化进程相一致，更好地维护国家主权、安全和发展利益。目前，国家和军队有关部门正在研究制定军民融合式发展战略，相关行业系统也在探索军民融合式发展的思路、政策和措施。

二是着力推进重点领域军民融合式发展。推进军民融合式发展，是一项长期而复杂的系统工程，必须以重点突破带动整体跃升。"十一五"时期，我们按照胡主席的指示要求，着力建立和完善军民结合、寓军于民的武器装备科研生产体系、军队人才培养体系、军队保障体系和国防动员体系，取得了很大成绩，积累了一些有益经验。

三是军队积极参加和支援地方经济建设。地方各级党委、政府和人民群众大力支持国防建设，人民军队积极参加国家经济建设，这是我们的优良传统，也是推动国防建设和经济建设协调发展的重要方面。"十一五"期间，我军共投入劳动日 6500 多万个，车辆机械 370 多万台次，积极参加和支援西部大开发、振兴东北老工业基地、社会主义新农村建设和生态文明建设等，办了不少大事实事。我军参加青藏铁路、西电东送、西气东输以及西部机场网、高速公路网等关系国计民生的重点工程 860 多项，参加"三北"防护林等重点生态工程建设 520 多项，成片造林 1600 多万亩，建立扶贫联系点 2.3 万多个，新农村示范点 3 万多个，对口支援西部贫困地区医院 127 所。

军事外交成果丰硕，为维护世界和平与稳定发挥了积极作用

记者：近年来，我们在国际场合看到越来越多的中国军人的身影。这么做的目的是什么？起到的作用又是什么？

梁光烈：军事外交是国家外交的重要组成部分。"十一五"期间，我军对外交往的对象、领域和深度不断拓展，形成了全方位、多层次、宽领域的军事外交格局。目前，我已与 150 多个国家建立了军事关系，与 22 个国家防务部门和军队建立了防务安全磋商对话机制。五年来，我们共向 30 多个国家的军事院校派遣了 1200 多名军事留学生，我军院校为 130 多个国家培养军事留

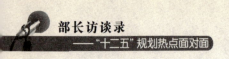
学生近万名。我们还与外军举行了 32 次联合演习或联合训练，特别是上合组织框架内的"和平使命"系列军演，规模大、层次高，既锻炼了部队，也有力震慑了"三股势力"。

我军积极参与联合国维和、国际救援等活动。五年来，我们共派出维和官兵 1.3 万人次，参加了联合国 13 项维和行动，是目前联合国安理会常任理事国中派出维和部队最多的国家。我军还派出专业力量，参加了海地地震、巴基斯坦洪灾等重大国际救援行动，并协助政府向 12 个受灾国提供了总价值超过 5 亿元人民币的人道主义救援物资。前不久，海军"和平方舟"号医院船刚刚从亚非 5 国归来，他们在 88 天时间里，共诊治了 1.2 万多名当地民众，这是一个很了不起的成绩。

国防和军队建设取得辉煌成就，最根本的原因在于党的军事理论的正确指引

记者：这些成绩的取得，主要有哪些方面的原因？

梁光烈：我认为，国防和军队建设取得的辉煌成就，最根本的原因在于党的军事理论的正确指引。以毛泽东、邓小平、江泽民同志为核心的党的三代中央领导集体和以胡锦涛同志为总书记的党中央，在领导国防和军队建设的实践中，不断丰富和创新党的军事理论，为国防和军队建设提供了根本指针。

新世纪新阶段，胡主席深刻洞察国内外形势新变化和世界军事发展新趋势，对国防和军队建设作出了一系列重大决策，提出了一系列新思想、新观点、新论断，形成了胡锦涛关于新形势下国防和军队建设重要论述。胡主席的重要论述，主要回答了在国际形势发生复杂深刻变化、我国全面建设小康社会的历史条件下，我军履行什么样的使命、怎样履行使命，国防和军队建设实现什么样的发展、怎样科学发展的重大课题，是对毛泽东军事思想、邓

小平新时期军队建设思想、江泽民国防和军队建设思想的继承和发展，是科学发展观在军事领域的具体运用和生动展开，是新形势下加强国防和军队建设的强大思想武器和科学指南。

展望未来，我们充满信心、充满希望

记者： 最后还想请您给我们在回顾"十一五"成就的同时，也展望一下未来五年有什么样的宏伟蓝图？

梁光烈： "十一五"时期，国防和军队建设的成就令人振奋。但与世界发达国家相比，我军现代化水平仍有较大差距，国防和军队建设依然任重而道远。当前，国际战略形势和我周边安全环境比较复杂，影响我国安全的不稳定不确定因素增多，我国发展面临的机遇前所未有，挑战也前所未有。中国有句古训，"生于忧患，死于安乐"。我们必须强化机遇意识、忧患意识、使命意识，在新的起点上把国防和军队建设推向前进。

我们将坚持以党的创新理论为指导，以新时期军事战略方针为统揽，按照国防和军队现代化"三步走"的战略构想，围绕 2020 年前基本实现机械化并使信息化建设取得重大进展的目标，以科学发展为主题，以加快转变战斗力生成模式为主线，努力提高部队以打赢信息化条件下局部战争能力为核心的完成多样化军事任务能力，全面履行新世纪新阶段历史使命。

今后五年，我国经济社会加快发展，综合国力进一步提升，将为国防和军队建设提供更加坚实的物质技术支撑。我们要抓住这一发展机遇，按照既定部署，加快推进军队现代化建设，完成好各项任务，不辜负党和人民的期望与重托。

（新华社北京 2010 年 12 月 28 日电，记者王玉山）

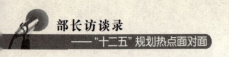

【背景介绍】

作为一个比较特殊的部门，国防部和国防部长在许多人心目中，如同长安街旁那座高大威严的八一大楼，充满神秘和好奇。事实也确实如此。想采访国防部长，需要经过层层审批，采访后的稿件也经过多番修订，致使原定于2010年11月份发国防部长访谈稿的计划，一拖再拖到12月下旬。

采访国防部梁光烈部长，于我并非第一次。2009年国庆60周年时，就曾在"共和国部长访谈录"栏目中采访过他，稿件播发后被150多家媒体采用。不同的是，上次主要围绕新中国成立以来的国防和军队建设成就，这次则主要针对"十一五"时期。国防和军队建设是一个长期而连贯的过程，单就五年而言，很难具体说有哪些明显的标志。所以谈60年成就容易，讲五年有些难度。

对媒体而言，采访国防部长同样是一次难得的机会。国防部新闻事务局对采访梁部长一事很重视，事前多次和媒体沟通协调。

作为一名记者，我想，一定要发出自己独立的声音。哪怕坚持一下，也是一种进步。不能自己先把自己吓倒，自己先把自己封闭。所以，尽管事先已经判断出一些问题肯定会遭到拒绝，但在媒体座谈会上，我还是提出，航母、南海等敏感问题是否可以向部长提问。后来，这些问题都没有出现在访谈中，但国防部许多人说，新华社记者让他们尊重。

在八一大楼的采访过程波澜不惊，作为军队高级将领，梁部长的记忆力和口才十分出色，许多问题侃侃而谈，并且互动感很强，经常向记者提出一些问题。

当记者说他很少接受采访时，梁部长说，其实，在出国访问、军事演习或重大活动中，自己多次接受过媒体采访："只要记者们提出的问题合情合理，不论是关于中国的还是外国的，我都乐意回答。有些不好回答的，也要想办法答复。"

一身戎装的梁光烈部长也有柔情的时刻。采访中，他回忆说，1998年自己在沈阳军区当司令员，参加抗洪抢险堵松花江涌洞，当看到"老虎团"几十个转业复员干部，组织了一个老兵连，背着一二百斤重的麻袋奔跑时，他眼角湿润、心疼地说，你们装少一点不行吗，别把腰压坏了……

将军心中，士兵最可爱。

（新华社记者王玉山）

【深度解读】

"十一五"时期是我国经济社会发展成果丰硕的五年，也是国防和军队建设又好又快发展、发生历史性变化的五年。在党中央、中央军委和胡锦涛主席的坚强领导下，人民军队革命化、现代化、正规化水平不断提高，国防和军队建设快步发展。

一、科学理论指引国防和军队建设又好又快发展

"十一五"时期，按照党中央、中央军委的决策部署，全军部队坚持用党的创新理论武装官兵、铸牢军魂，牢固确立科学发展观的重要指导方针地位，大力培育和践行当代革命军人核心价值观，进一步打牢高举旗帜、听党指挥、履行使命的思想政治基础。

从"忠实履行新世纪新阶段我军历史使命"到"赞颂新成就、履行新使命、迎接十七大"，从"坚定中国特色社会主义信念，有效履行我军历史使命"到"培育当代革命军人核心价值观"……年度主题教育活动深入开展，有力地统一了官兵的思想和行动。

五年来，全军军以上单位举办理论培训班4500多期，每年团以上领导干

部轮训率在92％以上。领导干部为部队作辅导报告7万余场次，广大官兵深入学习邓小平理论、"三个代表"重要思想以及科学发展观，着重学好胡主席关于新形势下国防和军队建设重要论述，进一步加深了对中国特色社会主义理论体系，特别是科学发展观的学习理解。

从2008年9月到2010年2月，全军和武警部队分三个批次开展深入学习实践科学发展观活动，十多万个党组织、百万余名党员参加。把加强理论学习、提高理论素养贯穿始终，把突出实践特色、扎实解决问题贯穿始终，把科学统筹安排、搞好融合结合贯穿始终，把舆论宣传、典型引导贯穿始终……学习宣传、贯彻落实科学发展观的热潮在全军涌起。

——贯彻落实科学发展观的自觉性坚定性进一步增强，坚持革命化、现代化、正规化相统一，坚持富国与强军相统一，坚持以人为本、促进官兵全面发展，加快战斗力生成模式转变和安全发展等科学理念深入人心。

——领导部队建设科学发展的能力进一步提升，注重全面加强军队各级党组织建设，不断提高军队党的建设科学化水平，在加强能力建设和先进性建设、提高素质本领上取得新的成效。

——制约核心军事能力提高的突出问题得到进一步破解，各单位把解决影响和制约核心军事能力建设的突出问题作为推进整改的重中之重，在拓展和深化军事斗争准备上取得明显成效。

——基层建设面临的矛盾和困难得到进一步有效解决，四总部建立健全了抓基层建设协调机制，定期分析形势、研究措施，注重从源头上解决困扰基层的"老大难"问题，团以上单位共为部队官兵办了9万多件实事，帮助解决官兵家庭涉法问题4300多起。

——党委机关和领导干部的作风进一步转变。2009年全军公务接待费用支出比上年减少10％，清退不合理住房3.26万余套。全军选改33.9万名士官，征接57.2万名新兵，普遍实行"阳光操作"。

在党的创新理论指引下，国防和军队建设步入又好又快发展的崭新境界。

二、基于信息系统的体系作战能力显著提升

从阿富汗战争到伊拉克战争，世纪之初的两场局部战争，初露信息化战争形态端倪。以信息技术为主要标志的高新技术，正在深刻改变着未来战争形式和战斗力构成要素的内涵。2006 年以来，全军部队积极推进机械化条件下军事训练向信息化条件下军事训练转变，进一步兴起大抓军事训练的热潮，从实战需要出发从难从严训练部队，提高基于信息系统的体系作战能力。

五年间，我军体系作战能力建设不断由理论探索向实践运用转化：三军部队共建共享新一代信息化作战指挥平台，将侦察预警、指挥控制、火力打击和综合保障等系统有机地连接在一起，加速实现互联互通互操作。

陆军部队建成首个复杂电磁环境应用系统，训练方法由单一兵力对抗向

"和平使命－2007"联合军事演习。　　　　　　　　　　（国防部新闻事务局提供）

电磁对抗和体系对抗延伸；海军部队加强兵种融合，在常态化的岸、舰、机、潜体系对抗中提升体系作战能力；空军部队建成新一代"空中蓝军"和多兵机种保障基地，可保障多机种战机和多兵种地面部队协同训练；第二炮兵部队深化基地化集成训练探索，投入演练的导弹型号体系更加完备。

演习，是对部队训练成果的综合检验，也是和平年代对部队官兵近似实战的全面锤炼。在"使命行动—2010"跨区机动演习中，参演部队机动总里程超过1万公里，全程依托一体化指挥平台调度陆空联合战役军团，标志着全体系对抗演练正在成为我军联合训练常态。

近年来，全军部队演习日趋频繁，难度强度不断加大，对抗性、实战化程度不断增强。演习中，训练与考核不再界限分明，不是先训后考，而是训中有考，考中有训，训考一致，推动了考核的常态化。演习中，训练转变之路不断延伸拓展，演习日益成为信息化条件下检验创新理论、论证体制编制、验证武器装备效能、锻造新型军事人才的重要平台。

与训练成绩的提升相同步，训练作风也在发生可喜变化。在"跨越—2009"系列跨区实兵检验性演习中，一个摩托化步兵团创下了解放军陆军团单日整建制摩托化行军916公里的纪录。尽管如此，在演习结束后的讲评中，导演部讲成绩只用了10分钟，讲问题却用了1小时。

"打赢先打假、治训先治虚"在全军形成共识，演兵场上劲吹革故鼎新之风、真训实练之风、崇尚科学之风、积极有为之风。

99式坦克、陆基巡航导弹、新型战略核导弹、大型预警机……以新中国成立60周年首都阅兵为标志，人民军队一大批高新技术武器装备陆续装备部队并投入使用。

先进的武器装备是战斗力的倍增器。武器装备注重顶层设计，以信息化为主导，走机械化信息化复合发展的道路。随着一批新型信息化作战平台、精确制导弹药、电子对抗装备陆续装备部队，全军武器装备综合保障水平逐年提高，向着全系统、全寿命管理方向加速推进……

以新型主战装备为骨干，电子信息装备和保障装备相协调，具有中国特色的现代化武器装备体系正在形成，为人民军队有效履行新世纪新阶段历史使命提供了有力支撑。

三、以人为本建军治军理念使军营面貌发生深刻变化

从官兵衣食住行到基层文化娱乐，从满足官兵的学习成才愿望到加强新形势下军队内部的政治、经济、军事"三大民主"……全军各级把以人为本作为重要的建军治军理念，尊重官兵的主体地位，关心官兵的切身利益，不断改善官兵的物质文化生活条件，广大官兵积极性、创造性空前进发。

中央军委和四总部深入推进军队人才战略工程，坚持大规模培养人才、大幅度提高素质，不断健全完善以提高能力为核心、培训与使用紧密结合的干部全程培训机制——

建立和完善以任职教育为主体、军事高等学历教育和任职教育相对分离的新型院校体系；五年间，全军先后选派 1500 余名干部到外军院校进修深造，选派 350 名作战部队师旅主官和院校指挥专业教员出国考察培训；国防大学牵头建立 8 所军队院校共育联合作战指挥人才机制；建立完善人才奖励机制，颁布军队技术专业人才奖励规定，设立全军优秀指挥军官、参谋人才、士官人才奖……

目前，全军干部大学本科以上学历达到 80%，其中研究生占 14.8%，一批硕士、博士研究生和军事留学生走上作战部队军师级领导岗位，一批科技领军人才和技术专家人才在航空航天、高效能计算机系统研制、新装备研发等学科专业和关键领域担当重任。

2010 年 6 月 1 日，中央军委批准总后勤部《关于在全军推广军人保障卡的意见》，军人保障卡推广工作正式启动。这种新型的保障卡，集后勤供应、管理和消费等功能于一体，具有用卡发薪、刷卡消费、持卡就医、依卡领装、

住房档案管理等 10 项功能。部队官兵高兴地说，拥有军人保障卡，可以一卡走军营。

一张小小的卡片，折射的是人民军队建设现代后勤的不懈努力，反映的是我军广大官兵吃、住、行、医在过去 5 年中发生的日新月异变化——

四总部制定下发加强新形势下军队心理服务工作的《意见》，为部队培训心理服务骨干。四总部协调国家机关出台《伤病残军人退役安置规定》，各部队共妥善安置 5440 名伤病残人员。量体裁衣的新军服，使得中国军人的身姿更加挺拔。总后投入 35.55 亿元对边海防部队和小散远单位进行综合配套整治，将军队人员合理医疗用药目录扩大到 2135 种。海军集中力量建设 10 个水兵生活小区、18 个空勤人员生活小区，兰州军区为海拔 3000 米以上的 209 个基层单位配备制氧机，成都军区投入 1.52 亿元对西藏边防一线基础设施进行整治。

以人为本，极大激发和凝聚了广大官兵中蕴藏的智慧和力量，成为推动部队建设科学发展的不竭源泉。仅 2009 年，全军就涌现出 1 万多个基层建设先进单位，43 万多名"优秀士兵"，15 万多名基层官兵取得计算机、法律、外语等专业技术等级证书。以向南林、蔡一清、李中华、何祥美、武文斌、李晓钰等先进典型为代表的英雄模范人物不断涌现，汇聚成部队建设科学发展的强大力量。

四、在遂行多样化军事任务中彰显人民军队光荣本色

每逢灾难来临，每当人民需要，人民子弟兵总是挺身而出，义无反顾。五年间，从抗旱到抗洪，从玉树抗震到舟曲抢险，从维和维稳到援奥援亚，从亚丁湾护航到"和平使命—2010"联合反恐军演，人民子弟兵坚决响应祖国和人民的召唤，冲锋在前，勇挑重担，不畏艰险，连续作战，谱写了人民军队听党指挥、服务人民、英勇善战的新辉煌，在遂行多样化军事任务中彰

中国海军在亚丁湾、索马里海域的护航编队。　　　　　（国防部新闻事务局提供）

显了人民军队光荣本色。

2008年5月12日，四川汶川特大地震刚一发生，党中央、中央军委一声令下，人民子弟兵紧急行动、闻令出击。数日之间，先后投入抗震救灾的部队总兵力达13万多人，来自各大军区、各军兵种和武警部队，专业兵种包括地震救援、侦察、通信、工程、防化、测绘、气象、医疗防疫、修理等20余个，涉及范围之广、各种力量之多、投入速度之快，均创我军抗灾历史纪录。

2008年8月，在北京奥运会、残奥会期间，各任务部队把做好安保工作作为支援奥运的重中之重，在地面、海上、空中组织全时、全方位的安全防范，为实现平安奥运目标作出重要贡献。

参加开闭幕式演出的部队始终瞄着"国内最高、世界一流"的标准，吃苦耐劳，严格训练，出色完成参加开闭幕式表演任务。援奥部队官兵高

标准参与赛时服务保障，以一流的素质和服务，努力当好中国和奥运的形象大使。

全军部队积极承担奥运重点工程建设和首都绿化美化等任务，广泛开展迎奥运、讲文明、树新风活动，为贯彻绿色奥运、科技奥运、人文奥运理念贡献力量。

舟曲特大山洪泥石流灾害发生后，部队立即展开立体化紧急救援。地上，兰州军区某摩托化步兵旅从玉树抗震救灾一线撤回营区仅仅8小时后，1400余名官兵于拂晓前背起行囊再次出征。武警总部紧急抽调200多名武警水电工程技术人员、大型机械操作手，携带30多套大型机械设备驰援舟曲灾区。空中，兰州军区某陆航旅4架直升机从银川机场起飞，运载某工兵团2个爆破小组，飞赴舟曲执行爆破排险任务。仅灾害发生第一天，空军就出动伊尔—76运输机、"运八"航测机和直升机等20架次。

哪里最危险，哪里最困难，哪里最需要，哪里就有人民子弟兵。五年间，广大官兵一次又一次用无比忠诚，展示了我军威武之师、文明之师、胜利之师的良好形象。

2009年10月1日，新中国成立60周年首都阅兵隆重举行。新型坦克整齐列阵，数字化火炮昂首挺立，巡航导弹、战略核导弹剑指苍穹，预警机、新型战机呼啸临空……气势恢弘的大阅兵，展示了国防和军队现代化领域的历史性跨越。

彼时彼刻，数千海里之外的亚丁湾、索马里海域，中国海军舰艇正在为过往各国商船护航；在联合国8个维和责任区，近千名中国军人正在巡逻执勤……中国军人以自己的实际行动履行着肩负的神圣使命——维护世界和平，促进共同发展。

（新华社记者李宣良、王玉山）

大兴水利　惠泽民生

——访水利部部长陈雷

从年初的西南大旱到盛夏的南方暴雨，从东南沿海台风肆虐到泥石流穿村毁城……2010 年注定是防汛抗旱历史上无法忘记的一年。在这个水旱灾害频发的多事之年，作为主管水利的共和国部长，陈雷经常风尘仆仆地奔波在防汛抗旱抢险救灾一线。

从读大学至今，农田水利工程硕士研究生出身的陈雷三十余载基本没同水利分开过。几天前，在位于北京白广路二条 2 号的水利部里，记者采访了水利部部长陈雷，从"十一五"水利发展成就到新时期的治水方略，从水利发展面临的形势到如何科学谋划"十二五"水利实现新跨越，陈雷部长娓娓道来。

水利部党组书记、部长陈雷。

（新华社发，新华社记者李涛摄）

兴水惠民新跨越　"十一五"时期水利投入力度最强、抗灾减灾成效最大、人民群众受益最多

　　"'十一五'时期是我国水利发展史上极不平凡的五年，是抗灾减灾成效最大、水利保障能力提升最快的五年，是发展目标实现最好、人民群众受益最多的五年。"陈雷简单概括了过去五年水利发展取得的辉煌跨越。

　　为什么极不平凡？

　　"'十一五'时期，我国洪涝干旱灾害多发并发重发，灾情之重历史罕见，救灾难度前所未有。我们以人为本、科学防控，战胜了淮河、长江、松花江等流域发生的严重洪涝灾害，成功抗御了 2006 年川渝百年不遇大旱、2009 年北方冬麦区大范围干旱、2010 年西南地区特大干旱，有效应对'碧利斯'、'莫拉克'等超强台风的袭击，夺取了汶川水利抗震救灾的重大胜利，圆满完成舟曲堰塞湖应急处置及白龙江淤堵河道清淤疏通任务……"

　　陈雷部长的另一个"头衔"是"国家防汛抗旱总指挥部副总指挥"。世界上再没有哪个国家专门设立一个"国家防汛抗旱总指挥部"，因为世界上没有哪个民族生活的地域面临着中国这样频繁的干旱和洪涝灾害。五年中，当一个个牵动全社会神经的灾害发生时，在唐家山，在舟曲，他总是奔波在水旱灾害一线，指挥着一次次惊心动魄的防汛抗旱抢险救灾……

　　这样一组颇具说服力的数据，印证了"十一五"防洪抗旱减灾取得的巨大成就：防汛抗洪减淹耕地 2.9 亿亩，减少受灾人口 2.2 亿人，防洪减灾效益达 8453 亿元；年均抗旱浇地面积 3.7 亿亩，年均挽回因旱粮食损失 3921 万吨。

　　为什么人民群众受益最多？

　　"过去五年，国家投资 1008 亿元，解决了 2.1 亿农村人口的饮水安全问题，提前 6 年实现联合国千年宣言确定的到 2015 年将饮水不安全人口比例降低一半的目标；6240 座大中型和重点小型病险水库除险加固 2010 年年底将全面完成，如期向党和人民交上答卷；新增和改善灌溉面积 4.33 亿亩，改造中低产田 1.29 亿亩；对 434 处大型灌区进行续建配套与节水改造，可新增和改善灌溉面积 2.43 亿亩，新增粮食生产能力 514 亿公斤；全面完成 400 个水电农村电气化县建设，基本解决了无电乡村的用电问题。"

实际上，过去五年水利发展还取得许多值得自豪的成就：新建和加固堤防 17080 公里，新增水库库容 381 亿立方米，新增供水能力 285 亿立方米；开展了 1000 余条中小河流重点河段治理和 103 个县的山洪灾害防治试点建设；提前完成"十一五"规划确定的万元 GDP 用水量降低 20% 和万元工业增加值用水量降低 30% 的目标；治理小流域 2 万多条，年均减少土壤侵蚀量 3.68 亿吨；黄河水量统一调度更加完善，连续 11 年不断流……

"十一五"水利发展最重要的启示是什么？

水利是国民经济的基础设施，水利工作是打基础、利长远、增后劲的基础工作。没有中央的重视，国家的支持，没有全社会的同心协力，搞好水利是不可想象的。五年来，中央出台一系列指向明确、作用直接、见效迅速的水利扶持政策，大幅度增加水利投入。"十一五"水利总投入是"十五"的 1.93 倍，其中，2010 年中央水利投资再创历史新高，达到 987 亿元，干成了一些多年想干而没有条件干的大事。

大兴水利正当时　2011年中央指导"三农"工作的文件聚焦水利，从党和国家全局的高度全面部署水利改革发展

近日闭幕的中央农村工作会议重点研究加快水利改革发展问题，讨论了《中共中央、国务院关于加快水利改革发展的决定（讨论稿）》。科学定位、统筹规划、全面部署今后一个时期我国水利的改革发展，是此次中央农村工作会议传递的一个重要信号。

水之利，内涵丰富。利在农业生产，利在经济建设，利在环境改善，利在民生福祉。如何把握当前我国水利的战略地位与定位问题？

"中央农村工作会议指出，水是生命之源、生产之要、生态之基，水利是现代农业建设不可或缺的首要条件，是经济社会发展不可替代的基础支撑，是生态环境改善不可分割的保障系统，具有很强的公益性、基础性、战略性。这是我们党第一次全面深刻阐述水利在现代农业建设、经济社会发展和生态环境改善中的重要地位，第一次将水利提升到关系经济安全、生态安全、国家安全的战略高度，第一次鲜明提出水利具有很强的公益性、基础性、战略性。"

陈雷说，中央对我国基本国情水情的准确把握，是对水利发展阶段特征的科学判断，是今后统筹水利改革发展、完善水利扶持政策的基本依据，对统一全党思想、形成全民共识、凝聚全社会力量、加快水利改革发展，必将起到巨大的推动作用和深远的历史影响。

您认为水利发展还面临哪些突出矛盾？

"我国是世界上治水任务最为艰巨复杂的国家，长期以来，我国经济增长付出的资源环境代价过大，在水资源、水环境领域尤为突出，不少地方水资源开发已超出承载能力。目前我国人均水资源占有量仅为世界人均水平的1/4，列世界第125位，正常年份全国缺水量500多亿方，近2/3城市不同程度存在缺水，地下水超采区面积达19万平方公里。"

发达国家200多年工业化过程中分阶段出现的资源与环境问题，现阶段在我国集中显现出来。发达国家在经济高度发达后花几十年解决的水问题，我国必须在较短的时间内加以解决。可想而知，陈雷肩上的任务将非常繁重。

"我们应该清醒地看到，洪涝灾害频繁仍然是中华民族的心腹大患，水资源供需矛盾突出仍然是可持续发展的主要瓶颈，农田水利建设滞后仍然是影响农业稳定发展和国家粮食安全的最大硬伤，水利设施薄弱仍然是国家基础设施建设的明显短板。"他的话字字千钧。

陈雷介绍了我国水利改革发展的指导思想：中央农村工作会议强调，把水利作为国家基础设施建设的优先领域，把农田水利作为农村基础设施建设的重点任务，把严格水资源管理作为加快转变经济发展方式的战略举措。

他表示，"3个把"明确了水利改革发展的指导思想，注重科学治水、依法治水，围绕保障国家粮食安全大兴农田水利，围绕保障防洪安全继续加强江河治理，围绕保障供水安全加强水资源配置工程建设，围绕保障水资源安全加强各项管理制度建设，促进水利可持续发展。

盛世治水铸新景　四大任务、八大目标勾勒出 "十二五"水利改革发展的宏伟蓝图

兴邦之要，其枢在水。中央农村工作会议对2011年农业农村工作提出总体要求：大兴水利强基础，狠抓生产保供给，力促增收惠民生，着眼统筹添活力。"十二五"元年，大兴水利被列入"三农"政策的首位，预示着大规模的水利建设即将展开。

"'十二五'时期，我们将以加强水利薄弱环节建设、强化水利基础设施体系为重点任务，以落实最严格的水资源管理制度、全面建设节水型社会为战略举措，以深化重点领域和关键环节改革、创新水利科学发展体制机制为重要保障，奋力推进水利改革发展新跨越，确保防洪安全、供水安全、粮食安全和生态安全，为全面建设小康社会和促进经济长期平稳较快发展提供坚实的水利保障。"

针对如何科学谋划"十二五"水利发展的问题，陈雷介绍，未来五年将突出抓好四件大事：加强水利重点薄弱环节建设；加快解决民生水利问题；落实最严格的水资源管理制度；全面推进水利改革。实现八大目标：

防洪减灾综合体系进一步完善。大江大河防洪体系基本建成。重点中小河流重要河段治理基本完成，现有病险水库和大中型病险水闸隐患基本消除。

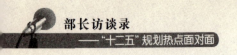

全国洪涝灾害年均直接经济损失占同期 GDP 的比重降低到 0.7% 以下。

城乡供水安全保障水平显著提高。流域和区域水资源合理配置格局初步形成，农村饮水安全问题全面解决。全国新增供水能力 400 亿立方米左右，全国干旱灾害年均直接经济损失占同期 GDP 的比重降低到 1.1% 以下。

农村水利基础设施条件明显改善。完成 70% 以上的大型灌区和 50% 以上的重点中型灌区骨干工程续建配套与节水改造任务，净增农田有效灌溉面积 4000 万亩，新增高效节水灌溉面积 5000 万亩。新增农村水电装机 1000 万千瓦。水资源利用效率和效益大幅提高。节水型社会建设取得显著进展，水资源高效利用与有效保护体系基本建立。全国万元 GDP 用水量降低到 140 立方米以下，万元工业增加值用水量降到 80 立方米以下，农业灌溉水有效利用系数提高到 0.53。

水环境保护与水生态建设成效显著。全国重要江河湖库水功能区主要水质指标达标率提高到 60%。水土流失综合防治体系初步建立，新增水土流失综合治理面积 25 万平方公里，地下水严重超采区超采状况初步扭转。

依法治水管水能力不断增强。符合我国国情水情的较为完善的水法规体系基本形成，预防为主、预防与调处相结合的水事纠纷处理机制基本建立。

重点领域和关键环节改革取得突破。最严格的水资源管理制度体系初步建立，以公共财政为主渠道的稳定增长的水利投融资体制基本形成，水利工程良性运行与管护机制基本健全，水价形成机制初步理顺。

行业能力建设取得重要进展。水利科技创新水平明显提升，水文服务能力和水利信息化水平进一步提高，基层水利服务体系基本建立。

"国运昌隆，盛世治水。我相信，经过'十二五'期间的努力，水利事业一定能够实现新的跨越，让江河更加安澜、山川更加秀美、人民更加安康！"陈雷部长坚定有力的话语久久回响在记者耳边。

（新华社北京 2010 年 12 月 30 日电，记者姚润丰）

【背景介绍】

洪涝灾害年年有，2010年感觉尤其多。刚刚过去的2010年，从年初的西南大旱到盛夏的南方暴雨，从东南沿海台风肆虐到舟曲泥石流穿村毁城……干旱、洪涝、山洪灾害覆盖范围之广、持续时间之长、灾害损失之重、人员伤亡之多、社会影响之大，为1998年以来之最。据国家防汛抗旱总指挥部统计，2010年，全国已有30个省区市和新疆生产建设兵团遭受洪涝灾害，受灾人口2.1亿，因灾死亡3220人，失踪1005人，转移受洪水威胁区域人员1706万人，倒塌房屋212万间，直接经济损失3713亿元。与2000年以来同期相比，洪涝灾害各项损失指标均偏高，死亡失踪人数偏多1.2倍，直接经济损失偏多2倍多，列有历史记录以来第一位。

面对严峻的洪涝灾害，党中央、国务院高度重视防汛抗洪工作，中央领导同志2009年先后多次对防汛抗旱工作作出重要批示指示，对防汛抗洪抢险救灾工作提出明确要求。国家防总、水利部先后启动国家防总防汛应急响应27次，发出紧急部署和调度命令190多个，向防汛抗洪一线及时派出工作组或专家组170多个，中央财政及时安排度汛应急资金和特大防汛补助费25.59亿元。

经过各地、各部门团结抗洪、军民联手合力抗洪，2010年汛期，我国实现了大江大河干堤和重要堤防无一决口，大型和重要中型水库无一垮坝，上千万受洪水威胁地区群众被转移，几百万受洪水围困群众被解救，夺取了防汛抗洪工作的全面胜利。

在2010这个水旱灾害频发的多事之年，作为执掌中国水利命脉的主角，"风尘仆仆"、"奔波无休"、"殚精竭虑"成为描述水利部部长陈雷2010年工作的词汇，甚至有时需要在这些词汇前面加上"非常"、"极其"这样的修饰语，才能更准确地表达他的忙碌程度。

"一年来，各级水利部门和广大水利干部职工负重拼搏，攻坚克难，化解了一次次风险，攻克了一个个难题，打赢了一场场硬仗，干成了一些多年期盼的大事。我们有效应对了西南地区特大干旱灾害，科学防御了长江、松花江等流域严重洪涝灾害，成功防范了'鲇鱼'等超强台风，圆满完成了玉树水利抗震救灾、舟曲堰塞湖应急处置和白龙江淤堵河道清淤疏通任务，最大程度保障了人民群众生命安全，减少了灾害损失；我们解决了6186万农村人口的饮水安全问题，如期完成专项规划内6240座大中型和重点小型病险水库除险加固任务，加快实施大型灌区续建配套与节水改造，水利发展成果惠及亿万人民群众；我们大灾之年大兴水利，加强水利重点薄弱环节建设，统筹推进水利建设、管理、改革；我们深入开展创先争优活动，水利系统广大党员干部抗灾打头阵，抢险当先锋，涌现出一大批先进集体和模范人物，彰显

龙王塘水库除险加固工程。　　　　　　　　　　　（新华社记者姚润丰摄）

了共产党员先进性，弘扬了水利行业精神。"陈雷接受记者采访时感慨地说。

刚刚过去的 2010 年，是"十一五"规划的收官之年。"十一五"时期是我国发展史上极不平凡的五年。"十一五"时期也是我国水利发展史上浓墨重彩的五年。陈雷说，广大水利干部职工迎难而上，顽强拼搏，开展了艰苦卓绝的防汛抗旱抢险救灾斗争，谱写了水利防灾减灾史上的壮丽篇章；打赢了繁重艰巨的水利建设攻坚战，解决了一大批事关民生的水利问题；破解了一些制约水利发展的重大难题，为水利科学发展注入了新的活力。水利事业的快速发展，为实现粮食连续七年增产、农民持续增收和农村经济发展提供了有力保障，为有效应对国际金融危机冲击、保持经济平稳较快发展奠定了坚实基础，为全面建设小康社会、加快社会主义现代化进程作出了重要贡献。

春华秋实，硕果累累。刚刚过去的 5 年，是党中央、国务院高度重视水利工作的 5 年，是水利各项事业实现重大跨越的 5 年，是水利让人民群众受益最多的 5 年。5 年间，水利部坚持以科学发展观为指引，积极践行可持续发展治水思路，大力推进民生水利，书写了水利科学发展、惠泽民生的精彩画卷。

这五年，是我国发展史上极不平凡的五年。我国经历了复杂多变的国际国内形势，全球金融危机爆发，自然灾害多发频发重发，经济发展面临转型。在党中央、国务院的正确领导下，全党全国各族人民砥砺奋进，共克时艰，综合国力大幅度提升，人民生活明显改善，国际地位和影响力显著提高，改革开放和社会主义现代化建设取得举世瞩目的巨大成就。

回首五年，水利每一个鼓点，都击打着科学发展的节奏，成为我国经济社会发展和谐交响中的强音。

"十一五"是水利的重大机遇期。党中央、国务院对水利工作始终高度重视，把水利作为应对全球金融危机，保增长、保民生、保稳定的重要领域；把突出抓好水利基础设施建设作为夯实农业农村基础、统筹城乡经济社会发展的重要手段，作出了一系列重大部署。"防范水患任何时候都不能松懈，兴修水利任何时候都不能松劲。"中央领导对水利工作的殷殷嘱托，成为水利工

作者砥砺前行的强大动力。

这五年，水利建设实现新跨越。水利投资规模再创新高，全国水利建设总投资超过6000亿元，是"十五"水利投资的1.66倍；以提高支撑能力和保障能力的水利基础设施加快实施。大规模的水利基础设施建设为经济社会长远发展注入了新的强大动力，水利以其面广量大、吸纳投资多、产业链条长、提供就业能力强的独特优势，在扩大内需、促进经济平稳较快增长方面取得显著成效。

这五年，防汛抗旱取得全面胜利。"十一五"时期，我国气候异常，川渝百年不遇的大旱、"桑美"和"碧利斯"台风灾害、南方低温雨雪冰冻灾害、汶川地震导致的堰塞湖等重大次生灾害，以及2010年西南地区特大干旱、舟曲特大山洪泥石流灾害、玉树地震次生灾害等等，灾情之重历史罕见，救灾难度前所未有，给防汛抗旱工作带来前所未有的严峻挑战。在党中央、国务院的高度重视和正确领导下，国家防总、水利部和各级水利部门坚持以人为本、科学防控，地方党委、政府精心组织、周密部署，广大军民顽强拼搏、团结奋战，确保了大江大河干堤和重要堤防无一决口、大中型水库无一垮坝和城乡居民饮水安全，以及工农业生产用水需求，最大程度减少了人员伤亡和财产损失，谱写出气壮山河的光辉篇章。

这五年，水利管理改革取得新突破。实行最严格的水资源管理制度，探索建立用水总量控制、用水效率控制、水功能区限制纳污"三条红线"，节水型社会建设深入推进，水资源保护取得积极成效。完成了1.2万个基层国有水管单位的改革，通过改革，理顺了管理体制，初步建立起良性运行机制。开展了20多项事关水利发展全局的重大水利专题研究。农业水价综合改革试点全面启动，农户参与式管理和农业终端水价制度逐步推广。城乡水务一体化管理加快推进，水行政主管部门的管理职能进一步强化。改革，激发了水利发展的内在动力。

（新华社记者姚润丰）

【深度解读】

精彩"十一五"，辉煌"十一五"。这是我国水利投资规模最大、规划目标实现最好、人民群众受益最多、保障能力提升最快的时期。治水惠民生，兴水促和谐，水利实现了一系列重大跨越，也为保增长、保民生、保稳定提供了坚实的水利保障。

陈雷说，"十一五"时期，是我国水利发展史上极不平凡的五年，也是抗灾减灾成效最大、发展目标实现最好、人民群众受益最多、行业能力提升最快的五年。在党中央、国务院的正确领导下，各级水利部门深入贯彻落实科学发展观，积极践行可持续发展治水思路，大力发展民生水利，开拓进取，攻坚克难，扎实工作，圆满完成了"十一五"规划确定的目标任务，谱写了水利改革发展新篇章。

新时期治水思路不断完善。"十一五"时期，按照科学发展观要求，根据水利工作新形势新任务，不断丰富完善可持续发展治水思路，进一步确立七大流域水利发展定位和区域水利发展布局，明确提出实行最严格的水资源管理制度，加快从控制洪水向洪水管理转变，从供水管理向需水管理转变，从水资源开发利用为主向开发保护并重转变，可持续发展治水思路焕发出勃勃生机。我们顺应人民群众过上更好生活的新期待，把大力发展民生水利作为践行可持续发展治水思路的着力点和突破口，加快解决直接关系人民群众生命安全和切身利益的水利问题，使水利更好地惠及亿万人民群众。民生水利的理念在全国水利系统深入人心，民生水利快速发展成为"十一五"时期的鲜明特点。

防汛抗旱减灾取得显著成效。"十一五"时期，我国洪涝干旱灾害多发并发重发，灾情之重历史罕见，救灾难度前所未有。各级水利部门坚持以人为本、科学防控，各级地方党委政府精心组织、周密部署，广大军民携手并肩、顽强拼搏，战胜了淮河、太湖、长江、松花江等流域发生的严重洪涝灾

昌都城镇防洪工程。　　　　　　　　　　　　　　（新华社记者姚润丰摄）

害，成功抗御了 2006 年川渝百年不遇大旱、2009 年北方冬麦区大范围干旱、2010 年西南地区特大干旱，有效应对"碧利斯"、"莫拉克"等超强台风的袭击，最大程度地保障了人民群众生命安全、减轻了灾害损失。特别是经过艰苦卓绝的努力，夺取了汶川水利抗震救灾斗争的重大胜利，灾区 950 多万人的饮水问题及时得到解决，2400 多座震损水库、800 多座震损水电站无一垮坝，1000 多公里震损堤防无一决口，妥善化解了唐家山等 105 处堰塞湖风险，创造了世界上处理大型堰塞湖的奇迹；及时抢修、恢复玉树震损水利水电工程，为抢险救灾和灾后重建创造了有利条件；按照安全、科学、迅速的原则，采取挖爆冲等措施，连续奋战 20 多天，圆满完成舟曲堰塞湖应急处置及白龙江淤堵河道清淤疏通任务。

重点工程建设取得重大进展。五年来，新建和加固堤防 17080 公里，新增水库库容 381 亿立方米，新增供水能力 285 亿立方米。如期完成专项规划内 6240 座大中型及重点小型、东部 1116 座重点小型病险水库除险加固任务，启动实施新一轮小型病险水库除险加固。大江大河大湖治理成效显著，长江下游河势控制、黄河标准化堤防建设稳步推进，治淮 19 项骨干工程全面完成，洞庭湖、鄱阳湖综合治理顺利实施，太湖流域水环境综合治理水利项目全面启动。一大批重点水利枢纽建成并投入运行，三峡工程成功实现 175 米水位试验性蓄水，嫩江尼尔基、广西百色、湖南皂市、黄河西霞院、四川紫坪铺等工程建成发挥效益。南水北调东、中线一期工程稳步推进，中线京石段实现向北京应急供水，辽宁大伙房输水工程正式通水，西藏旁多、甘肃引洮、贵州黔中、吉林哈达山、四川亭子口等工程进展顺利。开展了 1000 余条中小河流重点河段治理和 103 个县的山洪灾害防治试点建设。

农村水利事业加快发展。农村饮水安全投入大幅增加，累计解决 2.1 亿农村人口的饮水安全问题，提前 1 年完成"十一五"规划任务，提前 6 年实现联合国千年宣言目标。农田水利建设步伐加快，累计新增有效灌溉面积 5000 万亩，改善灌溉面积 1.9 亿亩，新增工程节水灌溉面积 8500 万亩，农业灌溉水有效利用系数从 0.45 提高到 0.50。对全国 434 处大型灌区进行续建配套与节水改造，80 处灌区全面完成规划任务，同时对 216 处中型灌区进行节水改造。中部四省大型排涝泵站更新改造全面完成，全国大型灌排泵站更新改造启动实施。开展 850 个小型农田水利重点县建设，农田水利基本建设实现恢复性增长。新增水电装机 8100 万千瓦，其中农村水电装机 2000 万千瓦。建成 400 多个水电农村电气化县，实施小水电代燃料工程，改善了农民群众生产生活条件和生态环境。

水资源节约保护不断加强。节水型社会建设深入推进，提前完成"十一五"规划确定的万元 GDP 用水量降低 20% 和万元工业增加值用水量降低 30% 的目标。江河流域水量分配逐步开展，省级行政区用水定额指标体系基本建立，水资源有偿使用制度逐步完善，水资源论证和取水许可工作不断强化，水权转换深入实践，开展了 100 个国家级和 200 个省级节水型社会建设试点。

水资源保护力度加大，流域和省级地表水水功能区划全面完成，太湖流域水功能区划得到国务院批复，饮用水水源地保护不断加强，有效应对了松花江污染、太湖蓝藻暴发等引发的供水危机。黄河水量统一调度更加完善，连续11年不断流。以三峡水库为核心的长江水量调度不断加强，枯水期下游供水和航运安全得到保障。适时开展河北山西向北京调水、引黄济津济冀济淀、引江济太、珠江枯水期水量调度等工作，确保了北京、天津等重点城市和澳门特别行政区以及奥运会、世博会、亚运会等重大活动的供水安全。

水土保持生态建设逐步深入。长江上中游、黄河中上游、西南石漠化、东北黑土区水土流失重点治理力度不断加大，坡耕地综合治理试点、南方崩岗治理启动实施，新增水土流失综合治理面积23万平方公里，治理小流域2万多条，完成水土保持生态修复22万平方公里，年均减少土壤侵蚀量3.68亿吨。水土保持预防监督扎实开展，全国水土流失与生态安全综合科学考察活动取得丰硕成果。重点流域生态治理深入推进。水利风景区建设成效显著。

水利改革迈出新的步伐。水利投融资体制改革继续深化，中央和地方公共财政水利投入大幅度增长，初步形成了以政府投资为主导、社会投资为补充的水利投融资机制。国有水利工程管理体制改革基本完成，"两项经费"得到落实。流域管理与行政区域管理相结合的水资源管理体制不断健全，全国72%的县级以上行政区域实行城乡涉水事务一体化管理。农业水价综合改革试点取得明显成效，工业和城市生活水价改革稳步推进。区域协作机制加快建立，水利援藏、援疆工作取得明显成效，水库移民后期扶持政策全面落实，水利定点扶贫规划顺利完成。

依法治水管水能力不断增强。水利政策法规体系不断健全，出台抗旱条例等5件涉水行政法规、10件部门规章及一批地方性法规，《水土保持法（修订草案）》已进入全国人大常委会审议阶段。水行政执法力度不断加大，严厉打击非法采砂、侵占河道等违法违规行为，全面完成"四无水电站"清查整改，妥善调处一批重大省际水事纠纷。"五五"普法工作全面完成。水利规划取得重要成果，国务院批复全国水资源综合规划、七大流域防洪规划等24项重要水利规划，七大流域综合规划修编全面通过技术审查。第一次全国水利普查全面展开。水利技术标准体系不断完善。水利工程建设管理、运行管理与河湖管理不断加强，安全生产监督检查深入开展，没有发生重大质量与安全事故。

水利科技与国际合作成果丰硕。水利科技创新体系加快建立，国家重点实验室和国家工程技术研究中心建设取得突破，获得国家级科技奖励40项，引进、推广和转化先进适用技术800余项，水利科技创新成效显著，部分学科领域处于国际领先地位。水文站网体系进一步完善，预测预报预警能力不断提升，藻类监测和城市水文工作取得新进展。水利信息化建设步伐加快，防汛抗旱指挥、水土保持、电子政务等信息系统建成并发挥重要作用。国际交流与合作广泛开展，与60多个国家开展双边水利交流与合作，积极参与世界水论坛等重大水事活动，水利对外开放和利用外资步伐加快，小水电"点亮非洲"得到国际社会高度赞誉。

经过五年的不懈努力，我国水利基础不断夯实，防灾减灾体系逐步完善，水利保障能力大幅提升，群众受益程度明显提高，为实现粮食连续七年增产、农业农村发展持续向好提供了有力保障，为有效应对国际金融危机冲击、保持经济平稳较快发展奠定了坚实基础。五年来，水利的跨越式发展有哪些深刻启示，陈雷分析认为，一是党中央、国务院高度重视是水利又好又快发展的根本保证。五年来，中央领导多次对水利工作作出重要批示、提出明确要求，在防汛抗旱和抢险救灾的关键时刻亲临一线视察灾情、指导工作。党的十七届三中全会进一步明确病险水库除险加固、农村饮水安全、灌区续建配套与节水改造三大目标任务，每年中央一号文件都对水利工作作出安排部署，为加快水利改革发展指明了前进方向，提供了根本保证。

二是持续加大政策支持是水利又好又快发展的有力支撑。五年来，中央出台一系列指向明确、作用直接、见效迅速的水利扶持政策，大幅度增加水利投入，各地也积极制定政策措施，千方百计增加水利投资。"十一五"水利

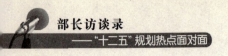

总投入（约7000亿元）是"十五"的1.93倍（中央水利投资达到2934亿元），干成了一些多年想干而没有条件干的大事。

三是坚持人与自然和谐相处是水利又好又快发展的基本要求。五年来，水利部党组坚决贯彻中央水利工作方针，坚持可持续发展治水思路，顺应自然规律和社会发展规律，注重合理开发、优化配置、全面节约、有效保护水资源，有力促进了经济社会可持续发展。

四是着力保障和改善民生是水利又好又快发展的内在动力。五年来，我们始终把保障和改善民生作为水利工作的出发点和落脚点，着力解决事关群众切身利益的水利问题，实施了一大批民生水利项目，为人民群众带来了更多实惠，也为水利事业发展增添了强大活力和内在动力。

五是建设高素质水利队伍是水利又好又快发展的重要基础。五年来，我们着力培养造就一支政治坚定、业务精通、勇于创新、作风扎实、爱岗敬业、勤政廉洁的高素质水利干部队伍。广大水利干部职工在防汛抗旱、抢险救灾的紧要关头，在水利建设、管理的主战场，奋勇拼搏，无私奉献，成为水利改革发展的坚强柱石。

六是广泛凝聚全社会治水力量是水利又好又快发展的重要保障。五年来，中央有关部门密切配合、鼎力支持，各级党委政府高度重视、大力推动，广大军民同心协力、并肩作战，充分体现了社会主义制度集中力量办大事、团结各方渡难关、凝心聚力克时艰的优越性，形成了治水兴水的强大合力。

2010年年底闭幕的中央农村工作会议重点研究加快水利改革发展问题，讨论了《中共中央、国务院关于加快水利改革发展的决定（讨论稿）》，并把"大兴水利强基础"列入2010年中央农村政策的首位，预示着大规模的水利建设刚刚破题。种种迹象表明，这份文件是2010年的中央指导"三农"工作的一号文件，文件明确了新形势下水利的战略定位，水利改革发展的指导思想、主要原则、目标任务、工作重点和政策举措。

陈雷欣慰地评价说，"水是生命之源、生产之要、生态之基，水利是现代农业建设不可或缺的首要条件，是经济社会发展不可替代的基础支撑，是生态环境改善不可分割的保障系统，具有很强的公益性、基础性、战略性"。这是我们党第一次全面深刻阐述水利在现代农业建设、经济社会发展和生态环境改善中的重要地位，第一次将水利提升到关系经济安全、生态安全、国家安全的战略高度，第一次鲜明提出水利具有很强的公益性、基础性、战略性。中央对我国基本国情水情的准确把握，是对水利发展阶段特征的科学判断，是今后统筹水利改革发展、完善水利扶持政策的基本依据。

"十二五"期间水利工作的总体要求是：坚持科学发展主题和加快转变经济发展方式主线，积极践行可持续发展治水思路，大力发展民生水利，以推进传统水利向现代水利转变、保障经济社会可持续发展为根本目标，以加强水利薄弱环节建设、强化水利基础设施体系为重点任务，以落实最严格的水资源管理制度、全面建设节水型社会为战略举措，以深化重点领域和关键环节改革、创新水利科学发展体制机制为重要保障，着力增强水旱灾害应对与综合防御能力、水资源合理调配与高效利用能力、水生态环境保护与修复能力、科学治水与依法管水能力，确保防洪安全、供水安全、粮食安全和生态安全，为全面建设小康社会和促进经济长期平稳较快发展提供坚实水利保障。

今后五年我国水利发展的主要目标是：

防洪减灾综合体系进一步完善。大江大河防洪体系基本建成。重点中小河流重要河段治理基本完成，现有病险水库和大中型病险水闸隐患基本消除，山洪灾害防治区监测预警系统和群测群防体系基本建立。全国洪涝灾害年均直接经济损失占同期 GDP 的比重降低到 0.7% 以下。

城乡供水安全保障水平显著提高。流域和区域水资源合理配置格局初步形成，与工业化、城镇化、农业现代化相适应的城乡供水体系基本建立，农村饮水安全问题全面解决。全国新增供水能力 400 亿立方米左右，全国干旱灾害年均直接经济损失占同期 GDP 的比重降低到 1.1% 以下。

农村水利基础设施条件明显改善。完成 70% 以上的大型灌区和 50% 以上的重点中型灌区骨干工程续建配套与节水改造任务，净增农田有效灌溉面积 4000 万亩，新增高效节水灌溉面积 5000 万亩。新增农村水电装机 1000 万千瓦。

水资源利用效率和效益大幅提高。节水型社会建设取得显著进展，水资源高效利用与有效保护体系基本建立。全国万元 GDP 用水量降到 140 立方米以下，万元工业增加值用水量降到 80 立方米以下，农业灌溉水有效利用系数提高到 0.53。

水环境保护与水生态建设成效显著。全国重要江河湖库水功能区主要水质指标达标率提高到 60%。水土流失综合防治体系初步建立，新增水土流失综合治理面积 25 万平方公里，生态环境脆弱地区及重点河湖水生态环境状况得到改善，地下水严重超采区超采状况初步扭转。

依法治水管水能力不断增强。符合我国国情水情的较为完善的水法规体系基本形成，水行政执法能力显著提升，预防为主、预防与调处相结合的水事纠纷处理机制基本建立，全社会水法治意识进一步增强。

重点领域和关键环节改革取得突破。最严格的水资源管理制度体系初步建立，以公共财政为主渠道的稳定增长的水利投融资体制基本形成，水利工程良性运行与管护机制基本健全，水价形成机制初步理顺。

行业能力建设取得重要进展。水利科技创新水平明显提升，水文服务能力和水利信息化水平进一步提高，水利人才队伍不断壮大，基层水利服务体系基本建立，水利公共服务能力显著增强。

陈雷介绍，要实现上述目标，要着力抓好以下九个方面工作：

突出加强防洪薄弱环节建设。加大中小河流治理力度，基本完成有防洪任务的重点中小河流重要河段治理。巩固大中型病险水库除险加固成果，全面完成小型病险水库和规划内大中型病险水闸除险加固。加快山洪灾害防治步伐，用 3 年时间完成 1836 个县山洪灾害防治非工程措施建设。加大江河主要支流治理力度，加强重点独流入海河流和西北地区重点内陆河流综合治理。

　　全面加强农田水利建设。加快实施大中型灌区续建配套和节水改造，完成190处大型、650处重点中型和1500处一般中型灌区的节水改造任务。结合新增千亿斤粮食生产能力建设，在水土资源条件具备的地区新建一批灌区，大力发展有效灌溉面积。加强灌区末级渠系节水改造和田间工程配套，建设旱涝保收高标准农田。实施大中型灌排泵站更新改造，加强重点涝区治理。因地制宜兴建小水窖、小水池、小塘坝、小泵站、小水渠等"五小"水利工程，搞好雨洪资源利用，提高供水保障能力。加快推进小型农田水利重点县建设，对县域农田水利基础设施进行集中配套改造。加快以节水灌溉饲草地为重点的牧区水利工程建设。

　　大幅提高城乡供水保障能力。加快实施全国大型、中型水库建设规划，完成南水北调东、中线一期主体工程及配套工程建设，积极推进引汉济渭、引江济淮（巢）、滇中调水等跨流域、跨区域调水工程，开展南水北调西线工程前期研究，优化水资源战略配置格局。实施西南五省份重点水源工程近期建设规划，建设一批中小型水库、引提水工程，着力解决西南等地区工程性缺水问题。加快河湖水系连通工程建设，构建引得进、蓄得住、排得出、可调控的江河湖库水网体系，提高供水可靠性和防洪保安能力。继续推进农村饮水安全工程建设，2012年年底前解决规划内农村饮水安全问题，2015年年底前全面解决农村饮水安全问题。建设一批规模合理、标准适度的抗旱应急水源工程，建立应对特大干旱和突发水安全事件的水源储备制度。

　　大力发展高效节水灌溉。大幅度增加高效节水灌溉资金投入，小农水重点县建设资金要优先用于节水灌溉，用好灌排设备农机具补贴政策和节水灌溉财政贴息政策，大力推广管道输水、喷灌、滴灌、微灌等高效节水灌溉技术，集中力量建设一批规模化高效节水灌溉示范区。北方平原地区要大力推行管道灌溉，固定式、半固定式、移动式喷灌等技术；东北、西北等有规模化耕作条件的地区，要大力发展大型机械化行走式喷灌，集中连片建设高标准节水灌溉示范区。南方水资源相对丰富地区也要发展节水灌溉，大力推行水田控制灌溉。水源条件较差的山丘区，要利用小型集雨设施，发展滴灌、微灌等窖灌农业。要结合农业种植结构调整，大力发展节水型设施农业和旱作农业。要完善节水灌溉技术服务体系，建立农业灌溉总量控制和定额管理制度，加强量水设施建设，改进水费计收手段，抓好输水、灌水、用水过程节水。要积极研发具有中国特色、质优价廉的节水灌溉技术和设备。

继续实施大江大河治理。进一步治理淮河，搞好黄河下游治理和长江中下游河势控制，继续推进主要江河河道整治和堤防建设，加强太湖、洞庭湖、鄱阳湖综合治理。开工建设西江大藤峡、黄河古贤、淮河出山店等一批流域防洪控制性水利枢纽工程，不断提高调蓄洪水能力。加快蓄滞洪区建设，重点实施长江城陵矶附近和海河重点蓄滞洪区建设，调整和建设淮河行蓄洪区，加强黄河下游滩区安全建设。抓好城市防洪排涝工程建设，推进海堤建设和跨界河流整治。

深入开展水生态环境治理。继续抓好重点区域水土保持生态建设，全面开展坡耕地综合整治，推进生态清洁型小流域建设。继续实施塔里木河、黑河、石羊河流域综合治理和首都水资源可持续利用规划，开展海河流域、敦煌等生态脆弱地区与艾比湖等河湖水生态修复治理。抓好农村水环境综合治理，搞好农村河道疏浚和小型水库清淤。大力推进水电新农村电气化县建设，扩大小水电代燃料工程规模，实施农村水电增效扩容改造，加强水能资源开发利用管理和安全监管。

着力实施最严格的水资源管理制度。确立用水总量控制、用水效率控制、水功能区限制纳污"三条红线"。落实重要江河流域水量分配方案，建立流域、省、市、县四级取水总量控制指标体系。完善农业、工业、服务业、居民生活等用水定额指标体系，强化计量和考核管理。从严核定水域纳污容量，严格控制入河排污总量，建立和完善水功能区水质达标评价体系和监测预警监督制度。加大城乡饮用水水源地、南水北调沿线、三峡库区等重点区域水资源保护力度，推进太湖、滇池、巢湖等地区水环境综合治理。完善国家水权制度，全面落实水资源有偿使用、水资源论证、取水许可等管理制度，建立水资源管理责任制与考核制。加强水资源统一调度，开展海水淡化，开发利用再生水、苦咸水、矿井水等非常规水资源。积极推进地下水超采治理。

努力创新水利科学发展的体制机制。建立水利投入稳定增长机制，充分发挥公共财政的主渠道作用，大幅度增加各级财政水利投资规模，充实完善中央和地方水利建设基金筹集政策，扩大基金来源和规模，完善有关财政补贴政策，用好从土地出让收益中提取10%用于农田水利建设的政策。加强对水利建设的政策性金融支持。鼓励各地积极出台扶持政策，加大一事一议财政奖补力度，广泛吸引社会资金参与水利建设。推进水资源管理体制改革，健全流域管理与行政区域管理相结合的水资源管理体制，推进城乡水务一体化进程。深化水利工程管理体制改革，落实中小水利工程管护主体和管理责任，保障水利工程良性运行。完善基层水利服务体系，以乡镇或小流域为单元，健全基层水利服务机构，强化公益性职能，核定人员编制，经费纳入县级财政预算。加快农民用水合作组织建设，加强防汛机动抢险队伍和抗旱服务组织建设，推动水文行业管理体制和农村水电管理体制改革。推进水价改革，发挥水价在促进节约用水中的杠杆作用。建立与水有关的生态补偿机制。充分发挥水土资源优势，积极开展水利多种经营，加强水利风景区建设与管理。

不断强化科学治水和依法管水。健全水利科技创新体系，强化基础条件平台建设，加强基础研究和技术研发，力争在水利重点领域、关键环节和核心技术上实现新突破，获得一批具有重大实用价值的研究成果，加大技术引进和推广应用力度。健全水利技术标准和计量、质量认证体系。建立健全水法规体系，完善水资源配置、节约保护、防汛抗旱、河道采砂、农村水利、水土保持、流域管理等领域的法律法规。全面推进水利综合执法，加大对非法取水、非法采砂等水事违法行为的打击力度。加强河湖管理，严禁建设项目非法侵占河湖水域、岸线。健全预防为主、预防与调处相结合的水事纠纷调处机制，完善应急预案。做好水库移民安置工作，深入落实后期扶持政策。

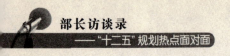
完善水利安全监督管理制度。加强水利国际交流与合作。

切实加强行业能力建设。全面做好第一次全国水利普查工作。完善全国、流域、区域水利规划体系，强化水利规划对涉水活动的管理和约束作用，加快重点建设项目前期工作。优化水文站网布局，着力增强重点地区、重要城市、地下水超采区水文测报能力，加快应急机动监测能力建设。建立防汛抗旱督察制度，健全防汛抗旱应急管理机制。加快国家防汛抗旱指挥系统、全国水资源管理信息系统和国家水利数据中心建设，以水利信息化带动水利现代化。大力加强水利系统党的建设、干部队伍建设、反腐倡廉建设和精神文明建设。

（新华社记者姚润丰）

确保广播影视健康发展
满足广大人民群众精神文化需求

——访国家广电总局局长王太华

　　无论是电影票房的迅速持续增长，还是违规广告的大幅减少，无论是集公共传播、信息服务、文化娱乐于一体的"三网融合"多媒体平台，还是农村广播电视由"村村通"拓展到"户户通"的目标，在王太华看来，广播电影电视的健康发展，最终都是为了满足广大人民群众的精神文化需求。

中宣部副部长、国家广电总局党组书记、局长王太华。

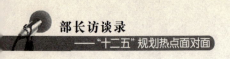

近八成观众首选国产电视剧

问：在这次国际金融危机中，很多行业受到了冲击，但电影、电视剧和影视动画却逆势上扬，成为一大亮点。请问，在这方面，我们采取了哪些措施？

答："十一五"是我国电影电视剧影视动画发展最好最快的历史时期。从数量上看，我国已经成为世界影视生产大国。2010年，电影产量已突破500部，位居世界第三，票房有望突破100亿元，"十一五"年均增幅超过30%。电视剧，产量连续多年稳居世界第一。影视动画实现了跨越式发展，2005年至2009年，电视动画产量分别为4万、8万、10万、13万、17万分钟，位居世界前列。

我们围绕由生产大国向产业强国的转变，坚持走正道、出精品、出效益、出人才，重点抓了三个方面的工作。

一是繁荣创作生产。我们把提高质量放在突出位置，鼓励原创、奖励精品，加强创作引导，重点扶持重大革命和历史题材，农村、少儿、少数民族题材，推出了一批优秀作品。比如，越来越多的主旋律影片叫好又叫座，《建国大业》票房4.5亿元，《唐山大地震》票房6.6亿元。调查显示，国产电视剧已经占据市场主导地位，我国近80%观众首选国产电视剧。

二是培育市场。我们深化电影院线制改革，加强影院建设。目前，我国已有城市电影院线37条、现代化影院1800多家、银幕5690块。我们以少儿、动画频道为重点，加强播映平台建设，目前全国共有33家少儿频道和5个动画上星频道。我们努力办好中国国际广播影视博览会等重要节展，活跃市场、促进生产。

三是加强调控。我们着眼于壮大民族影视产业，以播映调控为重点，切实加强和改进宏观调控。比如，我们要求，每天17点至21点，各级电视台禁止播出境外动画片，动画、少儿等频道每天国产与引进动画片的播出比例

2010 年 7 月 13 日，电影《唐山大地震》主创人员出席北京首映礼。（新华社记者金良快摄）

不低于 7：3，这一政策有力推动了国产影视动画的迅速增长。

"三网融合"：随时随地看电视

问：2010 年以来，"三网融合"引起社会广泛关注，请问广播影视推进"三网融合"做了哪些工作？"三网融合"能给老百姓带来哪些好处？

答：随着我国经济社会信息化进程的加快，推进"三网融合"已经成为广播影视的一项重大任务。我们感到，当前有两个方面的工作尤为紧迫。一方面，要加快网络数字化升级改造。数字化是推进"三网融合"的技术基础。目前，有的地方有线电视网络还是模拟的，只能单向传输、无法双向互动，有的虽然数字化了，但容量不够大，制约了业务开发。我们提出，要按照"大容量、双向交互"的要求，加快有线电视网络的数字化转换，同时加快建设下一代广播电视网，力争用10年的时间基本建成覆盖全国的全功能、全业务下一代广播电视网。另一方面，要加快有线电视网络整合，着力改变目前资源分散、条块分割的局面，尽快实现全程全网、互联互通。

通过推进"三网融合"，广播电视网络将成为集公共传播、信息服务、文化娱乐于一体的多媒体平台，能够给群众提供更多更好的综合服务，可以概括为两个方面。一方面，传统广播电视服务将得到大大提升。比如，群众可以收听收看到上百套数字广播电视节目，可以看到高清电视，可以进行视频点播，可以通过移动多媒体广播电视随时随地收听收看广播电视节目。另一方面，新兴业态、新型业务将得到有力开发，广播电视的功能将得到拓展和延伸，可以提供电子政务、电子商务、文化教育等各类服务，大大方便群众生产生活。

2010年6月23日，新疆伊吾县吐葫芦乡大白杨沟村牧民在家里收看卫星电视节目。连日来，新疆伊吾县广播电视村村通"卫星直播"工程安装调试全面展开，目前，已有1200户山区牧民看上了卫星电视节目。

（新华社发，朱正华摄）

药品违规广告大幅度减少

问：近年来，老百姓对广播电视中出现的违规购物、医疗广告有不少批评，对个别选秀、娱乐节目也有意见，请问在这方面，我们采取了哪些管理措施？

答：从总体上讲，广播电视发展是好的，但也出现了群众反映强烈的一些问题。对此，我们高度重视，加大整治力度，净化荧屏声频，维护人民群众切身利益，为青少年提供积极健康向上的文化环境。主要开展了三个方面专项行动：一是抵制广播电视低俗之风专项行动，重点整治法制类、谈话类、选秀类和涉性类等节目栏目。二是整治虚假违规广告、不良广告专项行动。据国家工商总局等有关部门监测结果，2010年以来，广播电视违规广告特别是药品违规广告，有了大幅度下降。三是整治互联网视听节目专项行动，重点整治反动、色情等有害网络视听节目。2009年，我们共查处违规网站1721个，关停1015个。这些，都受到人民群众特别是广大家长的广泛好评。

我们感到，从根本上解决这方面的问题，必须坚持把社会效益放在首位，实现社会效益和经济效益相统一。对于电台电视台来讲，首先要正确看待收听收视率。我们强调，要讲收听收视率，但不能把收听收视率作为第一标准，更不能作为唯一标准。目前，我们正在抓紧研究，探索建立科学的节目评估标准，以及正确测定、运用收听收视率的科学体系，从而通过制度建设，确保广播电视健康发展。

广播电视"村村通"到"户户通"

问：农村拥有广播影视最大的受众群体，"十一五"期间我们采取了哪些措施，确保农村群众能够更好地听广播看电影看电视？

答：我国幅员辽阔，地区差异大，不少农村地区还存在听广播看电影看电视难的问题。针对这一状况，我们紧紧围绕社会主义新农村建设，加大资源向农村的倾斜力度，加大公共财政投入力度，大力实施村村通、农村电影放映等重点工程，加快构建农村公共服务体系，取得了显著成绩。

"村村通"工程，我们主要完成了两项任务。一方面，通过直播卫星等方式，基本完成了全国 20 户以上已通电自然村的"村村通"，不少农村地区可以收听收看到几十套高质量节目。另一方面，我们加强了无线覆盖。与"十五"末相比，目前中央和省级广播电视无线人口覆盖率有了大幅提高。"村村通"建设，得到了中央和地方各级政府的大力支持，"十一五"各级财政累计投入近 160 亿元。

同时，我们按照"企业经营、市场运作、政府购买、群众受惠"的思路，大力实施农村电影放映工程，共组建 232 条农村数字院线，覆盖 64 万个行政村，初步走出了一条具有中国特色的农村电影发展道路。2009 年，全国农村放映电影 780 多万场次，观众超过 18 亿人次，基本实现了"一村一月放映一场电影"的目标。

"十二五"期间，我们将继续把建设农村公共服务体系作为重点工作。初步考虑是：到 2015 年，农村广播电视由"村村通"拓展到"户户通"，广播电视人口综合覆盖率超过 99%，实现一村一月放映一场数字电影，有条件的地区实现城乡公共服务均等化。

广播电视国际传播能力明显进步

问：现在国际上评价一个国家的综合实力已经不单单是经济发展，文化软实力已成为一个重要指标，这就离不开一个国家的媒体在国际上的文化传播力和影响力，请问"十一五"期间广播电视在这方面取得了哪些进展？

答："十一五"时期，我国广播影视的一个重要变化，就是以国内为主转向统筹国内国际发展。这方面的一个显著标志，就是我们在全面加强"走出去"工作的基础上，启动了国际一流媒体建设，并取得了阶段性成果。中央电视台围绕由国内为主向国内国际并重的转变，目前已经开办 6 个语种国际频道，建成 50 个海外记者站，包括 7 个海外中心记者站，初步形成了覆盖全球的新闻采编网络，海外落地用户超过 1.6 亿。中国国际广播电台，加快建设现代、综合、新型国际传媒，目前播出语言达 61 种，每天播出时间 1700 小时，并在境外建成了 50 个整频率调频台。应该说，这几年我国广播电视的国际传播能力有了明显进步。比如现在国际上发生重大事件，我们能够在第一线、第一时间进行报道，新闻的原创率、首发率、落地率大大提高。

（新华社北京 2010 年 12 月 30 日电，记者白瀛）

【背景介绍】

"十一五"期间，广播电视坚持围绕经济建设这个中心，服从服务于改革发展稳定大局，牢牢把握正确舆论导向，与党同心、与国同行、与民同在，面向基层、服务群众，宣传党的主张、通达社情民意、弘扬社会正气、引导社会热点、搞好舆论监督，把体现党的主张和反映人民心声统一起来，把坚持正确导向和通达社情民意统一起来，公信力、影响力和舆论引导能力显著增强。涌现出了《新闻和报纸摘要》、《新闻纵横》、《新闻联播》、《焦点访谈》等一大批知名品牌节目和栏目。听广播、看电视已经成为广大人民群众获取信息、休闲娱乐的主要渠道和方式之一。整个宣传工作有以下特点：

一是围绕中心服务大局。广播电视着力引导干部群众把思想和行动统一到中央精神上来，把智慧和力量凝聚到实现中央确定的各项任务上来，大力宣传党的十七大作出的战略部署，深入报道各地各部门和人民群众的积极行动、成功经验、实际效果和先进典型，凝聚人心、振奋精神、鼓舞士气，为推动我国经济又好又快发展提供了有力的舆论支持。

二是重大事件报道有力。广播电视积极报道党和政府的重大活动、社会各领域发生的重大事件。特别是党的十七大、每年的"两会"和汶川特大地震抗震救灾、北京奥运会等报道，牢牢把握正确舆论导向，坚持团结稳定鼓劲、正面宣传为主的方针，坚持"及时准确、公开透明"原则，有力地主导了国内舆论，有效地引导了国际舆论，影响力、公信力和感染力显著提高。如汶川特大地震抗震救灾报道期间，中央电视台相关报道被CNN、BBC、NHK等113个国家和地区的298家电视机构引用。北京奥运会期间，收看奥运会开、闭幕式的国内观众分别达到8.42亿和6.58亿，收看奥运会赛事的国内观众人数达到11.21亿。

三是不断提高报道水平。广播电视坚持改进、开拓、创新，不断提高宣传报道水平，充分满足人民群众的知情权、表达权、参与权和监督权，报道水平和舆论引导能力不断提高。

1. 积极扩大信息量。从满足人民群众的知情权出发，我们不断提高新闻报道的广度、深度和力度，重大突发事件报道及时、全面、公开、准确，时效性、指导性和权威性不断提高。重大事件发生后，按照中央的部署，广播电视迅速深入第一线，及时发布权威消息，通过大量现场直播，准确反映真实情况，把党和政府的工作和实际灾情真实同步地告诉全国人民和国际社会。据不完全统计，在抗震救灾期间，中央三台共发布抗震救灾相关新闻86000多条、专题1800多个，全国329个地（市）级以上电视台的1482套节目，对抗震救灾进行了报道。以抗震救灾报道为代表的广播电视新闻报道信息量实现了历史性突破。

2. 广泛使用现场直播。广播电视大量采用现场直播、记者连线等手段，新闻报道的现场感、真实性、感染力空前提高。汶川特大地震发生后，中央三台迅即开通直播节目。四川、重庆、北京、上海、陕西、深圳6家电视台上星频道开办了抗震救灾直播节目。抗震救灾期间，中央三台直播时长达3975小时，中央电视台抗震救灾直播特别节目总时长达1000小时40分，创电视直播史纪录。

3. 提高参与性、互动性。从满足人民群众的参与权和表达权出发，广播电视充分发挥自身优势和特点，开办了《阳光热线》等一批热线类节目，邀请观众听众走进现场，参与节目，及时、充分反映人民群众的意见和呼声。广播电视节目的参与性、互动性显著提高。

4. 舆论监督显著改进。广播电视紧紧围绕经济社会发展中的突出问题，围绕人民群众反映强烈的突出问题，积极开展准确监督、科学监督、依法监督和建设性监督，切实保障人民群众的监督权，增进了人民群众对党和政府的信任，涌现出《焦点访谈》、《新闻纵横》等一批深受人民群众认可和支持的舆论监督节目，为党和国家各项方针政策的贯彻落实提供了有力保障，为维护广大群众合法权益作出了积极努力。

5. 坚持"三贴近"，落实"三深入"。广播电视坚持贴近实际，贴近生活，贴近群众，深入改革开放和现代化建设伟大实践，深入丰富多彩的现实生活，深入人民群众，真实反映党领导人民建设中国特色社会主义的生动实践，把镜头、话筒、话题对准基层，对准群众，运用群众熟悉的语言，采用群众喜闻乐见的形式，亲和力、吸引力、感染力和公信力不断增强。

6. 利用新技术，发展新媒体。近年来，广播电视不断加强网络广播电台、网络电视台等新媒体建设，拓展新阵地，传播先进文化。今天，广播电视新媒体特别是中央三台网站已成为舆论引导的重要力量。北京奥运会期间，中央三台网站同步直播了开幕式、闭幕式，发布相关新闻8.6万篇、图片9.5万张、音视频节目1013小时，总访问量58.96亿人次、日访问量3.68亿人次，总点击率50.3亿人次、日点击率3.14亿人次。移动电视（CMMB）通过手机和公交电视转播了中央电视台第一、三、五套和新闻频道的奥运节目以及中央电台、国际台的两套奥运广播节目，日覆盖5000万人次，信号稳定，收听收看效果良好，有力地拓展了新形势下主流媒体的传播空间，有效地巩固了宣传舆论阵地。

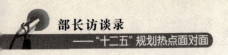

"十一五"期间的广播电视宣传工作，给"十二五"以及今后工作的启示有以下几点：

第一，始终坚持正确舆论导向，是广播电视宣传工作的灵魂所在。舆论导向是广播电视宣传工作的灵魂，是广播电视宣传工作把体现党的意志同人民群众意愿统一起来，维护最广大人民根本利益的集中体现。始终与党中央保持高度一致，牢牢把握正确舆论导向，始终坚持团结稳定鼓劲、正面宣传为主的方针，紧紧围绕党和国家的中心工作，服从指挥，遵守纪律，把社会效益放在第一位，更好地服从和服务于全党全国工作大局。把握住了这一点，就把握了新世纪新阶段广播电视宣传工作的根本。

第二，始终坚持围绕中心、服务大局，是广播电视宣传工作的必然要求。紧紧围绕经济建设这个中心，服从服务改革发展稳定的大局，一切在大局下思考、一切在大局下谋划、一切在大局下行动，把每一项具体工作放在改革发展稳定的大背景和大环境中谋篇布局，着力统一干部群众的思想，凝聚全国人民的力量，做到帮忙不添乱，是长期以来广播电视宣传工作的成功经验，也是广播电视宣传工作的必然要求。越是面对艰巨的历史任务，越是面对深刻的社会变革，广播电视宣传工作越要牢固树立大局意识，坚持以经济建设为中心不动摇，以取得让党和人民满意的实际效果。

第三，始终坚持"三贴近"，满足人民的知情权、参与权、表达权、监督权，是广播电视宣传工作的重要原则。贴近实际、贴近生活、贴近群众，是广播电视宣传思想工作必须长期坚持的工作原则。坚持贴近实际、贴近生活、贴近群众，就是坚持以人为本，把体现党的主张和反映人民心声统一起来，把坚持正确导向和通达社情民意统一起来，尊重人民主体地位，发挥人民首创精神，满足人民的知情权、参与权、表达权、监督权。

第四，始终坚持改革创新，提高舆论引导能力是广播电视宣传工作的根本要求。创新是做好宣传思想工作不竭的源泉，也是提高舆论引导能力的根本途径。广播电视宣传创新要体现时代性、把握规律性、富于创造性。要创新内容，科学回答公众关注的问题。要创新手段，提高节目的真实性和感染力。要把镜头和话筒对准群众，运用群众生动鲜活的语言，采取群众喜闻乐见的形式，提高宣传实效。要积极发展新媒体、新阵地，利用新技术、新手段不断拓展广播电视宣传阵地，提高广播电视舆论引导能力。

（新华社记者白瀛）

【深度解读】

"十一五"时期，按照中央部署，广播影视系统扎实推进各项改革，并在重点领域和关键环节实现重大突破，大大解放和发展了广播影视生产力，广播影视整体呈现快速健康发展的良好态势。公共服务方面，广播电视"村村通"、"西新"、农村电影放映三大重点工程服务水平显著提升，"一村一月放映一场电影"的公益服务目标基本实现；产业发展方面，全国电影票房从2005年的20.46亿元增至2010年的约100亿元，增长率达到389%，电视剧产量连续多年稳居世界第一；科技创新方面，数字化网络化取得实质性进展，260多个城市进行了有线电视数字化整体转换；行政管理方面，实现广电部门对电影的统一归口管理，全国已有244个地（市）级电台、电视台完成合并。

"一村一月一场电影"基本实现

据广电总局介绍，"十一五"时期，广播影视公共服务依托广播电视"村村通"、"西新"、农村电影放映三大重点工程，在巩固和扩大工程建设成果的同时，更加注重完善公共财政投入政策，更加注重科技创新，更加注重建

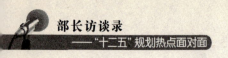
立长效机制，加快由工程建设向公共服务体系建设的转变。

"十一五"期间，广播电视"村村通"工程基本完成全国20户以上已通电自然村"村村通"，解决了71.66万个广播电视"盲村"群众收听收看广播电视难的问题。中央电视台、中央人民广播电台第一套节目无线人口覆盖率均提高到85%以上。

"西新"工程已完成前三期建设任务，"十一五"期间开始进行第四期工程建设，从根本上改变了西藏、新疆等边远少数民族地区广播影视发展薄弱的问题，大大提高了少数民族语言节目的制作、播出和译制能力。

农村电影放映工程按照初步规划，走出了一条具有中国特色的农村电影发展道路。"十一五"时期，共组建农村电影数字院线240条，数字电影放映队4.1万多支，拥有数字放映设备4.2万多套。2010年农村电影公益放映场次超过800万场，覆盖了全国60多万个行政村，形成了遍布全国农村的电影数字放映新格局，农村电影放映工程所确定的"一村一月放映一场电影"的公益服务目标基本实现。

电影票房5年增长389%

据广电总局介绍，"十一五"时期，广播影视按照"创新体制、转换机制、面向市场、壮大实力"的要求，不断深化产业改革。一是以塑造市场主体为目标，大力推进经营性事业单位转企改制。目前，中国电视剧制作中心等70家电视剧制作机构、35家国有制片单位、204家省市电影公司和293家电影院已经完成转企，正在加快现代企业制度建设。

二是积极推进广播影视企业资源重组、股份制改造，鼓励广播影视企业通过发行企业债券、利用银行贷款、上市等多种融资手段，扩大规模，壮大实力。目前已有9家广播影视企业上市，涌现出一批具有较强实力和竞争力的大型国有骨干企业和企业集团，初步形成以公有制为主体、多种所有制共同发展的产业格局。

三是加快培育市场体系，大力促进内容产业发展。"十一五"时期，国产故事片产量从 2005 年的 260 部上升到 2010 年的 526 部，增长了一倍以上。全国电影票房从 2005 年的 20.46 亿元增至 2010 年的约 100 亿元，增长率达到 389%。电视剧产量连续多年稳居世界第一，截至 2010 年 12 月产量已接近 1.3 万集。电视剧销售收入逐年增加，2009 年达 21 亿元，比 2005 年增加了 10 亿元，增长近一倍。影视动画实现跨越式发展，电视动画产量从 2006 年的 8 万分钟，达到截至 2010 年 11 月的 12.6 万分钟。动画电影实现重要突破，年均产量超过 15 部，形成了一批中国民族动画品牌和形象。积极推进纪录片产业发展，2010 年制订出台了《关于加快纪录片产业发展的若干意见》。中央电视台纪录片频道已于 2011 年 1 月 1 日正式开播。

四是实施重大文化产业项目带动战略，支持国家影视产业实验区、国家影视动画产业基地、国家数字电影制作基地等的建设运营，促进规模化、集约化、现代化发展。

五是推行电影发行放映体制改革，形成了以院线制为核心的现代电影产业市场体系，成功激活了整个电影市场。越来越多的观众重新回到电影院，为电影产业的振兴发展创造了有利条件。

六是广播影视产品"走出去"步伐加快。2010 年，共有 43 部影片销往 61 个国家和地区，海外销售总收入达到 34.8 亿元。在 33 个国家及港澳台地区举办 78 次中国电影展，共展映影片 525 部次。参加 25 个国家及港澳台地区的 61 个国际电影节，送出 249 部次影片参展参赛，其中 62 部次影片分别在 24 个电影节上获得 88 个奖项。全年电视节目出口总收入 6600 多万美元，其中，电视剧出口额约 2000 万美元。

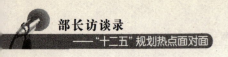
337个城市开通移动多媒体广播电视信号

据广电总局介绍,"十一五"期间,广播影视领域科技创新大力推进,数字化、网络化取得实质性进展。一是加快推进有线电视网络整合及模拟向数字整体转换。目前,全国已有19个省区市完成或基本完成全省性有线电视网络整合,260多个城市进行了有线电视数字化整体转换,在全国1.75亿有线电视用户中,数字电视用户超过7900万,其中双向网络覆盖用户超过3000万。有线电视网络由小网向大网、由模拟向数字、由单向向双向、由用户看电视向用电视的转变正在加快。

二是积极推进移动多媒体广播电视(CMMB)发展。在2008年顺利开播服务北京奥运会的基础上,目前已在全国337个城市开通CMMB信号,在30个省区市完成运营支撑系统建设,在27个省区市组建了运营公司,初步建立起全国统一的运营体系,开始大规模为用户提供服务。

三是大力加强业务开发,发展基于数字技术、网络技术的新兴业态。"十一五"期间,全国共开播了13个高清电视频道。同时,积极稳妥发展付费电视、视频点播等新型业态,大力开发楼宇视屏、户外视屏、交通工具视屏等新型业务以及电子政务、生产生活信息、文化教育娱乐等各类服务。

四是按照国家的总体部署,抓紧组建国家级的有线电视网络公司,加快建设IPTV、手机电视集成播控平台和监管系统,大力推进下一代广播电视网(NGB)的开发,积极推进三网融合。

244个地(市)级电台电视台完成合并

据广电总局介绍,"十一五"期间,广播影视管理水平不断提高,出台了《互联网视听节目服务管理规定》、《广播电台电视台播放录音制品支付报酬暂行办法》，积极推进适应广播影视数字和产业发展的相应法规规范的起草制定。

一是进一步理顺管理体制和运行机制，完成电影行政管理职能划转，实现广电部门对电影的统一归口管理。通过资源有机整合，目前全国已有244个地（市）级电台、电视台完成合并，初步形成事业产业统筹协调，分开运行、分类管理、科学发展的运行机制。

二是深化行政审批制度改革。"十一五"期间共取消8项行政许可，改进电影电视剧立项管理办法，实施电影电视剧和影视动画备案公示制度，开设电视剧电子政务平台，简化了办事程序，提高了工作效率。

三是以建立频率频道、节目栏目退出机制为重点，加强广播电视播出机构管理。根据《广播电视管理条例》等法律法规，针对频率频道、节目栏目运营过程中存在的突出问题，实行频率频道退出机制，促进行业健康有序发展。

（新华社记者白瀛）

"大改革，大发展，大变化，大跨越"

——访新闻出版总署署长柳斌杰

岁初年末，寒风料峭，在位于北京宣武门外大街的新闻出版总署办公楼里，新闻出版总署署长柳斌杰接受了新华社记者专访。

"这五年，我国新闻出版领域可以说是发生了大改革、大发展，实现了大变化、大跨越。"柳斌杰说。一个多小时的采访中，柳斌杰娓娓道来，让人不仅看到了我国新闻出版产业在过去五年中取得的斐然成绩，更看到了新闻出版领域未来发展的巨大潜力。

问：五年间，我国新闻出版业发生了怎样的变革？

答：五年来，新闻出版业始终走在文化体制改革前列，为我

新闻出版总署党组书记、署长柳斌杰。

（新华社记者璩静摄）

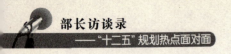

国事业单位改革提供了思路和经验。

具体来说，一是完成了新华书店转制，全国3000多家国有新华书店全部转制变成企业，走上了市场竞争之路。二是完成了出版社转企改制，包括地方出版社、高校出版社、中央各单位各部门出版社在内的经营性出版社基本转制成企业。三是产业结构调整初现成效，组建了一批地方出版集团，其中有4家出版集团资产超百亿元，改变了市场主体缺位的状况。在重点打造的三大国家级出版集团中，中国出版集团已经在几年前组建，中国教育出版集团前不久刚刚挂牌，中国科技出版集团现正加紧筹备，预计将在2011年上半年成立。中国出版业"航空母舰"已初具规模。四是报刊改革继续深化，按时政类和非时政类进行分类改革。目前，已经组建49家报业集团，非时政类的报刊已有1200多家完成转制，下一步还要继续推进。

五年里，改革激发了活力，推动了新闻出版事业和产业的大发展。仅2009年，我国生产图书30万种、70亿册，出版发行报纸439亿份，出版期刊31亿册，电子书76万本，网络游戏、文学出版物700多万种，一批精品力作面世。据初步统计，2010年报纸发行量将突破500亿份，稳居世界首位。世界报业协会公布的世界日报百强中，中国占了25席。

不仅如此，2009年，我国图书出版品种与总量居世界第一，电子出版总量居世界第二，印刷复制业居世界第三，网络学术出版居世界第二，新闻出版业的总产出已突破1万亿元大关，新闻出版业有望成为国民经济的支柱产业，我国已经成为名副其实的出版大国。

问：改革是发展的强劲动力，改革给新闻出版业带来了哪些具体变化？

答：最大变化还是思想观念的变化。新闻出版业在过去五年里摆脱了一些不合时宜甚至是障碍性的思想观念，走出了僵硬教条思维，摆脱了落后陈旧模式。以新闻报道为例，我们从"三贴近"入手，解决了新闻报道脱离实际、脱离生活、脱离群众的问题，对于突发事件的报道更加准确、及时、公开、透明。现在，只要不违反国家法律，不同的学术争鸣、不同的思想观点，都可以在报刊和出版物上反映出来，这反映了国家的文明进步。

二是体制机制发生了变化。市场经济体制下，经营性文化产品生产同市场、资本、消费者接轨，这是很了不起的。新闻出版业现有 44 家上市公司，总市值超过了 5700 亿元。要是没有市场机制，谁来给你投资？

三是发展格局发生了变化。不断扩大对内对外开放，非公有资本和外资已经全面进入印刷和发行领域。真正形成了以公有制为主体、多种所有制共同发展的产业格局，以民族文化为主导、吸收外来有益文化共同繁荣的开放格局。

四是新闻出版业的传播能力发生了显著变化。报纸、期刊、广播电视等传统媒体借助现代科技升级改造传播手段，借助新的传播渠道，各种传播载体共同发展，构建了一个节点多、覆盖面广的大平台，我国媒体传播能力在时效性、传播质量和影响力等方面都有了巨大提升。

五是我们的国际地位发生了重大变化。这几年我们的新闻信息的传播，在国际上占了相当的比重，比过去大大增强。记者遍布全球各地，图书期刊进入了 193 个国家的公共图书馆，报纸发行到八九十个国家，每年的发行量也在上升。

问："十一五"期间，农家书屋、全民阅读等新闻出版公共服务体系建设卓有成效。那么，未来五年，在开展农家书屋工程建设和开展全民阅读方面会做哪些努力呢？

答：农家书屋建设是"十一五"期间中央决定实施的重要工程，是政府主导的公益事业。截至目前，中央财政投入了 20 多亿元，地方财政投入 30 多亿元，建设了 30 多万家农家书屋。最近，中央财政又投入 26 亿元，地方配套投入相应资金，在党的十八大之前将会实现对农村所有的行政村全覆盖。"十二五"期间，除了完成建设任务，我们还要把农家书屋管好、用好，创造图书更新机制，扩大阅读范围，把农家书屋变成图书等文化产品的代销点、代邮点。切实解决农村读书难、看报难等问题，使农民得到真正的实惠。

我国的全民阅读活动已经连续推行多年，这也是世界各国的共同做法。提高公民素质主要依靠读书，像美国、以色列、德国、英国等发达国家，对国民的基本阅读能力都有明确的要求，国家领导人也都身体力行，以此倡导全社会的读书风尚。我们也要大力培养读书之风，让国民在阅读中汲取知识，提高修养，提升素质。目前，全国很多城市都开展了读书节、读书日、读书周等活动。比如，深圳的读书月活动，已经成为市民的节日。下一步，国家还会进一步科学规划全民阅读活动，在政策、制度、经费等方面采取一系列新的措施。比如，我国正在考虑设立国家读书节。

问：我国如何在"十二五"期间继续大力推进新闻出版"走出去"，让大量反映当代中国政治、经济、文化的优秀出版物更多地影响世界？

答：我们现在每年参加 40 多个国际书展，外国展商对中国新闻出版产品高度关注，中国出版物的国际影响力与日俱增。在版权贸易方面，五年间我们成功实现了大跨越。"九五"期间，版权贸易进出口比是 10 比 1，"十一五"期间缩小到 7.2 比 1，2009 年进一步缩小到 3.3 比 1，逆差明显缩小。

问："十二五"期间，我国新闻出版业要实现哪些目标？

答：党的十七届五中全会提出，"十二五"期间，要推动文化产业成为国民经济支柱性产业。未来五年，是新闻出版业深化改革、加快发展和产业格局调整与升级的关键时期。到"十二五"期末，人们将会惊喜地发现，新闻出版产品和服务更加丰富，公共服务水平进一步提高，中华文化的国际传播力和影响力大幅度提升。使命光荣，任务艰巨，概括起来，就是六个字：改革，发展，创新。

一是改革。报刊改革数量大，任务重；产业发展基础工程还需夯实；数字出版、数字传播所必需的一些国家级平台和版权保护技术手段需要继续加强。此外，我们虽然在新闻出版总量上居于世界的前列，但影响力仍然需要加强。

二是发展。"十二五"规划重点在于发展，未来的五年，对我们建设新闻出版强国具有决定性意义，基础产业、技术装备、生产能力、传播能力等都要达到发展目标要求。

三是创新。体制机制需要创新，发展更需要创新，现在我们新闻出版国际影响力弱的一个主要原因就是创新不足。要把创新作为整个新闻出版业的主要问题来抓，从政策、机制、体制等各方面突出创新，全力以赴转变发展方式，加快调整产业结构，重视科学技术创新，大抓精品力作。

（新华社北京 2011 年 1 月 3 日电，记者璩静）

【背景介绍】

"十一五"期间，我国新闻出版业实现健康快速发展，图书、报纸、电子书等产品总量稳居世界前列，已进入世界出版大国行列。2010 年，新闻出版产业总产出更是突破万亿元，实现增加值 3099.7 亿元，出版图书 27 万种、70 亿册，数字出版增长 50％以上。这些数据表明，我国新闻出版体制改革已经走在文化体制改革的前列，新闻出版不仅依然占据新闻宣传的主阵地，更成为我国文化产业的主力军、国民经济的新亮点。

1. 深化改革——给新闻出版业注入活力

"这五年，有两个词能概括新闻出版业的特征，一是改革，二是创新。是改革，解放和发展了新闻出版生产力，是创新，产生了我们时代各种业态的文化产品和传播手段。"新闻出版总署署长柳斌杰表示，改革是新闻出版业做大做强的必由之路。

2010 年北京国际图书博览会上，来自湖南的中南出版传媒集团与美国知名的麦格劳希尔教育出版集团签署合作协议，共同开展内容、渠道、纸质和数字媒体等多方面合作。同日，中南出版传媒集团与韩国祥明大学签署协议，湘版历史教材进入韩国大学课堂，这是我国出版的教科书第一次走出国门。

"理顺了机制，扫清了障碍。"湖南出版投资控股集团党委书记、董事长、中南出版传媒集团董事长龚曙光谈到中南传媒的快速发展时说。

龚曙光回忆，十年来，湖南出版积极稳妥地推进了三轮体制改革：2000年，组建湖南出版集团。2004年，集团更名为湖南出版投资控股集团有限公司，整体转制为省管大一类国有企业。2008年以来强力推进整体改制上市工作，组建了拟上市公司中南出版传媒集团股份有限公司。

创新了体制，确定了新市场主体，企业焕发了生机活力。2010年，中南传媒实现销售收入40.5亿元，利润4.87亿元，主营业务赢利水平再创历史新高。

中南传媒只是整个新闻出版业深化改革的一个缩影。"十一五"期间，根据中央确定的时间表和路线图，新闻出版行业围绕体制机制创新，坚定不移地推进改革，改革力度不断加大，进度日益加快：全国580余家图书出版社，除少数保留事业性质外，有528家经营性出版社要转企改制，已完成435家，93家正在转企。其中，148家中央各部门各单位出版社转制也在最后冲刺阶段，将在2010年年底前完成转企改制或退出。此外，全国还有1069家非时政类报刊出版单位和3000多家新华书店转制为企业。

不久前，继学习出版社等六家中央各部门各单位出版社率先完成转企任务后，中国少年儿童新闻出版总社等18家中央级出版社也提前完成了改革任务。

"出版社只有转企改革，才能成为真正的市场主体。早改路更宽、人更活。"中国劳动和社会保障出版社社长张梦欣说。开明出版社社长焦向英还用一组数字来说明转企前后变化。转企后，员工工资收入和保险平均增长15%—20%。"我们现在在打地基、绘蓝图，2011、2012年会看到改革带来的更加直观的改变。"他说。

2. 自主创新——使新闻出版业升级提速

在 2009 年举办的"中华人民共和国成立 60 周年成就展"上，我国自主研发的电子图书点读机、纸质数码有声出版物等新兴数字产品纷纷亮相。

五年来，新闻出版业自主创新的力度不断加大，新闻出版人站在现代科技发展前沿，抓住新一轮世界科技革命带来的机遇。

截至 2009 年年底，我国 583 家图书出版社中已有 90％开展了电子图书出版业务，互联网出版、动漫游戏出版、手机出版等新业态发展迅猛。2009 年，我国国产电纸书、电子阅读器销量约 71.6 万台，承载图书 3000 多万册，销售额超过 25 亿元。预计 2010 年将达 300 万台，销售额 60 亿元。据统计，2009 年数字出版产业总产出达 799.4 亿元，首次超过图书出版产业规模。

新闻出版总署 2010 年年初出台的《关于进一步推动新闻出版产业发展的

由重庆出版集团出版的《读点经典》系列丛书，自 2008 年 12 月推出以来，发行量持续攀升。

（新华社记者璩静摄）

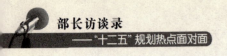
指导意见》中明确指出，"要积极发展数字出版、网络出版、手机出版等以数字化内容、数字化生产和数字化传输为主要特征的战略性新兴新闻出版业态"。

如今，自主创新已经成为我国数字出版发展的核心推动力。作为我国首个国家数字出版基地，上海张江集团与方正集团共同投资 2.85 亿元组建全国数字出版的旗舰企业——中国数字出版技术有限公司，吸纳世界数字出版最新技术；广东省组建了国内首家"数字出版产业联合会"，有效促进数字出版内容生产、技术研发和产业运营等企业的深度交流；江苏省确立了以项目带动数字出版战略实施、加快传统出版业转型和加快数字出版新业态发展的思路，鼓励数字出版项目申报文化产业引导资金。

作为数字出版内容的生力军，凤凰出版传媒集团有限公司、中国出版集团公司、北方联合出版传媒股份有限公司、中南出版传媒集团股份有限公司等传统出版业企业在促进主营业务升级换代的同时，大力发展数字出版、动漫制作等新技术新媒体项目，拓展手机出版、手机动漫等新兴业务，抢占"数字先机"。

3. 科学发展——让新闻出版业走向世界

2010 年 8 月，一部收录了单词、短语及翻译 67000 条的《牛津·外研社英汉汉英词典》在京面世。这部开创了"中英两国出版合作编写先河"的词典是迄今为止编写规模最大并且实现全球 170 多个国家同步出版发行的英汉汉英词典。

外语教学与研究出版社社长于春迟说，随着中国出版实力越来越强，国内很多知名出版社利用国际书展与国际出版商进行深度合作，使中外出版人从选题、组稿、编辑到出版、发行等环节能够共同开发，打造适宜国外视角的图书。

新闻出版总署相关负责人表示，目前，我国新闻出版界每年参与 40 多个

2010年4月24日，以"蜀韵书香、悦读天下"为主题的第20届全国图书交易博览会在成都开幕。来自全国新闻出版界的1600余家单位汇集成都，开幕首日即创下20万市民赴会的历史之最。

（新华社记者璩静摄）

国家或地区的书展、书市，宣传、展示和推介中国新闻出版产品，创造深度合作机会。

"十一五"后期，我国新闻出版业已形成了珠江三角洲、长江流域、环渤海等各具特色的产业集群，正在形成一批出版、印刷、物流和数字出版基地。出版"走出去"步伐不断加快，形式不断丰富，越来越多实力雄厚的出版集团走上了与海外出版企业资本合作和战略合作的路子。

2010年2月，上市公司时代出版传媒公司与安徽新华传媒股份有限公司在跨地区跨行业并购重组上又迈出新步伐：时代出版重组并控股中国文联直属中国文联出版社和大众文艺出版社，安徽新华发行集团与中国外文局所属新世界出版社签订战略合作框架协议，力推新世界出版社股份有限公司实现创业板上市。

2010年8月，中国出版集团公司与日本最大出版发行商签署合作协议，正式在东京成立中国出版东贩股份有限公司，进军日本出版传媒市场。同日，凤凰出版传媒集团与欧洲最大大众及教育图书出版集团法国阿歇特共同投资的合资公司凤凰阿歇特文化发展有限公司在京正式揭牌。

2010年10月，中南出版传媒集团与世界出版巨头麦格劳—希尔教育出版集团签署战略合作协议，将在人才培养、开拓国际市场等方面进行新探索。

柳斌杰表示，"十二五"期间要打造一批重点外向型新闻出版企业，推动版权、产品、服务、实体、资本、品牌等多种形式的"走出去"。要实施本土化战略，支持各种所有制新闻出版企业在境外办社、办报、办刊、办厂、办店，实施与国际著名文化制作、经纪、营销机构合作合资并购。

（新华社记者璩静）

【深度解读】

中央各部门各单位出版社全面完成转企纪实

截至2010年12月30日，中央各部门各单位出版社已全面完成转企任务。在约占我国出版社总数三分之一的177家中央各部门各单位经营性出版社中，除一家出版社停办退出，其余176家都已换了"企业身份证"。

在文化体制改革向纵深发展的今天，中央各部门各单位出版社转企工作按照中央确定的"路线图"和"时间表"扎实部署，稳妥推进，成效显著，不仅为经营性文化事业单位规范转制树立了典范，而且为文化体制改革工作确立了标杆，同时也为我国事业单位的改革提供了思路和经验。

加强领导，行动迅速，周密部署——中央各部门各单位认真落实中央部署要求，协作攻坚，扎实推进改革，啃下中央级出版社转企改制"硬骨头"

任务繁重，时间紧迫，政治性、政策性强。

中央各部门各单位出版社转企是一项没有现成经验可循，需要涉及出版社主管部门的一百多家中央和国家机关以及相关部门解放思想、加强领导的系统工程。

2009 年是新闻出版体制改革的决胜之年，中央各部门各单位转企改制步伐也进一步加快。2009 年 4 月，新闻出版总署印发《关于进一步推进新闻出版体制改革的指导意见》，明确了中央各部门各单位体制改革"时间表"和"路线图"，中央各部门各单位出版社转企改制全面展开。5 月，根据中央精神，新闻出版总署出台了中央级出版社体制改革工作方案，会同有关部门印发《关于中央各部门各单位出版社转制后参加北京市养老保险有关问题的通知》等文件。11 月，新闻出版总署再次下发通知，明确 2010 年前未完成转企的中央各部门各单位出版社将予以注销，不再保留。

2010 年，中央各部门各单位积极部署、科学安排、合理规划。改革有步骤、分阶段地走向纵深，成果显现：

——学习出版社、红旗出版社、新世界出版社、中国少年儿童新闻出版总社、语文出版社、法律出版社、中国铁道出版社等 24 家中央各部门各单位出版社率先完成了清产核资、核销编制、职工参保、工商注册等工作，提前完成改革任务。

——中国外文局所属出版、发行单位全部完成转企改制工作，由事业单位改制为有限责任公司，外文出版社、新星出版社等 8 家出版单位取得了市场主体资格；12 月，中央统战部所属华文出版社加入中国出版集团公司；同月，中国戏剧出版社在完成转企改制基础上整体并入中国唱片总公司。

作为出版社主管单位，中央组织部、中央宣传部、共青团中央、工业和信息化部、人力资源和社会保障部、铁道部、国务院法制办公室、中国外文出版发行事业局、国家知识产权局、中国航空工业集团公司等几乎所有出版社主管单位分别成立了由主要领导或分管领导任组长、有关业务部门负责人为成员的体制改革工作领导小组，细化方案并提供政策、资金支持。此外，中央机构编制委员会办公室、财政部、人力资源和社会保障部、国家工商总局等中央各部门各单位出版社体制改革工作领导小组成员单位为有效解决改革进程中重点、难点问题提供了有力保障。

认识到位，动员充分，全员给力——中央各部门各单位出版社以解放思想、更新观念为先导，将改制视为符合职工长远利益需要和自身发展需求

一直以来，隶属于各专业部委、拥有独特出版资源和专属读者群体的中央级出版社被认为是"背靠大树好乘凉"，日子还过得去的中央级出版社愿意改革吗？

"我们把转企改制不仅仅看做是任务，而是看做出版社发展的内在需求。20 世纪 90 年代中期，我们社发展比较缓慢，慢在什么地方？就是慢在了改革。"中国少年儿童新闻出版总社社长李学谦感慨道。自 2007 年起，中国少年儿童新闻出版总社就着手为转企改制作准备，首先冻结了事业编制，所有新录用职工实行劳动合作制，逐步打破事业编制员工与劳动合同制员工的身份界限，缩小收入差距，淡化身份意识。

改革后，生产经营一线员工积极性大大提升，出版社各项效益指标大幅提高。《儿童文学》、《幼儿画报》等报刊月发行量均超百万。2008 年至 2010 年实现年均码洋一亿元增长，2010 年预计实现销售码洋 6 亿元、销售收入 3 亿元。

"原来对改革心存疑虑的员工，主要是担心改制以后利益得不到保障。然而，改革后的新气象让员工看到希望，有了信心。我们走的是'在改革中发展，在发展中稳定'的路子。"人民邮电出版社社长季仲华表示。作为 2003 年中央批准的首批全国文化体制改革试点单位，人民邮电出版社通过改革提升了综合实力，资产规模较试点初期实现了翻番，在全国零售图书市场占有率排名由 2003 年的第六位上升至 2009 年的第二位，职工收入也实现持续增长。

企业得发展，职工得实惠。这是改革的目的，也是改革的动力。只有在转企改制中做到员工思想不乱、人心不散、工作不断，改革才能得到拥护、顺利推进。

记者了解到，在部分基础好、转制早的中央级出版社，按企业身份退休的职工养老保险金高于其事业单位退休金一倍，转企后职工医保报销比例都在 90% 以上。有的出版社还设立了企业年金，让职工体会企业发展带来的更多实惠。

开明出版社社长焦向英也举例说："转企后，员工工资和保险平均增长了 15% 到 20%。"他分析，一方面来自于新闻出版总署在书号和出版范围实现"双放开"等政策。二是来自于改革后建立起来的现代企业制度和考核激励机制。

政策配套，稳妥高效，效果显著——中央各部门各单位出版社"在改革中发展，在发展中跨越"，积极打造具有市场竞争力的市场主体

早改早受益，发展更有力。中央各项政策激励也为转企改制提供了一道"保险"。新闻出版总署改革办主任、出版产业发展司司长范卫平说："国家给予中央各部门各单位出版社改制的政策非常优惠，是集大成的，包括资产、人员、财税以及出版资源配置等多个方面。仅以转企后职工加入养老保险为例，人力资源和社会保障部、财政部、新闻出版总署和北京市人民政府曾发文，就中央各部门各单位出版社转制后参加北京市养老保险有关问题发出专门通知，切实为转企后的出版社职工解决了后顾之忧。"

早改路更宽，市场面更广。晚改或拖着不改不但要面临政策风险，而且将面临先行者的市场竞争压力。"很多人都喊难，困难什么时候都存在，2010 年有困难，2011 年也有困难。但只要坚信改革是符合职工利益、能促进企业发展的，越早改就越有利。"党建读物出版社总编辑王英利说。

自 2006 年起，人民卫生出版社就主动开展了一系列包括中层干部、区域销售经理竞聘上岗，建立与业绩挂钩的薪酬与用人制度等内部运行机制改革，出版社经济效益四年间实现了连续增长。近两年，出版社不仅成功收购了加拿大戴克出版公司全部医药图书资产并成立了美国分公司，还投资建设了面积为8万平方米的世界医药图书大厦。

2010年11月，人民卫生出版社正式注销了事业单位法人。"转企改制不是简单的挂牌，更不是翻牌，而是通过真改革确立企业的市场主体地位，建立适应市场的企业运行机制和管理体制，积极参与市场竞争，做大做强。"人民卫生出版社社长胡国臣说。据悉，出版社已瞄准了五六家年销售十几亿美元的国际医学出版公司并进行了前期接触，希望五年内通过国际并购跻身全球医药出版前五名。

承前启后创伟业，继往开来写新篇。

转企改制绝不仅是改名字、换牌子，而意味着打破传统事业单位管理模式，意味着实现跨行业、跨地区、跨所有制合作，意味着现代企业制度逐步完善，发展方式、工作格局发生深刻变化……可以说，这轮发生在新闻出版领域的大变革将将对提升中国文化产业国际竞争力具有重大现实意义。

新闻出版总署相关负责人表示，随着中央各部门各单位出版社转企改制全面完成，一批导向正确、主业突出、实力雄厚、核心竞争力强的大型出版集团公司，以及一批专、精、特、新的出版企业将强化内部经营管理，建立资产经营责任制，走上内涵式发展道路，为中国由"出版大国"迈进"出版强国"打下坚实基础。

（新华社记者璩静）

"提高对外开放水平，
迎接下一个黄金十年"

——访商务部部长陈德铭

他笑称自己或许也算"幸运"，虽然上任不久就遇到了百年不遇的金融危机，却经受了难得的考验。

他被称为"组牌的人"，在应对频繁发生的贸易摩擦时，有时做"被告"，有时做"原告"，手里拿着进攻与防守两副牌。

他致力于"布局"，在向世界敞开胸怀的同时，推动中国企业"走出去"。

他还是个"网民"，从自己爱吃的南方食品，到太太过生日送的礼物，他会自己进行网购，像普通人一样砍价……

商务部党组书记、部长陈德铭。
（新华社发，新华社记者邢广利摄）

站在"十一五"和"十二五"的交界点上，商务部部长陈德铭为我们讲述了应对危机中那些难忘的岁月，以及未来5年对商务事业发展的新期待。

"幸运"：战胜金融危机

"现在想想自己或许也算'幸运'的，和全国人民共同努力战胜危机，让我的人生受到了一次历练！"

时隔两年后，忆起危机袭来时的情景，陈德铭语气诙谐轻松，但我们依然能从他的微笑中，想见当时的压力。

2007年下半年，中国外贸被国际金融危机撞了一下腰，11月份出口惊现负增长，然后就一路掉头向下。

当过知青，当过厂长，任过苏州工业园区党委书记的陈德铭，深知出口负增长意味着什么。"到2009年1月份，出口已经下降三成多，沿海大概有两千万农民工失业返乡，形势非常严峻。"

那时，长安街边上，商务部的灯光经常彻夜不熄。"我们整天在研究，如何使出口掉得少一点，失业的人少一些，如何应对急剧增加的贸易摩擦。"陈德铭回忆道。

"其实不止是商务部，党中央、国务院也非常关心出口情况。出台了应对危机的一揽子计划，连续7次提高出口退税率，对企业提供信用保险支持……"

"经过共同努力，到2009年四季度，出口就开始逐步回升了，实现了V形反转。"说到这，陈德铭露出了欣慰的笑容。

"这种复苏并非简单回到原点，与危机前相比，目前我国出口产品的结构和市场结构更加优化了。"

陈德铭预计，2010年我国货物贸易总额有望超过2.9万亿美元，居全球第2位，比"十五"末翻一番，其中出口跃居全球第1位，进口居第2位。

"组牌"：应对贸易摩擦

金融危机刺激了保护主义，针对中国的贸易摩擦大幅增加，商务部面临着空前的压力。

在国际贸易的博弈中，谁更善于出牌，谁就能更好地维护自身利益，而陈德铭就是那个"组牌"的人。

"我不是魔术师，不能变出牌来。我要做的就是把已有的牌合理地运用好，增加谈判的胜算。"

"从根本上说，这些'牌'应该有守有攻。尤其对某些贸易保护主义严重的国家。"陈德铭认为，在国际经贸中坚决维护中国企业正当利益是他的职责所在。中国在处理贸易纠纷时，是讲道理的。

比如在中美轮胎特保案中，"美国因为国内政治的压力，执意对中国轮胎采取特保措施。但事实上，美国国内根本不生产这种低端轮胎。一年多过去了，美国轮胎的价格上涨了30%，工人失业还增加了10%。对这样的贸易保护主义行为，当然要做坚决的斗争。"

不过，陈德铭也认为，在与大量新兴国家发生贸易摩擦时，采取的措施要更柔性一些。应通过扩大自这些国家的进口，解决他们的一些关切，和他们共渡难关，促使他们放弃贸易保护的做法。

作为一个"组牌"的人，首先要有大局观，不能只计较一城一地的得失。"高明的生意人都是追求双赢的，必须做到有取有予，不要只考虑自己，这样才能成为大赢家和做大买卖。"他说。

"布局"：内外资本双流动

与外贸一样，金融危机中受到冲击的还有吸收外资。

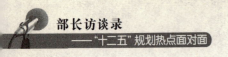

"特别是一部分已经在中国投资的外企，受到国际市场萎缩的影响而关门停产。"回想当初，陈德铭记忆犹新。

"由于国家启动了应对危机的一揽子计划，尤其出台了拉动国内消费的政策，使外资看好中国经济的发展，再加上人民币坚挺的因素，吸收外资开始逐步回暖，2010年有望超过1000亿美元。"

针对近年来外企对中国投资环境的抱怨，陈德铭给予了回应："这其实是一个博弈和矛盾的过程。我就经常反问外国部长，你们一方面说中国的投资环境不好，另一方面中国吸收外资却已连续18年位居发展中国家首位，怎么解释？"

其实，对于这一问题，他认为可以从几方面看：一方面西方国家看到加工制造产业转移后对本国经济带来影响，提出产业回归的口号，希望把资本拉回去。另一方面我们也不否认中国在知识产权保护、打击假冒伪劣产品等方面需要进一步改进。

"但是一个不可辩驳的事实是，中国吸收外资近两年的增长趋势没有改变，未来也仍然看好。"

在促进吸收外资的同时，商务部也在主动下另一步"棋"——推动中国企业"走出去"。

中国现在有相当于2.7万亿美元的外汇储备，如何花好这笔钱，使国际收支更加平衡呢？"现在一部分企业已经'走出去'了，而且总体状况比较好。2010年非金融类对外直接投资估计会超过500亿美元。对外投资已经相当于吸收外资的一半，估计今后这个比例会更高。"

"网购"：搞活流通省"大钱"

都说上海人精打细算，会省钱。不过作为商务部部长的陈德铭，省的不是自己的小钱，而是通过搞活流通帮老百姓省"大钱"。

"我有时也会陪太太去逛超市、百货商店，既是为了考察市场，也是对平时工作太忙后的一种歉意的补偿。不过我更喜欢网上购物，因为同样的商品价格会便宜很多啊！"说起网上购物的话题，他像年轻人一样精于此道。

"比如，同样一台 DVD 歌王，在北京的家电卖场里卖 1650 多元，而网上才卖 890 多元，能省将近 800 元钱。对老百姓来说，这可不是一笔小钱啊！"

据陈德铭介绍，"十一五"时期，网络购物迅速发展，2010 年预计可达 4500 亿元，比五年前增长 22 倍。

陈德铭感兴趣的"省钱"话题还远不止"网购"。

在当前农产品价格上涨的敏感时期，许多消费者都发现有些超市卖的"直供菜"比农贸市场还便宜，官方称之为"农超对接"。而这个政策创意的提出和推进，也与商务部密不可分。

"前年开始我们大力推进'农超对接'试点，目的是解决农民的'买难'、'卖难'问题。"

"目前看来，'农超对接'通过点对点的销售，减少了大量流通费用，超市农产品的价格下降了不少，农民也可以多卖 15% 的价格。"

在帮老百姓"省钱"的同时，"十一五"期间，商务部还通过加强现代流通网络建设，建立肉菜流通可追溯体系，让老百姓便利"花钱"，放心"花钱"。

"过去 5 年，是新中国成立以来国内贸易增长最快、市场最为繁荣活跃的五年。2010 年社会消费品零售总额预计将超过 15 万亿元，是五年前的 2.2 倍。"

"务实"：提升对外开放水平

在被问及"十二五"的新期待时，陈德铭思索片刻，答道："希望中国进一步提高对外开放的水平，迎接下一个经济发展的黄金十年。同时，有更多新的商业流通业态出现，物价也能保持基本稳定。"

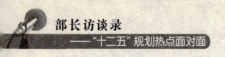
"十二五"期间，他对外贸发展的具体思路是，稳定出口，增加进口，调整外贸结构，使国际收支和对外贸易更加平衡。同时，创造更好的投资环境，吸引高端的国际资本来中国投资。

"现在很多企业已经向'微笑曲线'两端延伸，一端是设计研发，一端是销售。这样的进程在'十二五'期间要加快。要把中国外贸产品的档次、水平提升到一个新高度。"

陈德铭还认为，"十二五"是中国企业"走出去"的关键时期。国家鼓励有条件、有实力的企业在控制风险的前提下"走出去"，将为企业提供更多的公共服务，提供更有效的法律保护。

此外，"十二五"规划建议中已明确提出"把扩大消费需求作为扩大内需的战略重点"。对此，陈德铭也立足商务领域作出展望：建立现代高效的流通体系，让流通成本下降，让产品质量提高。让人们有钱敢花，有钱花得便利，花得安全。

"应对危机中出台的一系列促进消费的政策，比如家电下乡、以旧换新等，经过总结和完善后，可以作为一项长期政策延续下去。"

"具体来讲，对农村的刺激政策可以经过调整后延续下去。但刺激汽车消费的政策就不能简单地从总量上考虑，要更多地从环保、清洁发展的角度来看。可以通过以旧换新的方法促进循环消费。"他说。

（新华社北京 2010 年 12 月 16 日电，记者雷敏）

【背景介绍】

2010 年是"十一五"收官之年。回顾内外贸领域 5 年发展历程并展望"十二五"前景的报道充满了各大媒体，但能给读者留下深刻印象的文字和影像并不多见。

2010年11月，中宣部来函要求新华社等中央媒体以采访国务院各部门负责人的形式，回顾"十一五"，展望"十二五"。接到采访任务的一刹那，记者脑中就闪现出这样一个念头：这是一个很好的契机。由中宣部出面协调，让商务部部长陈德铭亲口讲述商务领域5年来的坎坷、辛酸和成就，同时展望未来5年的挑战和美好图景，应该能让读者有全新的感受。

不过，经验也告诉我，这种高端访谈的稿子是人物访谈中比较难操作的一类。因为即使在成功采访到部长本人后，还有许多难关要闯。第一关就是如何把稿件写"活"，让稿件具有生命和灵气。这就需要在采访前做大量的准备工作，尽量多地搜集部长的个人经历、习惯爱好等看似与采访不相关的素材，进而循着这些线索引出这位部长主管的各项工作，这样才能使稿件深入浅出、通俗易懂，具有可读性，即通常所谓的"硬新闻软表达"。

接下来的第二关则是因为被采访对象是身居高位的部级领导，因此稿件如果要"活"起来，除了对记者的采访技巧和文笔提出较高要求外，往往还取决于部长本人或他身边人对待宣传的态度。如果碰到一位以"低调"著称的部长，他或者他身边人很可能会要求删掉工作之外的一切描写，那样稿子就会变得索然无味了。

盘算好这些，记者就开始着手行动了。因参加联合采访的媒体较多、时间有限，为确保采访顺利进行，记者就预先设置的差异化的主题和结构多次与陈德铭的秘书和商务部新闻办沟通，同时也做好了两手准备，即如果时间充裕可以围绕自主选定的选题采访，问题应该怎么设计，稿件结构应该怎么安排；如果时间不够，如何就已有的采访素材和口径进行补充和润色……

12月8日一个下午，冬日暖阳一扫连日来的北风肆虐，普照大地，因陈德铭要陪同高访而一再推迟的专访也终于如期举行。任商务部部长已满三年的他，其实是一个特儒雅和善的长者。他见到记者们的第一句话就是："照着稿子念太那个什么了，我们先随便聊点什么吧，不然我都有点紧张了。"一番

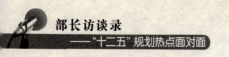

话说得现场的记者都笑了，气氛一下子轻松许多。

由于对全盘工作了然于心，采访过程中，陈德铭并没有拿任何的参考口径，外贸、外资、"走出去"、内贸消费，一项项工作，一个个数字他都信手拈来，侃侃而谈。更为难得的是，在记者的引导下，陈德铭也十分"配合"地讲到了他自己的一些生活细节，比如会网购，会陪太太逛街，当然这些"小事"背后往往又凝聚着作为商务部长的他对搞活流通、扩大消费"大局"的一些深层次的思考……

采访的顺利进行与最初的设想十分吻合。

访谈接近尾声时，记者问陈德铭："'十二五'期间，您有什么新的期待？""哦，你问到新期待，这个问题我还真没特别认真地想过。"他说。

沉思片刻，陈德铭答道："改革开放以来，特别是进入新世纪以来，中国迎来了黄金发展期。现在我最大的期待就是中国进一步提高对外开放水平，迎接下一个黄金十年。之所以这样说是因为最近我听到一些要'关起门'搞建设的言论，这种观点是有失偏颇的。"

他的这番话，最后成为了这篇访谈稿的标题。

采访结束后，记者连夜整理录音撰写稿件，并第一时间把初稿传给了商务部新闻办。新闻办工作人员感觉稿件写得很生动，脱离了以往成就报道的老框框，表示赞赏。但同时也表达了担忧：有关部长个人的描写会不会太多？于是，记者在对一些具体的语言和修辞进行进一步修改的同时，一遍遍与新闻办沟通，极力说服他们保留陈德铭个性化语言和生活细节，一个"有血有肉"的商务部长的形象一点一点变得清晰起来。

稿件播发后，被《工人日报》、《农民日报》、《法制日报》、《科技日报》等多家中央及地方媒体采用，并被路透、美联等多家外媒引用，新华网、新浪网、搜狐网等各大网站也纷纷转载，抢占了舆论的制高点，也充分发挥了新华社稿件的先锋引导作用。

（新华社记者雷敏）

【深度解读】

"十一五"期间，我国坚持扩大内需与稳定外需相结合，克服了百年一遇的国际金融危机带来的巨大冲击，国内外贸易和国际经济合作取得了新发展，实现了新跨越。

新中国成立以来国内贸易增长最快、市场最为繁荣活跃的五年

"十一五"时期，我国国内贸易快速增长，流通现代化加速推进。2010年社会消费品零售总额预计可达到 15.7 万亿元，是五年前的 2.3 倍，年均增速达到 18.5%。

流通现代化水平不断提升，零售连锁化率提高到了 15% 左右，信息技术在流通领域广泛应用，网络购物迅速发展，2010 年预计可达到 4500 亿元，比五年前增长了 22 倍。

"十二五"规划建议中已明确提出"把扩大消费需求作为扩大内需的战略重点"。下一步，商务部也将根据职责，着力积极构建扩大消费的长效机制：

一是大力发展现代流通，努力构建现代流通体系。完善农村和农产品流通网络，优化农产品供应链，促进农民增收。完善工业消费品流通体系，发展生产资料流通网络，形成以需求为导向、结构合理、功能完善的现代商品流通体系。

二是大力发展服务业。继续推进居民生活服务业发展，满足居民日常服务需求；大力推进现代和新兴服务业发展，提高供给能力和水平，满足人民群众多层次、多样化的需求。

三是大力培育消费热点，积极发展新兴消费模式，推动信用消费发展。

四是构建安全便利消费环境。建立质量安全追溯系统、完善流通领域法

规标准体系及市场监管公共服务体系；引导商业企业提升服务功能，推进刷卡消费、网络购物等发展。

五是积极发展循环消费，促进可持续消费。

外贸规模实现新跨越，外贸结构进一步优化

2010 年我国货物贸易预计将超 2.8 万亿美元，五年翻一番，全球排名上升到第 2 位，其中出口跃居第 1 位。服务贸易预计年均增长 17% 左右，服务出口在全球排名由第 9 位上升到第 5 位。

从产品结构看，机电产品和高新技术产品占出口总额的比重可达到 59% 和 34%，提高了 3 个和 6 个百分点；从企业结构看，民营企业出口比重由 19.5% 提高到 31%；从市场结构看，对发展中国家和新兴市场的份额提高了 8 个百分点。

"十二五"期间将是我国加快转变外贸发展方式的重要时期，商务部将采取 8 项措施，不仅要巩固贸易大国地位，更要加快实现成为贸易强国的战略目标。

——加快商务平台建设。打造若干国际知名度高、影响力大的国家级展会平台；培育若干技术力量强、信誉好的电子商务平台、建立若干辐射力强、管理水平高的境外贸易中心；扶持若干内外贸一体、组织化水平高的商品市场。

——提高出口商品质量。扩大自主知识产权、自主品牌、高附加值产品出口，提高传统优势产品出口附加值，争创新的竞争优势产品出口。

——加快出口基地建设。依托产业集聚区和开发区、保税区和海关特殊监管区，建立一批国家级出口基地和省级基地。

——开拓新兴市场。按照经济规模、人口总量、消费能力、市场环境等指标分类，形成拓展的重点地区、重点国别；深度拓展拉美、中东欧、东南亚及我周边等市场。

——提升加工贸易。引导加工贸易延长产业链，提高附加值，推动加工贸易转型升级；鼓励加工贸易向中西部转移。

——发展服务贸易。积极承接国际服务贸易转移，扩大服务外包规模；培育国产服务品牌出口，加大对软件、文化、动漫等产品出口扶持力度。

——扩大边境贸易。在管理权限和贸易便利化等方面给予边境地区政策倾斜，推动边贸人民币结算出口退税政策落实。

——加快"走出去"带动出口。鼓励有实力的企业开展对外承包工程、投资办厂、建立销售网络；稳步推进境外经济合作区建设，积极推动海外资源开发合作；发挥优买优贷等支持大型成套设备、技术对出口的带动作用。

利用外资实现新发展，外资效益明显提升

五年来我国累计利用外资预计超过4200亿美元，是"十五"期间的1.5倍，连续18年位居发展中国家首位。利用外资在促进自主创新、产业结构升级和区域协调发展方面的作用日益明显。投向第一、第三产业的外资占外资总额的比重，由30%上升到48%；投向中西部的外资占外资总额的比重，由11.2%上升到13.8%。目前，跨国公司在华设立的地区总部、研发中心等功能性机构超过1400家，比"十五"末期增长近1倍。

"十二五"期间，我国将增强引资的新优势，提高利用外资的质量和水平。

首先，要进一步优化外商投资的制度环境。适时启动外商投资的基本法律的修订工作，推动外商投资法律法规体系与国内公司/企业法律制度体系的合一。推进外商投资管理体制改革，以产业目录、安全审查、经营者集中审查、环保、劳动者保障等法制化、市场化机制作为准入门槛和引导手段，不断提高外资质量和水平。

其次，创新外商投资方式。逐步形成绿地投资与并购投资、直接投资与间接投资（国内企业境外上市、发行债券和其他新型融资方式等）并重和协

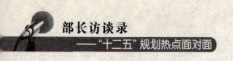

调发展的格局。进一步探索完善民间资本与外资合作、国外股权投资基金和风投企业对华投资的方式方法，打造新的吸收外资载体。

再次，完善外商投资产业政策。加强对全球新一轮产业调整和重组的研究，结合国内产业发展需要，针对新能源、节能环保、新一代信息技术、生物产业、高端制造等战略性新兴产业出台专项引资规划，进行前瞻性的布局；引进先进的现代化农业种植养殖技术和产业化深加工模式，促进农业生产的规模化和集约化；继续大力推动服务外包产业发展，加强政策集成和创新，打造"中国服务"品牌；稳步扩大金融、物流等生产性服务业对外开放，鼓励外商在知识密集型服务业投资，积极稳妥地引导外资投向教育、卫生等民生行业。在鼓励跨国公司设立各类功能性机构的基础上，加强行业内部的管理、研发、营销等公共服务支撑体系建设，并研究制定相应的外商投资功能性支持政策。

最后，加强区域工作规划。通过生态工业园区建设、开发区域合作和"走出去"等手段支持国家级经济技术开发区加快发展；进一步完善各类产业聚集园区的整体布局，促进其功能整合；以新疆等重点战略地区的对内对外开放为契机，全面推进沿边开放政策体系建设；在利益共享的基础上，以产业转移、资本合作和管理模式交流为纽带，继续促进东中西部的协调发展。

对外投资实现新突破，"走出去"迈出重大步伐

"十一五"期间，我国累计对外直接投资预计可达到2200亿美元，年均增长30%左右，全球排名由"十五"期末的第18位跃升为第5位，正逐步迈向对外投资大国行列。目前我国人均GDP已接近4000美元，根据国际直接投资发展周期理论和国际经验，中国已具备加快"走出去"开展对外投资的条件。"十二五"期间，商务部将进一步采取措施鼓励中国企业"走出去"，中国对外投资将继续保持加速发展态势：

一是体制机制更加完善。在对外直接投资方面，鼓励企业通过新建、并购、战略联盟等多种形式，建立境外生产基地、营销网络和研发中心。借鉴国内经济技术开发区的管理经验，改革创新境外经贸合作区的发展模式。在对外承包工程方面，鼓励有条件的企业以特许经营、项目融资等国际通行方式开展国际工程承包，承揽附加值高、影响力大的交通、能源、通信等基础设施项目，增强工程带动成套设备与大型装备出口的能力。以设计咨询为龙头，逐步推动中国技术标准"走出去"。

二是市场布局更加优化。重点推动对周边地区和国家对外投资合作步伐，继续加强对东南亚、非洲、拉美地区对外投资合作力度，有选择地进入欧美发达国家和地区市场。

三是产业升级更加有力。积极推动化工、冶金、建材等产业对外转移，鼓励轻工、纺织、家电、一般装备制造等加工制造业扩大对外投资合作，加大金融、商贸等服务业对外投资合作力度，加快电子信息、生物制药、绿色低碳等新兴产业对外投资合作步伐。

四是企业跨国经营水平进一步提高。中国企业利用"两个市场、两种资源"能力不断增强。企业国际化理念更加清晰，海外发展不断向产业链高端延伸，创新能力进一步提升，自主知识产权和品牌的国际影响力不断扩大，跨国经营风险防范体系不断完善，更加注重履行社会责任，与东道国社会各界关系更加和谐。

此外，五年中，我国对外经贸关系取得新发展，国际地位明显上升。通过实施互利共赢的开放战略，巩固和深化多双边经贸关系，累计建立了163个双边经贸合作机制，签订129个双边投资协定，与美、欧、日、英、俄等国家和地区开展经济高层对话。正与五大洲的27个国家和地区建设14个自贸区，签署了10个自贸协定，其中已生效的自贸协定有9个。

此外，我国积极履行加入世贸组织的各项承诺，充分享受世贸组织成员各项权利，在推动多哈回合谈判和贸易自由化的进程中，发挥了重要的建

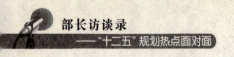
设性作用，逐步进入多边贸易体制的核心圈。利用二十国集团峰会等平台，积极推动世界经济治理机制改革，在国际经济体系中的影响力和话语权明显上升。

坚持以人为本，更加注重以商务发展
便民惠民、改善民生

五年来，商务部坚持以人为本，更加注重以商务发展便民惠民、改善民生。重点采取以下四大措施：

一是围绕扩大就业做文章。商务领域是就业容量很大的领域，对外贸易和利用外资关系1亿人的就业，国内贸易和流通就业人数也超过8000万。金融危机爆发后，对我国开放型经济形成巨大冲击，大量职工面临失业。我们按照中央部署，一手稳外需、保市场、保就业；一手扩消费，增加流通服务业的就业岗位。据初步测算，"十一五"时期，对外贸易增长带动新增就业超过2000万人，国内贸易和商贸服务业增加就业超过500万人。值得一提的是，通过发展服务外包，我们吸纳了110多万名新大学毕业生就业。

二是围绕支持"三农"做文章。通过深入实施"万村千乡市场工程"，建成连锁化农家店52万家，覆盖了全国80%的乡镇和65%的行政村；通过实施"双百市场工程"，扶持了近千家农产品批发市场、流通企业和农贸市场的建设；通过实施"家电下乡"、"汽车摩托车下乡"等政策，直接发放补贴资金200多亿元，让广大农民真正享受了实惠消费；通过实施"农超对接"，让农产品直接进入超市，减少了中间环节，农民销售的农产品价格平均提高了15%左右，超市售价下降15%；通过建设新农村商网平台，为广大农民和企业及时提供大量的市场信息，解决了一些农产品卖难问题。

三是围绕便利消费、安全消费做文章。通过实施以便利消费进社区、便民消费进家庭为主要内容的社区商业"双进工程"，建立了143个全国商业

示范社区、600多个省级商业示范社区，覆盖80多个大中城市，使老百姓得到了便利和实惠；通过开展早餐工程试点，在23个省市建成86个主食加工配送中心，建成1.8万个标准化早餐网点，让老百姓吃得顺便、吃得放心；通过发展家政服务业，在100个大中城市建成家政服务网络中心，培训了20万名家政服务人员，可为5000万个家庭提供服务；大力整顿和规范市场秩序，狠抓食品、药品流通安全。在上海、大连等10个

繁忙的深圳蛇口港码头。　　（新华社记者薛东梅摄）

城市开展肉菜流通追溯体系试点，努力营造安全、放心的消费环境。

　　四是围绕稳定市场做文章。完善重要商品储备和投放制度，为应对突发事件提供市场保障。"十一五"期间，先后应对四川汶川特大地震、南方雨雪冰冻、玉树地震、舟曲泥石流等重大自然灾害和一系列突发事件，有力地保障了人民群众的基本生活需要和救灾物资供应。

（新华社记者雷敏）